서구문명을 만든 6가지 중심 사상의 붕괴 **서구의 자멸**

서구문명을 만든 6가지 중심 사상의 붕괴

서구의 자멸

리처드 코치 · 크리스 스미스 지음 | 채은진 옮김

SUICIDE OF THE WEST

말·글빛냄

음악을 새로운 형태로 변화시킨다는 것은
우리의 모든 것을 걸어야 할 만큼 위험한 일이다.
음악의 형식은 가장 근본적인 정치적·사회적 관습이 흔들리지 않는 한
결코 침범될 수 없기 때문이다.

플라톤 「국가」

Contents

머리말

1900년, 서구의 시민들은 대부분 자신의 문명에 굉장한 긍지와 자신감을 느끼고 있었다. 미국과 영국 사람들, 유럽과 캐나다 사람들, 호주와 뉴질랜드 사람들은 사상 최고로 강건하고 발전적이고 진보적이고 흥미로운 문명에 속해 있다는 공통된 의식을 강하게 지니고 있었다.

그러나 오늘날 그런 의식은 사라졌다. 왜일까? 경제나 외부적인 현상들 혹은 외부의 적들 때문이 아니다. 20세기 전반기를 뒤덮고 있던 공포에도 불구하고 가장 객관적인 기준으로 볼 때 서구문명은 1900년 이래로 물질적, 군사적, 의학적, 과학적 심지어는 정치적으로도 엄청난 진보를 이룩했다. 서구인들은 더 이상 서로를 죽이거나 괴롭히지 않게 되었다. 서구문명은 가장 치명적이고 무시무시한 두 적, 나치와 공산주의를 격퇴했다. 이 둘은 모두 서구 내에서 발생한 적이었다. 만약 서구가 위기에 직면해 있다면 —실제로 모두들 그렇다고 말한다— 그 위기는 '내부'에서 생겨난 것이다. 위기의 요인은 서구의 자신감 붕괴에 있고, 서구의 지배 세력에 있으며, 또한 사상에 있다.

사상과 현상을 훌륭하게 연관시킨 인물이 바로 오사마 빈 라덴이다. 9.11테러 이후 그는 만족한 듯이 이렇게 말했다.

"서구문명의 가치관은 파괴되었다. 자유와 인권, 인간성을 상징하던 위엄 있는 두 개의 탑이 무너져내렸다. 연기처럼 영영 사라져버린 것이다."

다시 말해 테러리즘이 서구의 가치관에 대한 믿음을 꺾음으로써 서구문명을 소멸시키고 있다는 얘기다. 그러나 이는 다분히 선전적인 발언이거나 혹은 희망사항에 불과하다. 실상은 더 암울하다.

알 카에다를 비롯한 적들을 제쳐두고라도 서구문명은 지독하게 위협받고 있다. 대부분의 서구인들이 그 문명을 번영케 했던 사상을 더 이상 믿지 않기 때문이다. 서구의 자신감 붕괴는 외부의 적들과는 거의 무관하며, 전적으로 서구의 사상 및 태도의 격심한 변화와 관계가 있다. 따라서 이 책에서는 빈 라덴 등의 인물에 관해서는 거의 다루지 않는다.

우리가 무엇을 해야 하는지는 매우 간단하다. 질문은 네 가지다. 서구문명에 특별한 점이 있는가? 서구문명이 그토록 번영한 이유는 무엇인가? 오늘날 서구문명은 왜 위협받고 있는가? 서구문명은 살아남을 수 있을까? 우리는 이 책을 통해 네 가지 질문에 대한 답을 내릴 것이다. 그 답을 미리 밝힐 수는 없지만 몇 가지 힌트는 제시할 수 있다.

서구문명은 과거나 현재의 그 어느 문명보다도 번성했다. 특히 경제, 군사 및 정치, 과학기술, 학술 분야에서 눈부신 성과를 보인 서구는 사람들의 건강과 부, 수명 연장에도 큰 공헌을 하여 인간의 행복을 끌어올렸다. 명백하고도 심각한 수많은 잘못들에도 불구하고 서구문명은 인간 생명의 신성성과 존엄성, 모든 구성원의 교육, 기회의 균등, 개개인의 자유와 능력 발휘, 인류의 본질적 평등과 형제애, 개인 및 단체에 대한 편견 제거, 과학 및 학술 증진, 보다 값싸고 편리한 상품 개발 그리고 고통 구제의 중요성을 다른 문명들보다 한층 부각시켰다. 이러한 문명의 기준을 놓고 볼 때 ―서구인은 이 기준을 자랑스럽게 내세우며 이 중 대부분은 전 인류의 열망이기도 하다― 그 어떤 문명도 서구만큼의 성과를 이룩하지 못했다.

서구가 번영하게 된 주된 요인은 그들이 뿌리 깊은 무의식적 사고 및 행동 패턴에 스스로에게 불어넣은 몇 가지 중요한 개념과 행동들이다. 서구의 성공에서 상당 부분은 여섯 가지 '중심 개념' 혹은 '성공 요인'에서 비롯된 것이다. 그 여섯 가지는 바로 크리스트교, 낙관주의, 과학, 경제 성장, 자유주의, 개인주의다. 물론 서구를 특별하고 두드러지게 만드는 요소들은 이외에도 많다. 그러나 이 여섯 가지 개념을 자세히 살펴보는 것만으로도 서구문명의 특징들을 충분히 밝혀낼 수 있으며, 서구의 역사와 힘, 본질적인 단일성을 들여다볼 수 있다.

그뿐만이 아니다. 여섯 가지 개념에 초점을 맞춤으로써 우리는 그 모든 성공에도 불구하고 서구에 만연해 있는 자신감 상실의 원인도 파악할 수 있다. 서구의 자신감을 뒷받침하던 여섯 가지 성공 요인은 한 세기 동안 지속적인 공격을 받았다. 전반적으로 볼 때 이러한 개념들은 더 이상 서구를 이끌거나 단결시키지 못하며 개개인이 무의식적으로 공동 작용을 하는 데 필요한 믿음을 주지도 못한다. 물론 문 앞에 이방인들이 포진해 있는 것은 분명한 사실이다. 그러나 위대한 문명이 단지 외부의 적 때문에 무너지는 경우는 거의 없다.

로마제국은 이방인들의 도전을 받기 전에 이미 퇴폐하고 분열되어 있었다. 히틀러가 독일의 인도적이고 민주적인 문명을 파괴할 수 있었던 것은 그러한 문명의 옹호자가 너무 적었기 때문이었다. 오늘날의 서구도 마찬가지다. 진정한 위협은 내부의 분열과 결함이다. 서구를 특별하고 가치 있게 만드는 요소를 인정하는 사람은 거의 없다. 냉소와 비관론, 무심함이 가득할 뿐이다. 이대로라면 집단적인 자멸은 불을 보듯 뻔하다. 이러한 결말은 1914년부터 서구 역사에 깊숙이 내재되어 있었다. 그 원인은 서구와 세계를 긍정적으로 이끌었던 개념들에 대한 애착이 시들해졌기 때문이다.

여섯 가지 성공 요인을 검토해볼 때 우리는 이 요인들이 굉장한 회복력을 지니고 있으며 경우에 따라서는 미세한 발전을 통해 막강한 힘을 지니기도 한다는 사실을 알 수 있다. 물론 표면적인 인상이 틀릴 때도 많다. 하지만 지난 백여년 동안 여섯 가지 성공 요인이 받은 공격들을 살펴보면 서구의 미래에 닥친 위협의 심각성을 느낄 수 있다. 이를 교통신호 체계를 사용해 간단하게 표현하면, '문제없음'은 청신호, '위험'은 황신호, '중대하고 치명적인 문제'는 적신호로 나타낼 수 있다.

이 책에서 우리는 적어도 한 가지는 약속할 수 있다. 우리는 잃어버린 문명을 애도하려는 것이 아니며 영원불변한 가치관으로의 회귀를 외치려는 것도 아니다. 어떤 개념이 공격을 받을 때는 대개 그럴 만한 이유가 있다. 그 이유가 항상 명백하지는 않다 해도 그렇다. 우리가 우주에 관해, 우리 사회와 우리의 본질에 관해 더 많이 알게 됨에 따라 개념은 발전되거나 버려질 수밖에 없다. 그러므로 우리의 책에는 굴곡이 많으며 우리가 제시하는 사실들이 결코 어둡기만 한 것은 아니다.

'서구'는 어디를 의미하는가?

우리가 말하는 서구는 유럽인들이 세운 나라들, 인구의 대다수가 유럽의 후손들로 구성되어 있고 그 문화와 사상이 주로 유럽에 기원을 두고 있는 나라들이다. 오늘날 이곳은 간단히 말해 북아메리카, 유럽 그리고 호주에 해당한다.

우선 서구라는 말이 자의적이고, 어떻게 보면 시대착오적인 개념이어서 문법적으로 오해의 소지가 있다는 점을 짚고 넘어갈 필요가 있다. 우리에게는 지난 백년 동안 이 개념이 갖게 된 지리적, 이데올로기적 의미가 거북하게 느껴진다. 고결한 서구와 그렇지 못한 동양의 이분법은 고대 그리스인들이 시작한 것이다. 그들은 자유 그리스를 '서구'라 칭했고 전제군주가 다스리는 페르시아를 '동양'이라 칭했다. 그 이분법은 이 책과는 관계가 없다. 우리가 말하는 유럽, 다시 말해 서구에는 동유럽도 포함되어 있기 때문이다. 서유럽과 동유럽은 동일한 역사를 공유하고 있을 뿐만 아니라 미국을 향한 이주 물결에도 양쪽 다 크게 관여했다. 그리스인과 유대인, 폴란드인, 우크라이나인 공동체가 미국에서 갖는 중요성을 생각해보면 그 관여도를 짐작할 수 있다.

논란이 많은 개념이지만 이 책에서 우리는 '서구'와 '서구문명'이라는 표현을 사용할 것이다. 미국과 유럽의 문화적·정치적 현실을 가리키는 말로 백년 넘게 널리 사용되어온 표현이기 때문이다. 미국 사람들 대부분이 유럽에 뿌리를 두고 있다는 점이나, 유럽 사람들과 미국 사람들의 문화와 외양이 비슷하다는 점에 이의를 제기할 수 있는 역사학자나 사회학자는 없을 것이다. 그러나 다시 한 번 강조하건대 이 책에서 말하는 서구에는 동유럽과 아일랜드, 스페인, 포르투갈 등 서구의 논평자들이 종종 간과하는 서유럽 지역들, 그리고 캐나다와 호주, 뉴질랜드 등 주로 유럽 개척자들의 후손으로 구성되어 있고, 유럽 문화가 여전히 우세를 차지하고 있는 국가들도 포함된다.

'자멸'의 의미는 무엇인가?

개인의 자살은 스스로 자신의 삶을 끝내는 일을 말한다. 마찬가지로 문명의 자멸은 스스로 그 문명을 끝내는 일이다. 『챔버스Chambers 사전』에서는 자살을 "종종 비의도적으로 스스로 몰락을 불러오는 일"이라 정의하기도 한다.[주1] 우리가 말하는, 앞으로 일어날 수 있는 서구의 자멸은 바로 이런 의미이다. 외부의 적 때문이 아니라 서구인들이 하는 일과 하지 못하는 일 때문에 거대한 문명이 우발적으로 종말을 맞게 될 수 있다는 것이다.

우리가 말하는 자멸은, 서구사회 내의 모순을 해결하여 서구의 이상을 보존하는 데 실패한다는 의미이다. 현실적으로 말하면 서구사회가 생태적으로 자멸하거나, 아니면 앞서 서구 가치관의 핵심으로 언급된 여섯 가지 중심 사상을 기반으로 하지 않는 또 다른 문명으로 변형될 수 있다는 것이다. 지난 세기부터 싹트기 시작해 지난 20~30년 사이 뚜렷해진 서구사회의 경향이 앞으로도 계속된다면 서구사회는 크게 달라질 것이다. 즉 역사적인 목표나 이상과 다른, 그리고 수백년 동안 가까워진 현실과 다른 방향으로 나아가게 될 것이다. 서구문명을 긍정적으로 움직이게 한 여섯 가지 중심 사상을 각각 검토해보면 변

주1 자살이 어떻게 비의도적일 수 있는지 의아해하는 사람도 있을 것이다. 그러나 "그 연설은 정치적 자살 행위였다"와 같은 말을 떠올려보면 이해가 될 것이다.

화들을 뚜렷하게 알 수 있겠지만, 간단히 말하면 개인과 사회 발전에 대한 책임을 거부하고 자유주의적 이상에 수반되는 모든 것을 거부하는 태도가 바로 현재의 경향이다.

앞으로 살펴보겠지만, 서구문명은 과거나 현재의 다른 문명들과는 큰 차이가 있다. 서구문명이 차별적이고 보다 성공적인 이유는 깊이 뿌리박혀 있는 사상과 그 사상이 이끌어내는 행동 때문이다. 서구문명의 중심에는 지칠 줄 모르고, 자기향상적이고, 낙관적이고, 합리적이고, 자제력 있고, 어떤 의미에선 이상주의적인 개인, 멈춰 있지 않으며 자신과 자신의 사회적 역할을 믿는 개인이 있다.

우리가 말하고자 하는 바는, 자기향상적이고 자부심과 책임감이 있는 개인, 자유주의 공동체에 뿌리를 두고 그 공동체에 사명감을 갖고 있는 개인이 사라지고 있다는 것이다. 믿음이 있던 곳에는 불가지론과 상대론이 있고, 낙관주의가 있던 곳에는 숙명론이 있으며, 향상심이 있던 곳에는 경계심이 있다. 꿈이 있던 자리는 악몽이 차지하고 있다. 절약이 있던 곳에는 소비가 있다. 노력이 있던 곳에는 감상이 있다. 타인에 대한 책임감을 갖고 있던 사람들은 자신이 희생자라는 의식을 갖고 있고, 그보다 더 많은 사람들이 자기자신만을 생각하고 있다.

이상주의가 있던 곳에는 냉소주의가 있다. 의의와 취지가 있던 곳에는 돈이 있다. 이성이 있던 곳에는 감정이 있다. 지혜가 있던 곳에는 전문가들이 있다. 문화가 있던 곳에는 하위문화들이 있다. 진지함이 있던 곳에는 가벼움과 방종이 있다. 고된 경험이 있던 곳에는 얕은 경험이 있다. 필사적인 의지가 있던 곳에는 우울증이 있다. 신뢰할 만한 역할모델이 있던 곳에는 허울뿐인 유명인사가 있다. 설득력이나 합의가 있던 곳에는 의견의 차이가 있다. 공동체가 있던 곳에는 분열이 있다.

현재의 서구 사람들이 이전 세대보다 못한 것은 아니다. 도덕적인 행동이 쇠퇴하기는커녕 오히려 진보했다고 말할 수 있다. 현 상황이 나쁘게 여겨지는 이유는 오늘날 서구 사람들이 부정에 더욱 민감해졌기 때문이기도 하고 자신과 문명을 판단하는 기준이 명백히 높아졌기 때문이기도 하다. 서구 전역에 걸쳐 현재 소수집단과 여성에 대한 차별은 줄었고 빈민에 대한 원조는 늘었다. 아동과 동물에 대한 학대는 줄고 환경에 대한 관심은 늘었다. 공공연한 인종차별과 해로운 민족주의는 줄고 광범위한 자선활동은 그 어느 때보다 늘었다. 인구에 대비해 볼 때 서구 사람들이 살생하는 동포 및 적의 수는 이전에 비해 훨씬 줄었다.

그러나 우리의 논점은 도덕적 기준이 높아졌다거나 낮아졌다는 것이 아니라 서구의 사상이 변화했으며 특정한 핵심 사상에 대한 신뢰가 약화되었거나 경우에 따라서는 거의 무너졌다는 것이다. 서구 사람들이 더 이상 믿지 않는 사상이 서구문명의 이례적인 성공을 가능케 한 원인이라면 우리는 지금 심각한 역경에 처해 있는 것이다. 이 책에서 우리는 사실이 이러하다는 점을 입증하려 한다.

우리 연구의 핵심은, 서구문명을 멸종으로 몰아가고 있는 경향을 저지하고 전환시킬 수 있는지, 아니면 그러한 경향이 구조적으로 불가피한지 짚어보는 것이다. 이렇다할 이유가 없는데도 자멸이 불가피한 경우가 종종 있다. 자멸은 순전히 자신에 의해, 좀더 정확히 말하자면 자신의 생각과 보다 '분별 있는' 현실관의 불화로 인해 일어난다. 자멸을 피하는 유일한 길은 우리 자신을 생각하는 방식을 재건하는 것인데 이는 아마도 불가능할 것이다.

슈펭글러와 버넘이 말하고자 한 것

지난 세기 가장 영향력 있는 저술 가운데 하나로 독일 교사 오스발트 슈펭글러Oswald Spengler가 쓴 『서구의 몰락The Decline of the West』을 꼽을 수 있다.[주2] 이 책은 1918년 처음 출판되어 독일인들의 호평을 받았다. 슈펭글러의 저술은 불명료하고 장황하지만 곳곳에서 통찰력이 엿보이며, 시야와 학식은 놀라울 정도다. 슈펭글러는 '서구'나 '몰락'의 의미를 전혀 설명하지 않았기 때문에 그의 논제를 요약하기란 불가능하다. 슈펭글러가 세상에 내놓은 것은 많은 이들의 관심을 불러일으키는 문구였다. 어떤 의미에서 그는 서구의 인식 및 자기인식을 몰락과 연관 지어 완전히 바꿔놓았다. 서구문명은 어떤 의미에서든 일시적인 현상으로서, 떠오른 것과 마찬가지로 저물 수밖에 없는 것이었다.

몰락은 자멸과는 다르다. 우리는 신슈펭글러주의를 외치는 게 아니다. 슈펭글러는 미국과 유럽이 문명의 생명력을 결정짓는 거의 모든 기준에서 엄청난 진보를 이루었다고 주장했다. 특히 과학, 비즈니스 혁신과 생활수준, 인간성과 예술, 모든 형태의 음악, 군사력, 서구 내의 평화에 있어서 말이다. 그러니 서구가 몰락하고 있다고 주장하는 사람은 엄청난 기술과 술책을 지닌 정신적 곡예사일 것이다.

1964년 정치이론가 제임스 버넘James Burnham은 『서구의 자멸Suicide of the West』을 출판했다. 부제는 '자유주의의 의미와 운명'이었다.[주3] 이 책은 매우 훌륭한 읽을거리이며 그의 논제는 쉽게 요약할 수 있다. 버넘은 1900~1960년 사이 서구의 영토와 인구가 급격히 줄었다는 말로 이 책을 시작하고 있다. 그 이유에 관해 그는 다음과 같이 말한다.

주2 Oswald Spengler(1991) *The Decline of the West*, Oxford University Press, Oxford.

주3 James Burnham(1964, 1965) *Suicide of the West: The Meaning and Destiny of Liberalism*, Jonathan Cape, London.

서구의 쇠퇴는 경제 자원이나 군사력, 정치권력의 부족으로 설명할 수 없다… 그러므로 우리는 서구 쇠퇴의 주 원인 — 유일한 원인이 아니라 충분하고 결정적인 원인— 이 구조적 변화나 지적, 도덕적, 정신적 요인… 어떻게 보면 '생존 의지'와 관련된 내적이고 질적인 것이라 결론내릴 수밖에 없다.

버넘은 한때 트로츠키의 추종자였으나 1964년에 이르러서는 보수적 염세주의자이자 열렬한 반공주의자가 되었다. 그는 서구가 자발적으로 제국을 포기하고 공산주의에 맞서지 않게 된 것이 '자유주의'의 결과라고 설명한다. 그는 자유주의 사상의 확산이 현실세계의 과제들을 제대로 바라볼 수 없게 만든다고 말한다.

현재 중대한 과제는 세 가지다. 첫째는, 서구사회 안에서, 특히 대도시 안에서 펼쳐지고 있는 정글이다. 둘째는, 주로 백인이 아닌 집단들이 점유하고 있는 후진 지역 내에서의 폭발적인 인구성장 및 정치적 활성화이다. 셋째는, 세계적인 권력의 독점을 위한 공산주의 기업의 움직임이다.
자유주의의 창을 통해서는 이러한 과제들을 뚜렷하게 직시할 수 없다 … 우리의 도착점은 출발점으로 돌아간다. 자유주의는 서구를 자멸로 이끄는 이데올로기다 … 현대 자유주의 이데올로기는 그 자체가 서구의 모순과 몰락을 나타내는 하나의 표식으로 이해되어야 한다. 말하자면 역사의 진행과 함께 일어나는 일종의 부수 현상, 백조의 노래, 심한 병을 앓는 아이에게 속삭이는 어머니의 목소리와도 같은 정신적 위안인 셈이다. 패배를 승리로, 포기를 충성으로, 소심함을 용기로 자유롭게 표현하는 것은 실로 놀라운 독창력이다 … 자유주의는 서구문명으로 하여금 사멸하는 것에 스스로 만족하게 만든다.

우리는 버넘의 훌륭한 저작과 똑같은 제목을 사용하고 있지만 그의 논제에 동의하는 것은 아니다. 우리가 보기에, 제국에 대한 자발적인 포기가 문명의 자멸을 예고한다는 버넘의 전제에는 커다란 결함이 있다. 서구문명이 최소한 2천년에 걸쳐 이루어졌다는 점에서 볼 때 제국은 매우 최근에 생겨난 필요 이상의 부분이었다. 식민지화된 후 비식민지화된 국가들은 대부분 관련된 서구 제국의 문화를 흡수하지 않았다. 그들은 정복당했다가 해방되었을 뿐이다. 유럽의 긴 역사 중 아주 짧은 기간인 1875~1895년 사이 유럽 제국주의자들은 지구의 1/4이 넘는 땅에 깃발을 꽂았다. 설명이 되어야 할 부분은 오히려 이러한 이상 현상이다. 제3세계의 비식민지화가 미친 영향과 관계없이 서구의 경제력은 더욱더 강력해졌다.

뒤늦게 밝혀진 사실이지만, 우리는 버넘이 상황을 거의 완전히 잘못 이해했음을 알 수 있다. 서구의 자유주의로 인해 붕괴된 것은 서구가 아니라 공산주의였다. 서구의 번영과 자유에 매력이 없었다면 동유럽 사람들은 1989년 베를린장벽을 허물지 않았을 것이고 구소련 지배자들은 자신의 문명이 자기 의지로 사라지는 것을 가만히 바라보지 않았을 것이다.주4

흐름 vs. 소망

우리는 현상을 분석함에 있어서 우리의 소망은 개입시키지 않으려 애썼다. 우리는 논쟁을 벌이려는 게 아니다. 역사나 사상의 역사를 서술하려는 것도 아니다. 우리가 하려는 일은 역사와 사상을 분석하여, 처음에 이야기한 서구문명의 성공과 생존에 관한 네 가지 문제의 답을 제시하는 것이다. 이 글에는 불가피하게 우리의 선입견이나 의견, 개인적인 이력, 경험 등이 때때로 섞이게 될 것이다. 그러나 우리의 분석에 함축된 의미에 관한 솔직한 견해는 마지막 장에서만 전개된다. 우리는 전혀 다른 배경에서 이 작업에 임했다(한 명은 자유주의 보수파 사업가이고 한 명은 민주 좌파의 자유주의 정치가이다). 그러나 우리가 근원적이고 중요하다고 생각하는 결론은 똑같다.

주4 미하일 고르바초프는 캐나다의 한 슈퍼마켓을 방문했을 때 진열된 상품들을 보고 깜짝 놀라, 그곳이 자신의 방문을 위해 특별히 마련된 곳이라 생각했다. 나중에 그러한 풍요로움이 일상이라는 사실을 알고 나서 공산주의에 대한 믿음은 흔들리기 시작했다.

서구의 정체성

SUICIDE
OF THE WEST

서구의 정체성

오늘날 모든 서구인들이 직면하고 있는 가장 흥미롭고 중요하고 어려운 문제는 경제적 생존이 아니라 '정체성'에 관한 문제이다. 즉 "나는 누구인가?" 하는 것이다. 그런데 여기에는 모순이 있다. 우리는 개인으로서 이 질문을 던지지만 개인으로서의 역할을 넘어 집단 혹은 집단들과의 관련을 통해서만 우리의 존재와 그 의미를 정의할 수 있기 때문이다.

이러한 통찰은 독일 철학자 칸트(1724~1804)에게서 나온 것이다. 그는 우리 개인의 본질이 주로 다른 개인들 및 우리 주변 세계와의 관계 속에서 체험되지만 동시에 본질적이고 독특한 정체성도 계속 유지된다고 말했다. "나는 누구인가?"에 대한 분명한 답이나 올바른 답은 없다. 그러나 서구인들이 이 질문에 일반적으로 어떻게 답을 내리는지에 따라 서구의 미래는 깊은 영향을 받게 될 것이다.

우리는 사회적인 동물이다. 우리에게는 정체감이 필요하다. 사회가 분산될수록 우리 각자는 더욱 개인주의적이 되고 정체감은 더욱 중요해진다. 이는 우리 개인의 결정이다. 사회가 규정하는 것이 아니다. 개인주의가 격화된다고 해서 집단적인 정체성의 필요가 사라지거나 줄어들지는 않는다. 개인주의가 격화될수록 집단적인 정체성은 더욱 찾기 어려워지고 심리적으로 더욱 긴요해지며 사회에 없어서는 안 될 요소가 된다. 뿐만 아니라 그 결과는 매우 예측하기 어렵다.

정체성의 힘이 얼마나 대단한지는 지난 세기 유럽에서 있었던 일들을 떠올려보면 알 수 있다. 1900년 대부분의 유럽 사람들 사이에서 가장 두드러지게 나타났던 정체감은 계층이나 종교, 직업, 종교, 정치적 신념에 관한 것이 아니었다. 이 모든 정체성의 원천들은 많은 사람들에게, 그리고 유럽 사회 전체에도 중요했다. 그러나 무엇보다 강력한 정체성의 원천은 민족이었다. 19세기 내내 유럽 전역에서 보수주의자, 자유주의자 할 것 없이 장려하고 지지한 이 압도적인 민족적 정체감이 없었다면 1914~18년 사이의 끔찍한 전쟁은 일어나지 않았을 것이다. 그리고 일어났다 해도 몇 개월을 넘기지 못했을 것이다.

처음에는 이 전쟁이 4개월을 넘기지 않고 '크리스마스 무렵이면 끝날 것'이라는 게 일반적인 생각이었다. 그러나 1914년 크리스마스가 되자 각국의 정치가들은 이 전쟁이 군사적으로 경제적으로, 무엇보다 인간의 생명과 고통의 측면에서 볼 때 모든 교전국들에게 무시무시한 재앙임을 분명히 알 수 있었다. 하지만 민족적 정체성에 대한 자긍심이 유럽 전역에 너무나 깊숙이 뿌리박혀 있어서 전쟁을 중단시킬 방법이 없었다. 어느 한편이 상대편을 강제로 굴복시켜야만 끝날 전쟁이었다. 이 전쟁으로 850만 명의 유럽 사람들이 목숨을 잃었다. 유럽의 식민 제국들이 무너지고 유럽의 위대한 세계적 위상은 회복할 수 없을 만큼 파괴되었다. 이 전쟁의 직접적인 결과로 일어난 1917

년 러시아혁명은 1953년에 이르자 내전과 테러, 강제노동수용소, 정치적 처형으로 약 5천 4백만 명의 죽음으로 이어졌다. 1914~18년에 걸친 전쟁이 없었다면 나치 독일이나 2차 세계대전의 잔학 행위들도 일어나지 않았을 것이고 따라서 약 4천 7백만 명이 또 다시 목숨을 잃는 일도,주1 서구문명이 거의 전멸되는 일도 없었을 것이다.

1945년 이후에도 민족주의는 계속해서 세계에 막대한 해를 입혔으나 피해지는 주로 서유럽 외의 지역이었다. 미국의 지원 하에 공동시장이 이루어지고, 이후 유럽연합이 세워지면서 악질적인 민족주의는 뿌리 뽑히고 유럽 국가들 사이에서 공동의 이익과 정체성에 대한 인식이 생겨났다. 그들은 서로 침략하는 일을 멈추고 서구 군사동맹을 체결했다. 그 결과 서유럽에서는 60년에 걸쳐 평화와 번영이 계속되었다.

그러나 현재 서구의 정체성을 보여주는 만화경은 서로 대립되고 보완되는 무수한 길로 방향을 바꾸고 있다. 정체성은 개인화되었다. 정체성은 바스크Basque(스페인 피레네 산맥 지방—옮긴이)나 카탈로니아Catalonia(스페인 북동부 지방—옮긴이)의 '민족주의'에서 볼 수 있듯 국부화되었다. 정체성은 여권신장운동

주1 추정중앙값으로 보면 2차 세계대전에서 1,440만 명의 군인과 2,710만 명의 민간인이 사망했고 나치에 의해 560만 명의 유대인이 학살당했다. Norman Davies(1996) *Europe: A History*, Oxford University Press, Oxford, pp. 1328~9에 의거.

및 게이 레즈비언 해방운동에서 볼 수 있듯 성적 특징을 갖게 되었다. 정체성은 축구, 야구 혹은 농구팀을 응원하는 팬들 — 꼭 지역 팬들만 해당하는 것은 아니다— 의 열렬한 애정에서 볼 수 있듯 스포츠와 연관을 맺게 되었다.

정체성은 그린피스Greenpeace나 지구의 벗Friends of the Earth을 비롯하여 세계 전역에서 평화를 위해 활동하는 단체들의 경우에서처럼 환경과도 연관을 맺게 되었다. 정체성은 동물해방운동가가 되었고 테러리스트가 되었다. 정체성은 지역적인 혹은 국제적인 교회와 종파를 지지하는 태도에서 볼 수 있듯 종교적인 성질을 띠게 되었다. 정체성은 온라인 커뮤니티의 확산이 보여주는 것처럼 가상공간에서도 찾아볼 수 있게 되었다. 정체성은 '아프리카계 미국인'이라는 표현에서 볼 수 있듯 민족적인 것이 되었으며, 라틴아메리카계의 정체성이 국적을 능가하는 것처럼 언어에 기반을 두고 있는 경우도 있다. 마이애미는 '라틴아메리카의 중심지'라 불릴 정도다.

쉘Shell(세계적인 석유기업—옮긴이)이나 IBM이라는 이름이 기업주를 대신해 전세계를 돌아다니는 데서 볼 수 있듯 정체성은 조직화되었다. 점점 더 많은 사람들이 외국에서 여행하고 일하고 친구를 사귀거나 외국의 토지를 사들이는 데서 볼 수 있듯 정체성은 국적을 초월하게 되었다. 정체성은 세계화되었다. 정체성은 패션과 연관을 맺게 되었고 시대, 학교, 유명인과 연관을 맺게 되었다. 그리고 대개 정체성은 여전히 가족이나 조합, 직업, 정당, 계층, 인종, 국적 등 전통적인 원천들에 기반을 두고 있다.

요컨대 정체성은 복합적이고 파편적이고 분산적이고 일시적이고 특유한 것이 되었다. 우리의 정체성은 우리 개개인에 의해 한데 모인다. 그러나 향후 수십년 동안 서구인들은 다음과 같은 주된 형태의 정체성 가운데 하나를 집단적으로 지지할 것이다.

- 순전히 국부적이고 개인적인 여러 형태의 정체성만이 존재하고 좀더 광범위한 공동체의식은 사라진다.
- 국부적·개인적 정체감과 미국인, 독일인, 호주인 등과 같은 민족적 정체성이 공존한다.
- 기본적으로는 위와 같다. 단 유럽 사람들이 자신의 국적보다는 유럽이라는 테두리로 자신들을 구분하여 서구의 정체성은 주로 '미국'과 '유럽'으로 양분된다.
- 국부적·개인적 정체감에 모두가 세계시민, 즉 '코스모폴리탄'이라는 시각이 결합된다.
- 국부적·개인적·민족적 정체감과 함께 모두가 서구의 시민으로서 중요한 공통의 정체성과 관심사를 지니고 있다는 공통된 인식이 존재한다.

서구의 정체성은 무의미하고 개인화된 폐물이 될까? 서구의 민족주의는 또 다시 그 추한 얼굴을 드러내게 될까? 미국과 유럽은 서로의 차이를 경계 짓고 자기 것만을 신봉하게 될까? 서구인들은 세계적 정체성이라는 공통분모를 추구하게 될까? 이런 개념이 참된 의미를 가질 수 있을까? 아니면 서구의 정체성에 정말 미래가 담겨 있는 것일까?

마지막을 제외하고 그 어떤 결과가 나타나든 서구인들은 평화와 번영, 널리 문명화된 사회를 계속 누릴 수 없게 된다. 현대 정체성의 조류는 거칠게 소용돌이치고 있다. 이대로라면 서구의 운명은 쉽사리 물속으로 가라앉아버릴 수도 있다. 유럽과 미국 그리고 서구라는 개념이 어떻게 생겨났는지, 그 개념들이 지금과 같은 취사선택 시대에 얼마나 생존 가능한지를 그려봄으로써 우리는 서구가 직면한 위험과 기회를 동시에 짚어볼 수 있다.

유럽에 담긴 뜻

유럽은 존재하는가? 1950년대에 유럽은 단지 모호하고 유동적인 지리적 표식으로만 남고 해체될 수도 있었다. 그러나 유럽은 역사적으로 주목하지 않을 수 없는 세력으로 존재했을 뿐만 아니라 가장 상상력이 넘치고 비옥한 개념으로 존재하기도 했다.[주2]

유럽이라는 개념은 오래 전부터 내려온 크리스트교에서 비롯되었다. 로마제국이 무너졌을 때, 그 지배 하에 있던 백성들을 결속시킨 것은 크리스트교였다. 로마제국의 모든 영토와 백성들은 정치적 영향력의 성쇠와 상관없이 공통된 문명을 향유하고 있다는 것이었다. 크리스트교 전통은 부유한 지식인 문화의 도움을 받았고 라틴어라는 공용어에 의해 통합되었다. 크리스트교는 전 대륙에 걸쳐 동일한 개념과 책 그리고 비슷한 기관들(성당, 수도원, 수녀원, 대성당학교, 대학 등)을 공유하고 있었다. 크리스트교 문화는 크리스트교 자체보다 훨씬 더 멀리 뻗어나가 고대 그리스, 로마, 이슬람, 페르시아, 중국에까지 전파되었다.

결과적으로 전례 없이 비옥하고 창의적인 지적 영토가 만들어지고, 세계 최초의 경험과학이 탄생하고, 비할 바 없는 기술 및 탐구의 업적들이 세워지고, 새로운 대륙들이 식민지화되고, 기아와 불시의 죽음이 정복되었다. 크리스트교는 정치적 사건들과 관계없이 공통된 충성심과 정체성을 가져다주었다. 이러한 정체성은 지역적, 종족적, 민족적, 정치적 심지어는 종교적 정체성까지 모두 초월하는 것이었다. 크리스트교는 동방정교회와 로마가톨릭이 분리되었을 때도, 군사들이 십자군이라는

주2 Peter Watson(2005) *Ideas: A History of Ideas from Fire to Freud*, Weidenfield & Nicolson, London, pp. 319~38.

이름으로 토지를 횡령하러 떠났을 때도, 세 명의 교황이 서로 경쟁을 벌이고 있었을 때도, 유럽이 피비린내 나는 종교전쟁에 휩싸여 있었을 때도 여전히 유력한 개념으로서 존재하고 있었다.

1300~1800년 사이 오랜 기간 동안 우여곡절을 거치면서 크리스트교라는 개념은 서서히 유럽이라는 개념으로 발전했다. 동유럽도 거의 항상 포함되어 있었다. 1300년 이후 지리학자들은 유럽을 자주 언급하기 시작했다. 1458년 교황 비오Pius 2세는 『유럽 영토에 관한 논문Treatise on the State of Europe』을 발표했다.주3 17세기 후반 유럽은 '크리스트교국' 혹은 '크리스트교연방' 대신 일반적으로 쓰이는 용어가 되었다.

18세기에 이르자 유럽에 대한 찬양은 정치적 편견이 없는 계몽운동 집단에서 꼭 필요한 사항이 되었다. 유럽이라는 개념은 진보적인 여러 운동들과 관련을 맺게 되었는데, 그중에는 종교의 자유(마녀사냥이라는 이름으로 아무렇지 않게 수만 명을 화형시킨 문명으로서는 엄청난 진보라 할 수 있다), 정치적 자유주의, 가혹한 형벌과 침략적인 민족주의의 제거, 세계 평화, 상공업 발전 등을 위한 운동도 있었고 어떤 지역에서는 유럽의 정치적 통합, 기성 종교에 대한 공격 등의 움직임도 나타났다.

주3 Denys Hay(1957) Europe: The Emergence of an Idea, Edinburgh University Press, Edinburgh.

윌리엄 펜William Penn(1644~1718)은 유럽의회의 창설을 주장한 최초의 인물이었다. 1751년 볼테르는 유럽을 이렇게 표현했다. "몇 개의 국가로 나뉘는 일종의 거대한 공화국이다 … 그 안의 모든 국가는 서로 교류하고 있다 … 모두가 동일한 종교적 토대를 가지고 있다 … (그리고) 동일한 공공법률 및 정치의 원칙들을 가지고 있다. 세계의 다른 지역에서는 볼 수 없는 원칙들이다." 1771년 루소는 "더 이상 프랑스 사람도, 독일 사람도, 스페인 사람도 영국 사람도 존재하지 않는다. 오직 유럽 사람만이 있을 뿐이다"라고 과감하게 말했다.주4

유럽이라는 개념은 지리적 사실이 아닌 세계적 비전을 나타내는 말이 되었다. 즉 유럽은, 다양한 동시에 통합적이고, 국적과 정치적 입장을 초월하며, 학문적·문화적 진보를 토대로 예술과 과학·상업을 장려하고 인간의 존엄성과 자유와 행복을 추구하는, 문명화되고 관용적이고 평화적인 공동체의 비전을 의미하게 된 것이다.

지난 60년 동안 유럽이라는 이 세련된 개념은 일련의 경제 및 정치 제도들을 통해 표출되었다. 석탄과 철강 협동조합이 유럽공동시장으로, 이후에는 유럽연합으로 발전했다. 유럽연합은 유럽의 자긍심 있는 민족국가들이 협력적인 시도로 맺은

주4 이 꿈 같은 발언이 있은 후 30년 안에 유럽 세력들은 나폴레옹이 유럽을 프랑스의 지배 하에 두지 못하게 하기 위해 생사의 싸움에 뛰어들었다.

연합으로서, 평화를 유지하고 번영을 증진시키고 무역, 환경, 개발, 국제협력 등 중대한 세계적 문제들을 다루기 위해 세워진 것이다.

미국의 정체성은 무엇인가

미국은 여러 가지 면에서 특별하지만 그중에서도 특히 한 가지 사상을 추구하는 반체제자들에 의해 개척되었다는 점에서 더욱 특별하다. 개척자들은 17~18세기 신교도들이었다.[주5] 그들은 청교도 사상을 추구하는 독립적인 시민들로서 신을 경외하고 열심히 일하며 자기수양에 힘썼다. 개척자들은 앵글로색슨 신교도 —대체로 영국인들— 의 문화와 가치관, 전문 지식 등으로 무장하게 되었고, 종교적 회의론과 어느 정도의 관용을 제외하고는 앞서 말한 유럽 계몽사상의 지적 가설들을 공유했다.[주6]

미국의 정체성은 두 번의 중대한 정치적 격변, 즉 미국독립혁명과 남북전쟁을 통해 형성되었다. 1750년대까지 개척자들

주5 1790년 미국의 정치 활동 인구는 100% 백인이었고, 98%가 신교도, 80%가 영국인이었다. 나머지는 거의 모두 독일인이나 네덜란드인이었다.

주6 볼테르, 디드로, 루소와 같은 계몽사상가들이 다민족사회를 신봉했다고 하면 시대착오적인 주장이 되겠지만 이 세 사람은 모두 종교나 인종, 국적과 상관없이 인류의 본질적 평등을 강조했다. 유럽 사람들에게는 수백년 동안 노예제도와 집단이주의 영향을 받지 않은 대륙이라는 강점이 있었다. 미국 사람들은 유럽 및 아프리카 노예상인들 덕분에 노예제도의 저주를 받았다. 1790년에는 미국 인구의 15%가 흑인 노예들이었다.

과 그 후손들은 매사추세츠나 뉴욕, 펜실베이니아, 버지니아 등과 같은 주, 나아가서는 '영국령 북아메리카'나 그들의 출신지에 일체감을 가지고 있었다. 미국의 민족적 정체성이 나타나기 시작한 것은 독립전쟁 및 독립선언으로 이어진 사건들이 있은 후였다. 이러한 정체성은 자유 미국인의 평등과 개성을 선언한 정치적 신념과 깊은 관련이 있다. 그러나 주에 대한 충성은 남북전쟁이 일어날 때까지 뚜렷하게 남아 있었다. 이 격변이 일어난 후 1860~1950년대까지 미국의 민족적 정체성은 대다수의 미국인들 사이에서 최고조였다. 두 차례의 잊을 수 없는 정치적 분쟁 속에서 생겨난 만큼 이 정체성은 매우 정치적인 형태의 민족주의 성격을 띠면서 '미국식'(대다수 자유 미국인들의 2차적 본성이 된 일련의 신념)에 대한 열정과 함께 고동쳤다.

그렇다면 그 신념들은 무엇이었을까? 그 신념들은 17~18세기 유럽의 급진적인 정치사상과 청교도 사상에 기초를 두고 있었다. 1944년 정치과학자 군나르 미드랄Gunnar Mydral은 '미국의 신념'을 "개인의 존엄성, 모든 사람의 기본적인 평등의 존엄성 그리고 자유, 정의, 공정한 기회에 대한 양도할 수 없는 권리의 존엄성"이라 정의했다. 물론 현실이 언제나 사상과 일치하는 것은 아니다. 하지만 미국을 세운 기본 가치관은 자유의 종(Liberty Bell: 미국 독립의 상징물—옮긴이)처럼 크고 뚜렷하게 울리고 있다.

서구는 어디를 말하는가

서구라는 개념은 미국이라는 개념과 유럽이라는 개념이 결합된 것 그 이상도 이하도 아니다. 유럽은 공통된 지리와 사상에 의해 연합된 다양한 국가들이 이루는 문명화되고 평화롭고 풍요로운 공동체이다. 미국은 유럽의 개척자들, 주로 유럽의 이주민들과 지금은 라틴아메리카계 사람들까지도 통합하는 개념이다. 이러한 통합은 자유와 평등한 지위 및 기회를 주장하는 정치사상에 대한 공동 헌신을 통해 이루어진다. 서구라는 개념은 미국과 유럽이 서로를 돕고 자유와 인간 존엄성을 지지하는 데 있어서 공통적으로 갖고 있는 대의이다.

이러한 서구라는 개념이 현재 많은 서구인들과 비서구인들에게 혼란스러운 혹은 냉소적인 반응을 불러일으키고 있다면 이는 서구라는 개념에 역사적 타당성이나 매력이 결여되어 있기 때문이 아니라 서구문명을 매력적이고 성공적인 문명으로 만든 사상과 이상을 일부 미국 사람들과 유럽 사람들이 저버렸기 때문이다. 2차 세계대전 이후 수년 동안 서구라는 개념에 대한 혼란과 냉소는 존재하지 않았다. 그 후 서구는 경제적 단결, 번영, 군사력에 있어서 얻은 것이 많았지만 사회적 단결, 정신적인 힘, 목적에 대한 확신 그리고 미국과 유럽 간의 상호 지지 및 공감은 현저하게 쇠퇴했다. 서구라는 개념이 재정의되거나 완전히 버려져야 할 정도로 말이다.

아메리카대륙의 발견은 역사의 행로를 바꿔놓았고, 단기적으로든 장기적으로든 유럽 사람들은 경제적, 정치적, 사회적, 지적으로 매우 풍요로워졌다. 신세계의 발견은 유럽에 엄청난 활력을 불어넣었다. 동양과의 교역을 위한 은이 공급되었고, 최첨단 농업 및 산업기술이 갖춰졌으며, 확대된 시장을 위한 대량생산 덕분에 생활수준이 향상되었다. 미국은 절망에 빠지거나 궁핍한 사람들까지 포함해서 수천만 유럽 사람들에게 새로운 삶을 제공해주었다. 4세기 동안 미국은 유럽 사회에 안전판을 설치했고 2세기 동안 자유의 새로운 모델을 세웠다. 이 새로운 모델은 결국 전 유럽에 걸쳐 성공을 거두었다. 지난 5백년 동안 역사를 추진시킨 중추적인 힘은 미국과 유럽 사람들의 공통 관심사와 상호보완적인 풍조였다.

유럽과 미국의 지적 토대는 크리스트교 신앙과 낙관주의, 과학, 성장, 자유주의, 개인주의 등으로 서로가 동일하다. 그러나 유럽이라는 개념과 미국이라는 개념은 서로 연결된 개념 이상의 훨씬 더 강력한 무언가를 공유하고 있다. 유럽이라는 개념과 미국이라는 개념은 둘 다 광범위한 공동체, 지리적·역사적 근원, 발전하는 이상에 대한 집단적인 감정적 참여를 수반한다. 유럽과 미국의 사상과 이상은 일치하고, 역사와 민족은 부분적으로 일치한다. 다른 것은 지리적 위치뿐이다. 서구라는 개념의 범위는 모든 사상과 이상, 역사 그리고 양 대륙은 물론 오스트랄라시아Australasia(오세아니아)의 다른 유럽 개척지에까지 미친다.

　서구라는 개념이 강력한 정치적 영향력을 갖게 된 것은 20세기에 들어서였고, 주로 좋지 않은 상황에서였다. 처음에 서구라는 말에는 정치적 의미와 문화적 의미가 결합되어 있었다. 이 표현은 현대의 친영파 미국인들에 의해 처음 사용되었다. 1차 세계대전이 일어나기 전 깊이 얽혀 있던 미국과 대영제국의 동일한 언어, 문명 및 관심사를 강조하기 위한 것이었다. 전쟁은 유럽과 미국 사람들 사이의 연결고리를 굳게 하고 다시 만드는 데 중요한 역할을 했다. 3백만 명의 미국 군인이 유럽에 파견되었기 때문이다.

　20세기 초 서구의 지리적 정의는 분명치 않았다. 때로는 유럽 전체가 포함되기도 했고 때로는 북아메리카와 대영제국, 프랑스로 한정되기도 했다. 슈펭글러가 쓴 『서구의 몰락』에서는 몰락으로 향하는 나라들을 모호하게 다루고 있으며, 곳곳에서 '유럽-아메리카 문명'을 언급하고 있고, 또 다른 곳에서는 '서유럽'을 언급하고 있다. 여기에서 독일은 확실히 제외되었다. 그러나 서구문명에 관해 이야기할 때 슈펭글러는 시종일관 이탈리아와 독일 사람들을 포함시켜 자유롭게 '우리'라는 말을 사용함으로써 독일인 저자와 그의 독일인 독자들이 공유하고 있는 동일한 서구 문화유산을 암시하고 있다.

철의 장막으로 유럽이 분리된 1947년부터 서구에서 구소련 지배 하의 동유럽이 제외되었다. 그러나 다행히 1991년 베를린 장벽이 무너져 동유럽 대부분의 국가들이 자치국가로 돌아와 서구식 민주주의와 시장경제를 채택하게 되면서 정치적으로나 문화적으로나 다시 유럽 전체를 포함하여 서구라고 부를 수 있게 되었다.

서구는 진정 존재하는가

유럽이라는 개념과 미국이라는 개념이 결합된 서구라는 개념은 20세기 세계의 지도를 다시 그렸다. 막대한 희생을 치른 끝에 유럽 사람들을 서로 적대시하게 한 파괴적인 민족주의는 거의 근절되었다. 나치즘과 공산주의의 반서구 이데올로기도 무너졌다. 정치적으로 '서구'라는 말은 자유롭고 독립적인 여러 유럽 국가들을 의미하게 되었다. 고유의 의회와 민족적 정체성을 유지하면서도 경제적으로, 어느 정도는 정치적으로도 연합되어 있는 이들은 서로 평화 관계에 있고 미국과는 폭넓은 동맹 관계를 맺고 있다. 필연적으로 이들의 관계 속에서는 때때로 팽팽한 긴장감이 조성되기도 한다. 그러나 평화와 번영, 자유의 측면에서 볼 때 이것이 모든 유럽 및 미국 사람들을 위한 최선의 해법일 것이다.

정치적 사건들은 정체성을 형성시킨다. 그러나 정치적 사건들만으로는 정체성이 유지될 수 없다. 결국 서구를 '나머지'와 구별해주는 중대하고 뿌리 깊은 태도와 믿음이 있을 때, 그 태도와 믿음이 서구의 구성원들 사이에서 널리 공유될 때에만 서구는 의미 있는 개념으로 존재할 수 있다.

우리는 그러한 태도와 믿음이 존재한다고 생각한다. 미국 사람이든 캐나다 사람이든, 폴란드 사람이든 프랑스 사람이든, 호주 사람이든 뉴질랜드 사람이든, 영국, 이탈리아, 아일랜드, 스페인, 핀란드 혹은 어느 서구 국가에 속한 사람이든 서구인들은 대체로 비슷한 방식으로 생각하고 행동한다. 이런 방식은 일본이나 중국, 아랍이나 아프리카, 인도나 말레이시아 사람들이 생각하고 행동하는 방식과는 다르다. 우리는 공통적이고 서로 맞물린 사상의 집합, 즉 여섯 가지 성공 요인에서 비롯되는 서구의 역사와 문화, 신조의 측면에서 서구와 그 나머지의 차이를 설명하려 한다.

다른 저술가들도 분류는 다르게 했지만 대체로 비슷한 결론을 내놓았다. 슈펭글러는 세계의 개선과 개인의 노력을 요하는 도덕의 관점에서 서구의 끊임없는 활력을 인정했다.

서구 사람들은 예외 없이 막대한 시각적 환영의 영향을 받는다. 모든 이는 다른 사람들에게서 무언가를 필요로 한다 … 서구의 윤리에서 가장 중요한 것은 경향, 권력 주장 그리고 먼

곳에까지 영향을 미치고자 하는 의지다. 이 윤리 안에서는 루터도 니체와 함께하고, 교황도 진화론자와 함께하며, 사회주의자들도 예수회원들과 함께한다 … 우리가 전혀 깨닫지 못한 것은 바로 서구의 도덕적 원동력의 독자성이다.[주7]

사회학자 다니엘 벨Daniel Bell은 '개인주의와 성취, 기회의 균등'에 관해 이야기한다. 군나르 미르달은 '인간 개개인의 본질적인 존엄성'을 강조한다. 서구의 본질은 합리주의, 행동주의, 신뢰, 지식 추구, 개인의 책임, 자기 개선, 세계 개선, 동정심 등의 정의할 수 없는 혼합물이다. 그 뿌리에는, 유럽 사람들과 그 후손이 공유하고 있으며 현재는 미국과 유럽, 오스트랄라시아의 사람들이 대표하고 있는 도덕적 개인주의가 있다.

우리는 도덕적 개인주의가 발생과 결과면에서 전적으로 옳다고 말하는 것이 아니다. 사실 도덕적 개인주의는 매우 위험하며, 종종 자취를 감추곤 하는 상식과 겸손에 의해 끊임없이 길들여져야 한다. 슈펭글러의 멋진 표현을 빌자면, 서구의 도덕적 개인주의는 '파우스트적'이다. 도덕적 개인주의는 권력 지향적이며 굉장히 파괴적이다. 확립된 권위, 문화, 전통, 믿음 체계, 산업화 이전의 생활양식, 지구 전체의 생태 균형까지도

주7 Spengler(1991), p.176.

파괴할 수 있다. 서구인들은 사물을 그냥 놓아두어야 할 때를 알지 못한다. 그들은 언제나 너무 멀리, 너무 빠르게 움직인다. 그들은 언제나 무언가를 하려 한다. 아무것도 하지 않는 게 최선일 때가 많은데도 말이다. 그들은 개선하고자 하는 마음으로 개입하여 상황을 더 나쁘게 만들곤 한다. 그들은 둔감하고 참을성 없고 거만하다. 그들은 언제나 완고하며 때로는 편협하기도 하다. 그들은 무엇이든 밀어붙인다. 바꾸고 설득하고 변화를 일으키려 한다. 자신의 막대한 힘에 한계가 있다고 인정하려 하지 않는다.

좋든 나쁘든 서구의 도덕적 개인주의는 서구 사람들 사이에서 보편적이며 서구인이 아닌 사람들 사이에서는 대체로 찾아보기 어렵다. 서구의 영향을 받은 곳이 아니라면 말이다. 사회학자 게에르트 홉스테드Geert Hofstede의 저술에 명시되어 있듯이, 모든 서구 국가는 고도로 개인주의적이며 그 어떤 비서구 사회도 이 수준에 근접하지 못한다.주8

서구의 정체성이 의미하는 것

유럽의 치명적인 민족주의는 대개, 두 차례에 걸친 '유럽 내

주8 홉스테드의 계산법에 따르면 서구 국가들의 평균은 66.7이었고 비서구 국가들의 평균은 불과 25.7에 그쳤다. Geert Hofstede, *Culture's Consequences: Comparing Values, Behaviors, Institutions, and Organizations Across Nations*, Sage Publications, Thousand Oaks, Calif., 1980, 개정판, 2001. 홉스테드의 자세한 연구 결과는 제7장 참고.

전'의 참사로 손상되고 ―마지못해 인정되곤 하는― 유럽의 제도와 정체성의 성공으로 침식된 유물이라 할 수 있다. 전반적으로 유럽 국가들은 더 이상 서로를 침략하려 하지 않으며 자신들의 경제적 이익이 상호보완적이라고 믿고 있다. 20세기 전반의 참사들과 이후 철의 장막으로 상징된 분열 및 억압에 비추어 볼 때, 경제적으로 거의 통합된 유럽에 일부 공통적인 정치 제도가 존재하는 동시에 여전히 국가의 의회나 다양한 민족적 정체성이 제각기 존재하고 있는 상황은 최상의 현실적 결과로 보인다.

미국에서는 다른 이유로 민족주의와 민족적 정체성이 쇠퇴했다. 1950~1960년대 민권운동은 흑인들에게 평등한 시민권을 가져다주었지만 '아프리카계 미국인'이라는 분리된 의식을 만들어내기도 했다. 평판도 성과도 좋지 못했던 베트남전쟁은 미국의 민족적 정체성을 약화시켰다. 미국의 젊은이 대다수가 징병을 기피하고 어떤 이들은 미국 국적을 포기하기도 했다. 멕시코를 비롯한 라틴아메리카 이주민들이 지난 30년 사이 대거 미국에 정착했는데, 이전의 이주민들과 달리 그들은 자신의 본거지와 연결을 유지하고 있다. 계속 스페인어를 사용하는 사람들도 있고 이중국적이나 시민권을 가진 사람들도 많다.

많은 논평가들이 미국은 두 문화 두 언어 사회를 향해 가고 있다고 말한다. 앞에서도 말했듯이 개인주의의 발달은 내적이고 자기한정적인 정체성으로의 전환을 불러왔고 그 결과 국가와의 관계는 보다 규모가 작은 동질집단과의 관계로 변화되었다. 공동 정체성과 정치 지도자에 대한 신뢰가 쇠퇴하면서 국가에 대한 충성도 약화되었다. 새뮤얼 헌팅턴Samuel Huntington은 이렇게 말했다. "미국의 지성계, 정치계, 비즈니스계 엘리트들은 국가에 대한 헌신을 줄이고 다국가적, 하위국가적 요구에 더 충성하게 되었다."

9.11테러로 미국의 민족주의는 급격하게 부활했다. 그러나 이 부활은 장기간에 걸친 하향곡선에서 예외적이고 일시적인 상승 구간이었던 것으로 보인다. 이라크전쟁과 계속된 폭동, 그리고 2005년 허리케인 카트리나 발생 후 뉴올리언스에 남겨진 사람들(주로 흑인과 빈곤층)에 대한 정부의 구제 실패로 국가적 신뢰가 약화되면서 미국이 화합적이고 자부심 있는 국가라는 인식은 또 다시 힘을 잃었다.

세계적 혹은 보편적 정체성은 적어도 이론적으로는 민족주의의 대안이라 할 수 있다. 1980~1990년대 초에는 모더니즘과 웨스터니즘이 널리 퍼졌고 영향력이 강해서, 모든 이가 하나의 거대한 지구촌에 살고 있다는 말이 유행했다. '전 지구적인 쇼핑몰'이라는 표현이 더 적절하겠지만 좀더 자세히 들여다보면 세계시민주의는 매우 피상적이거나 전혀 근거 없는 환상이다.

많은 학자들이 자료를 제시하고 많은 지정학적 사건들이 증명해준 것처럼, 대부분의 인간은 '지구적인 사고'를 하지 못한다. 지역적·민족적인 문화, 역사, 종교, 정치 등은 아직 '역사'라는 이름표가 붙은 휴지통에 쓸어담을 수 없다. 이와 다르게 생각한 사람들은 큰 충격을 느끼고 있다. 여러 민족의 사고방식을 연구해온 사회학자들과 심리학자들은 누차 같은 패턴을 발견한다. 공통적인 서구의 사상과 그보다는 덜 동질적인 약간의 지역적 사고 패턴들이다. 이러한 패턴들은 대개 중국, 일본, 힌두, 불교, 이슬람교, 라틴아메리카, 아프리카, 동방정교회·러시아 등의 범주로 분류된다. 1993년 새뮤얼 헌팅턴이 발표한 『문명의 충돌』[주9]은 점점 더 독창적이지만 억지스럽게 보인다. 각 문명 내의 유사성 정도와 문명들이 충돌할 수밖에 없는 필연성을 지나치게 강조하고 있기 때문이다.[주10] 그러나 적어도 뒤이은 논쟁은 서구를 넘어 다양한 민족적·지역적·종교적 정체성이 낳는 문화적 차이와, 종종 불행할 수 있는 결과들을 부각시켜주었다.

민족주의와 세계시민주의가 정체성의 개인적 정의를 논하기

주9 1993년 여름 〈Foreign Affairs〉에 실린 '문명의 충돌The Clash of Civilizations'이라는 제목의 논문은 이후 확장되어 책으로 출판되었다. Samuel P. Huntington(1996), *The Clash of Civilizations and the Remaking of the World Order*, The Free Press, New York.
주10 또한 헌팅턴은 '유사한' 문명 내의 국가 및 집단이 서로 얼마나 충돌하는지를 간과하고 있다. 역사학자 니얼 퍼거슨은 중동에 관해 "문명의 충돌이라기보다는 충돌의 문명"이라고 이야기했다. Niall Ferguson(2004), *Colosus: The Rise and Fall of the American Empire*, Penguin, London.

에 빈약한 방편이라면, 아마도 유일한 대안이자 가장 논리적인 대안은 서구의 정체성일 것이다. 서구의 정체성을 위해서는 미국과 유럽 사람들이 각자의 민족적 혹은 지역적 정체성을 경시해야 하겠지만 서구의 정체성에는 다섯 가지 무시할 수 없는 이점이 있다.

첫째, 서구의 정체성은 공동의 역사와 지리 그리고 많은 유사성을 지닌 일련의 민족적 정체성에 근거를 두고 있다.

둘째, 서구의 정체성은 20세기 및 현재의 역사적, 경제적, 정치적 사건들과 흐름을 같이 한다. 유럽의 통합, 서구권 내에서 이루어지는 무역의 중요성, 서구의 정치적, 경제적, 군사적 조직 및 동맹의 상호연관 등이 바로 그것이다.

셋째, 서구의 정체성은, 모든 서구인들이 가지고 있고 비서구인들이 가지고 있지 않은 공동 심리가 존재한다는 현실을 반영한다.

넷째, 서구의 정체성은 인종·지역적·민족적 차이와, 유럽 및 미국의 다양한 하위국가적·다국가적 정체성을 존중할 수 있을 만큼 광범위하며, 어느 정도 의미를 지닐 수 있을 만큼 강건하다. 서구의 정체성은 '민족적으로 혼합된' 정체성이다. 서구의 정체성이 라틴아메리카계나 흑인, 유대인, 아일랜드인, 앵글로색슨 혹은 다른 북아메리카나 유럽 사람들의 정체성을 손상시키는 것은 아니다. 또한 서구의 정체성이 한 인종 혹은 민족 집단을 다른 집단과 맞서게 하거나 미국 사람들을 유럽 사람들과 맞서게 하는 것도 아니다. 서구의 정체성은 이 모든 집단과 그 외 ―단호한 다문화주의자들까지 포함하여― 많은 집단들이 그들의 다양한 정체성을 깊이 느낄 수 있게 해준다. 보다 광범위한 공동체의 필요성을 부정하거나 다른 정체성의 원천을 훼손시킬 필요가 없다.

　마지막으로, 서구의 정체성은 상당한 민족적·사회적 내용을 담고 있다. 따라서 인간의 가치와 책임, 잠재력 등의 이상을 중심으로 한 풍부한 문화유산을 지닌 공동체의 현실을 볼 수 있다. 서구의 정체성은 정치나 종교, 생활양식에 관계없이 모든 사람으로 하여금 다양성과 개성을 포용하는 포괄적이고 보편적인 공동체의 일원이라는 느낌을 갖게 해준다. 이러한 공동체는 어떤 개인보다도 크기 때문에 그 구성원의 삶에 의미를 부여한다.

결론

　정체성은 중요하다. 20세기 민족주의는 유럽에 막대한 피해를 입히고 끔찍한 전쟁과 야만적인 정권을 불러왔다. 잔인한 민족주의와 대조적으로 서구문명은 자유롭고 자애롭고 책임감 있는 개인들의 공동체인 유럽과 미국의 매우 유사한 사상을 유지하고 있다. 이러한 가치관이 계속 진행되고 평화를 애호하는 공동체들의 긍정적인 의식이 유지된다면 서구 시민들은 서구에 대한 충성심, 미국과 유럽, 그 외 한때 유럽 식민지들의 연합 및 동맹에 대한 충성심을 마음에 품을 수 있을 것이다.

서구 정체성의 대안은 두 가지다. 하나는 서구를 분할하는 정체성인데, 역사에 비추어볼 때 이 정체성은 불쾌하고 위험한 세계를 초래할 수 있다. 다른 하나는 공통적이고 집단적인 정체성이 전혀 아니다. 후자를 택한다면 우리는 2천년 이상 서구에 존재하지 않았던 상황을 맞게 될 것이다. 그 결과는 토머스 홉스의 표현을 빌자면 "만인의 만인에 대한 전쟁 … 그리고 고독하고 빈곤하고 추잡하고 잔인하고 짧은 인생"이 될 것이다.[주11]

서구의 정체성이 강력하고 여타 문명의 정체성과 다른 이유는 무엇일까? 해답은 서구의 독특한 역사, 즉 여섯 가지 중요하고 독특한 서구 사상의 공동 경험에 있다. 첫 번째로 살펴볼 것은 크리스트교이다. 크리스트교는 다른 사상들의 기초이기도 했다. 크리스트교의 본질과 서구 및 세계에 대한 영향은 크게 오해되어온 것으로 밝혀졌다.

주11 Thomas Hobbes(1651), Leviathan.

Chapter 02
크리스트교

SUICIDE
OF THE WEST

Chapter 02
크리스트교

서구의 성공과 부절제, 실패에 있어서 크리스트교만큼 중요한 요인도 없다. 그러나 크리스트교가 어떻게 고대 세계를 세우고 천상과 지상의 관계를 변화시켰으며 현재까지 어떻게 서구인의 생활양식과 인격을 정의하고 있는지 알게 된다면 크리스트교도들도 무신론자들도 똑같이 놀랄 것이다. 우리가 익히 알고 있는 사실이 전부가 아니기 때문이다. 실제로는 훨씬 더 흥미롭고 개인적이며 복잡하다.

성직자들과 통치자들은 오랜 세월 동안 현실을 부정하려 애써왔지만 크리스트교는 평범한 종교와는 거리가 멀었고 지금도 그렇다. 크리스트교는 세 가지 점에서 독특했다. 크리스트교는 신을 개개인이 접할 수 있는 존재로, 보통사람들을 굉장히 중요한 존재로 만들었다. 그리고 신의 목적에 따른 개개인의 자기개선을 세상에서 가장 중요한 것으로 만들었다. 즉 크리스트교의 원형은 불경하고, 혁명적이고, 무제한적이고, 평등주의적이고, 행동주의적이고, 낙관적이고, 완고했다. 보편적이지만 분열 요소를 지니고 있었다. 무엇보다 그 소용돌이에 붙잡힌 사람들에게는 한없이 매력적이었다.

크리스트교는 세계 최초의 개인화되고 행동주의적인 자기수양 운동이었다.[주1] 모든 서구인들이 크리스트교도나 불가지론자, 무신론자 심지어 다른 종교 신자들도 비서구인들과 다르게 세상을 보고 행동하는 주된 이유가 바로 이것이다. 또한 이는 서구가 지구상의 다른 40~50개 문명보다 성공한 이유이기도 하다. 서구의 힘과 영광, 모순 그리고 잘못 알려져 있는 서구의 궤도를 이해하기 위해 가장 좋은 출발점은 크리스트교를 살펴보는 것이다.

크리스트는 어디에서 시작되었나

크리스트교는 폭발적이고 굉장히 새로운 현상이었지만 일종의 종교적인 빅뱅 속에서 탄생한 것은 아니었다. 대부분의 놀라운 혁신과 마찬가지로 크리스트교에는 두 가지 기존의 강력한 사상과 사고 경향이 혼합되어 있다. 하나는 유대교 사상, 다른 하나는 그리스 사상이다.

유대인들은 역사가 전진한다고 믿었고, 역사 속에서 신이 지상에 목적을 실현시키기 위해 행동한다고 믿었으며, 그들, 즉 선민選民이 신의 연극에서 가장 중요한 배우들이라고 믿었다. 다른 종교에도 각각의 의도를 가진 많은 신들이 존재했지만 인간에게 크게 관심을 두는 신은 없었다. 그러나 유대교의 신 야

주1 BC 약 400~700년 인도의 부처나 히브리 예언자들, 중국의 공자와 같은 많은 종교 혁신자들과 철학자들은 개인의 청렴이나 다른 형태의 자기인식을 옹호하고, 성직자들의 권력을 비난하고, 종교를 외적 과시에서 내적 신념으로 변화시키고자 했다. 그러나 크리스트교는 개인 구제와 개인 행동 변화를 중심교의로 한 최초의 종교였고, 그러한 구제가 세계 모든 이에게 닿을 수 있다고 설교한 최초의 종교였으며, 그 확장의 기초를 모든 이에게 차별 없는 복음전도에 둔 최초의 종교였다. 마찬가지로 크리스트교는 다른 어떤 종교와도 구별되는 개인화되고 행동주의적인 운동이었으며, 처음 300년 동안 다른 종교와는 비교할 수 없는 성장률을 보였다.

훼는 인간의 역사에 깊이 관여하여 유대인들을 도구로 그 역사를 빛나는 미래로 이끌고자 했다. 히브리인들은 자신의 역사가 전세계에 엄청난 정신적 영향을 줄 것이라고 믿었다. 그들은 전능한 신과의 유일하고 직접적인 연결통로를 누렸다. 이 연결에 대한 인식은 상당한 도덕적 중대성을 내포했다. 인간의 행동이 미래를 결정했기 때문이다.

기원전 수세기 동안 언변이 뛰어난 예언자들은 도덕적 재건과 사회 정의, 가난하고 학대받는 이들에 대한 연민을 외치면서 개개인은 신을 위해 일할 책임이 있다고 주장하기 시작했다. 예언자들은 카리스마적이고 성스러운 지도자, 즉 '메시아'가 마지막 순간에 나타나 역사와 유대인들을 멋진 승리의 최고점으로 이끌어줄 것이라고 기대했다.

위대한 구약성서 예언자들과 비슷한 시기에 그리스 철학자들은 우주에서 인간의 역할에 관한 비슷하면서도 다른 관점을 전개했다. 좀더 구체적이고 과학적이지만 역시 매우 정신적인 관점이었다. 지도적인 그리스 사상가들은 세계를 일종의 거대한 정신으로 간주했다. 즉 세계는, 자연의 구조에서 볼 수 있듯 널리 퍼져 있는 지성에 의해 운용되며, 완전히 발달된 인간의 정신과 영혼에 다가갈 수 있는 정돈된 우주였다. 진리의 밑바탕은, 증명할 수 없는 비인간세계가 아니라 인간이 경험하는 현재의 세계에 있는 것이었다. 그리스인의 세계관은 유대인의 세계관과 많이 달랐지만 그 안에는 비슷한 행동주의적 결론이 내포되어 있었다. 인간은 자주적이어야 하며 그 운명에 책임을 져야 한다는 것이었다.

또한 인간과 신의 목적은 조화를 이룰 수 있는 것이었다. 크세노파네스Xenophanes(BC 565?~BC 470?, 그리스의 시인이자 철학자―옮긴이)는 이렇게 말했다. "신은 처음부터 우리에게 모든 것을 보여주지는 않았다. 그러나 시간이 흐름에 따라 인간은 탐구를 통해 어느 쪽이 더 나은지 알게 된다." 플라톤은 신의 지식이 모든 인간의 영혼 속에 숨어 있다고 말했다. 진리와 선에 대한 인간의 이해는 불완전하지만, 지성이 신의 지식에 불을 밝힐 수 있으며 심지어는 신의 불멸성에 도달할 수도 있다는 것이었다.

가장 혁신적인 신종교

크리스트교는 유대교와 그리스의 사상을 결합하고 확대하여 훨씬 낯설고 놀랍지만 어느 쪽과도 비교가 안 될 만큼 유력한 세계관을 만들어냈다.

신은 아들인 예수, 즉 유대교의 메시아를 시공간에 보냄으로써 인간과 가까워졌다. 인간인 동시에 신인 예수는 유대인과 로마인의 손에 의해 십자가에 못 박혀 죽는다. 그러나 이것이 패배는 아니다. 예수는 죽음을 극복하고 신의 옆자리를 되찾는다. 예수의 삶과 죽음, 부활은 인간 역사에서 중요한 사건이다. 이 사건들을 통해 알 수 있듯 신은 인간과 접촉하고, 사람이 되고, 묵묵히 고통을 견디고, 개개의 인간에 대한 사랑을 보여주고, 새로운 종교에 몸담은 이들의 마음을 되돌리고, 그들에게 현세의 행복은 물론 사후의 훨씬 더 크나큰 행복을 주고 … 믿지 않는 자들을 기다리는 영원한 재앙과 고통에서 구원한다.

예수는 우선 전통적인 유대인의 스승이다. 신은 신과 인간의 행위를 결합함으로써 역사에 영향력을 행사하여 신의 목적을 드러내고 역사를 영광스러운 결말로 이끈다. 이보다는 덜 전통적이지만 유대인들 사이에서 대대로 강조되는 것은 신의 연민과 공감, 사랑이며 가난한 이들과 아웃사이더, 사회의 변두리에 있는 이들에 대한 관심, 파괴된 인간성을 구원하는 신의 능력이다. 또한 전례 없는 예수의 힘을 전제로 하지만 신에게 응답하여 행동을 바로잡고 일상생활 속에서 연민과 사랑을 보이는 것이다.

새롭고 거역할 수 없는 관계는 인격 개선의 동기 및 수단을 통해 얻어진다. 그리스도 안의 신이 제시하는 완벽한 모델을 통해 우리는 신이 인간을 사랑한다는 증거를 볼 수 있고, 원수를 사랑하는 방법을 깨달을 수 있으며, 그리스도의 힘을 활용하여 행동을 개선하는 능력을 얻을 수 있다.

유대인의 전통과 대립되지는 않겠지만 그 범주에서 상당히 벗어나 있는 것이 고통 받는 신이라는 새로운 개념이다. 이 새로운 개념으로 인해 세계의 가치관이 뒤집힌다. 신은 ―유대 역사에서 그랬던 것처럼― 자신의 힘을 보임으로써가 아니라 가장 극단적인 형태의 사랑을 통해, 즉 고통을 참고 이겨냄으로써 커다란 영향력을 전개한다.

이 메시지는 상당한 독창성을 지니고 있었고 유대교 신앙과의 일관성도 갖추고 있었으며 어느 정도 유대인들의 마음을 끌었다. 그러나 일반적인 그리스나 로마 사람들에게는 전혀 흥미로운 이야기가 아니었다. 어떤 식으로 다듬어도 로마인들의 마음에 들 수는 없었다. 전통적인 유대교와 마찬가지로 이 개념은 로마의 모든 신을 부정했고 오직 하나의 신, 즉 유대교의 신만이 존재한다고 주장했다. 다른 유대인들처럼 초기 크리스트교도들은 짐승 제물과 신전 참배, 시민들의 제사의식과 공휴일이 있는 로마의 국교를 따르려 하지 않았다. 게다가 새로운 종교에서는 죽은 유대인을 신의 아들로 숭배했다. 그 선택된 인간은 그의 성품과 관계없이 가장 잔혹한 로마 형벌을 받은 죄인이었다. 고매한 로마인은 크리스트교를 유대인의 기괴한 2류 종파라고 생각했을 것이다. 그러나 형장에 있던 보통사람에게 이는 모욕적인 일이었다.

거의 모든 초기 크리스트교도는 유대인이었다. 그들은 유대교의 예배와 전례, 음식법을 따랐다. 예수 사후 10년이 지나자 예수의 종교는 작고 보잘것없는 수많은 유대교 종파들 중 하나로 전락하는 것처럼 보였다.

그러나 여기서 끝이 아니었다. 크리스트교는 그리스의 영향을 받아 지구상에서 가장 강력한 사상이 되었다. 그렇다면 크리스트교를 강력하게 하고 크리스트교의 상당 부분을 일궈낸 대표자는 누구일까? 1세기 후반 세 명의 비범한 인물이 활발한 활동을 펼쳤다. 그리스어에 능통한 유대인 바울로, 유대인이 아니었던 루가, 그리고 제4복음서의 저자인 요한이었다.[주2]

바울로는 서기 40~60년대 초에 활발하게 활동했다. 그는 크리스트교도 최초로 새로운 종교에 관한 글을 썼으며 이 종교를 변화시키고 구체화했다. 바울로는 예수를 만난 적이 없었다. 그는 예수의 삶에 거의 관심을 보이지 않았다. 그가 쓴 모든 글을 통틀어 예수의 행동이나 말이 언급된 부분은 몇 군데에 지나지 않는다. 바울로의 주의를 끈 것은 그리스도라는 개념, 즉 '부활한 그리스도'였다. 바울로에게 있어서 예수는 보통사람이 아니라 영원한 신의 아들이었다. 신의 본질은 인간세계와 신을 융화시키는 그리스도 안에서만 분명해졌다.

루가의 복음서와 사도행전 —이 글들은 바울로의 모든 글을 합친

주2 Keith Hopkins(1999) *A World Full of Gods: Pagans, Jews and Christians in the Roman Empire*, Orion, London; Andrew Welburn(1991) *The Beginnings of Christianity: Essene Mystery, Gnostic Revelation and the Christian Vision*, Floris Books, Edinburgh 참고.

것보다 길었으며 신약성서의 거의 4분의 1을 차지했다— 은 그리스와 로마인들을 위해 쓰였다. 여기에는 크리스트교가 유대인의 전통을 넘어 보편적인 종교가 된 과정이 담겨 있다.

루가의 이야기에는 예수뿐만 아니라 바울로에 관한 내용도 많이 담겨 있다. 바울로는 유대교 신앙을 갖고 있지 않은 이들에게 유대교의 음식 금기나 여타 요건들을 면제해주어 그들을 크리스트교로 이끌고자 했다. 예수의 명을 받은 베드로는 이에 강력하게 반대했다. 루가의 말에 따르면 그 후 베드로는 꿈을 꾸었다. 꿈속에서 그는 큰 보자기 같은 것이 하늘에서 내려오는 것을 보았다. 그 안에는 유대인들이 '부정하다'고 여기는 '네 발 짐승과 길짐승과 날짐승'이 가득 들어 있었다. 하늘에서 들려오는 목소리가 베드로에게 그 짐승들을 먹으라고 명했다. 베드로는 그럴 수 없다고 말했다. 그러자 목소리는 "주님께서 깨끗하게 만드신 것을 부정하다고 말하지 말라"며 먹으라고 했다.

베드로는 크리스트교가 다문화성과 다민족성을 지향한다는 메시지를 얻었다. 베드로는 명백한 비유대인인 고르넬리오를 온전한 크리스트교도로 맞이했다. 베드로는 이렇게 말했다. "나는 주님께서 사람을 편애하지 않으시고 어느 나라 사람이든 받아들여주신다는 사실을 깨달았습니다."주3

바울로는 이 메시지를 새로이 해석하여 그리스와 로마 사람들에게 설교했다. 그는 이 메시지와 그리스인의 관점을 융화시컸다. 세계는 질서가 갖춰진 우주이고 이 우주에 관해 인류는 점점 더 많은 것을 알게 된다는 관점이었다. 바울로는 그리스도가 신에게로 가는 길을 열어주었다고 말했다. 그리스도를 통해 사람들은 우주와 신의 본질을 이해하고 나아가서는 신에게 접근할 수 있다는 것이다.

바울로의 생각은, 제4복음서의 저자인 요한을 통해 완전히 전개되었다. 요한의 정체는 수수께끼에 쌓여 있다.[주4] 루가와 마찬가지로 그도 현재 터키에 있는 에페소에서 집필한 것으로 전해진다. 집필 시기는 루가보다 뒤인 1세기 말경으로 추정된다. 요한은 "태초에 말씀(로고스Logos)이 계셨다"라는 말로 이야기를 시작한다. 모든 교육받은 로마인 그리고 그리스 문화에 몸담은 사람이라면 누구나 로고스라는 개념을 알고 있었고, 이제는 이 개념을 바로 요한의 이야기와 연결시킬 수 있다. 십자가 처형을 당한 유대인의 이야기는 주제적인 그리스 철학의 작품으로 자리 잡게 되었다.

예수와 바울로의 동시대인인 알렉산드리아의 필로Philo of Alexandria는 이미 로고스라는 개념을 기반으로 유대-그리스적

주3 사도행전 10장 34~35절.
주4 학자들은 제4복음서가 어부 출신으로 '애제자'가 된 요한 제베대오에게서 영감을 받아 탄생했지만 그 집필자는 요한 제베대오의 추종자, 아마도 그리스어를 배운 신학자 사제 요한일 것이라고 믿고 있다.

통합을 궁리하고 있었다. 필로는 로고스가 신의 생각을 의미한다고 말했다. 로고스는 세 가지로 이해될 수 있다. 우주를 움직이는 중심 개념, 창조를 일으키는 원인 그리고 인간으로 하여금 신을 이해할 수 있게 해주는 매개이다. 요한은 그리스도를 로고스와 동일시함으로써 신을 인간화하고 우리가 필로의 세 가지 방식으로 신을 이해할 수 있게 했다. 그리스도는 우주를 지휘하는 지혜이자, 우주의 창조자이자, 인간이 신을 이해하고 접근할 수 있는 길이었다. 요한이 전개한 개념은 바울로의 설명과 일치했지만 전혀 새로운 수준의 것이었다.

요한은 누구도 감히 시도하지 못했던 방식으로 예수를 재해석하고 신격화했다. 역사 속 예수에 관한 세부적인 이야기들은 인간과 신에 대한 원대하고 자유로운 관점의 단순한 배경에 지나지 않게 되었다. 이러한 관점은 역사와 지리, 인종, 신조, 문화에 구속받지 않는다. 인간은 신의 본질을 공유할 수 있다. 모든 인간은 신성의 불꽃을 품고 있기 때문이다.

이 개념의 등장으로 대폭발이 일어났다. 크리스트교 이면의 낯선 유대교 사상은 모두 그리스의 개념적 틀에 맞게 해석되어 지적으로 세련되면서도 더욱 개인적인 호소력이 있고, 교육받지 못한 사람들도 접근하기 쉬운 새로운 종교가 탄생했다. 새로운 크리스트교는 하나의 핵심 믿음과 네 가지 실제적인 행동 효과로 이루어져 있었다. 각각은 역사를 통해 힘차게 울려퍼졌다.

- 핵심 믿음은 신이 인간이 되어 살고, 고통 받고, 죽고, 신의 영역으로 되돌아갔다는 것이었다. 이 멋진 이야기는 인간과 신을 결합시켜주었다.
- 첫 번째 행동 효과는 개개인의 인격 발달 및 책임감의 대규모 향상이었다.
- 두 번째 행동 효과는 자기 개선 뒤에 숨겨진 힘이었다. 모든 신자들이 신의 사랑에 직접 다가갈 수 있고 심지어는 신의 일부가 될 수도 있다는 놀라운 주장이었다.
- 세 번째 행동 효과는 가난한 자와 방랑자, 아웃사이더에 대한 전례 없는 헌신이었다.
- 네 번째 행동 효과는 그리 밝은 이야기는 아니다. 초기 크리스트교도들은 크리스트교로 개종함으로써 영원한 고통이 영원한 행복으로 바뀐다는 강한 의식을 갖고 있었다. 그리하여 크리스트교는 선교에 가장 성공한 종교가 되었다.

핵심 믿음 - 신이 인간이 되었다 | 결과적으로 인류 역사 전체와 지구상에 있는 모든 이의 잠재적 운명은 헤아릴 수 없을 만큼 더 나은 쪽으로 변화했다. "말씀이 사람이 되시어 우리와 함께 계셨다." 그럼으로써 인류에 대한 신의 무한한 사랑을 보여주었다. 이 하나의 사건으로 인해 영원이 역사가 되고, 신이 인간이 되고, 개개인의 삶이 —지극히 평범한 사람들의 삶도—

더없이 중요해졌다. 모든 인간이 신성에 다가갈 수 있게 되었고 성령이 인간 안에 살게 되었다.

행동 효과 1: 개인의 책임 │ 히브리인들은 다른 부족과 마찬가지로 죄나 결백이 개개인이 아닌 전체 부족에 속하는 것이라 믿었다.[35] 그러나 기원전 6세기 바빌론 유수 기간 중 예언자 에제키엘은 가족이나 부족이 아닌 개인에게 책임이 있다고 단언했다.[36] 그 후 예언자들은 신이 개인에게 책임을 부여했다고 덧붙였다. 개인의 책임은 단지 법을 지키는 데서 끝나는 것이 아니었다. 타인에 대한 사랑과 사회 정의와 관련된 행위도 요구되었다.

크리스트교도들은 인간의 잠재력에 대한 유대교와 그리스의 인식을 연장하는 데서 그치지 않았다. 예수와 바울로, 요한 그 밖의 복음전도자들은 그들이 대면하는 모든 개개인이 내적 자유의 책임을 져야 한다고 주장했다. 신의 목적과 사랑에 다가갈 수 있는 유대인의 타고난 권리는 개인적인 동시에 보편적인 것이었다. 그리스도를 통해 신은 새로운 위치를 얻게 되었다. 사람들 안에, 즉 인간의 혼 안에 말이다. 바울로는 그리스도가 각각의 신자 안에 살 수 있다고 분명하게 말한 최초의 인물이다. 아테네 사람들에게 이야기할 때 바울로는 크리스트교를 그리스인들이 받아들이기 쉬운 말로 다시 구성했다.

바울로는 아레오파고 법정에 서서 이렇게 말했다.

…주님께서는 우리 각자에게서 멀리 계시지 않습니다. '그분 안에서 우리는 살고 움직이고 존재' 하기 때문입니다.

또 여러분의 시인 중 어떤 이도 '사실 우리는 그의 자녀'라 하지 않았습니까.주7

바울로는 고린토에 있는 크리스트교도들에게 보내는 편지에 이렇게 썼다. "여러분의 몸은 여러분 안의 성령이 계시는 성전입니다."주8 또 다른 초기 크리스트교도는 여기서 한 발 더 나아갔다. "주님은 사랑이십니다. 사랑 안에 사는 사람은 주님 안에 사는 것이며, 주님은 그의 안에 살아 계십니다."주9 성베드로에 따르면, 개개인의 신자는 "주님의 본성을 나누어 받게" 된다.주10

개인이라는 개념은 신과도 연결되고 자신을 개선할 도덕적 의무와도 연결되어 새로이 강조되었다. 개인성은 곧 발전을 의

주5 출애굽기 20장 4~6절에 따르면, 조상이 지은 죄에 대한 벌은 "3~4대 후손에게까지 내려진다." 족장이 죽을 때 그 일족 전체가 멸한다(예: 여호수아서 7장).

주6 "죽을 자는 죄를 지은 본인이다. 아들이 아비의 죄로 벌을 받거나 아비가 아들의 죄로 벌을 받지는 않는다."(에제키엘서 18장 20절).

주7 사도행전 17장 22, 27~29절.

주8 고린토인들에게 보낸 첫째 편지 6장 19~20절.

주9 요한의 첫째 편지 4장 16절.

주10 베드로의 둘째 편지 1장 4절.

미했다. 신의 무한한 사랑을 인식함으로써, 더 훌륭하고 쓸모 있는 사람이 될 의무를 느끼게 되는 것이었다.

오늘날 우리로서는 이처럼 놀랍고 반직관적인 세계관, 개인의 잠재력과 의무에 관한 관념이 당시에 존재했다는 사실을 믿기 어렵다. 이런 관념은 전지전능한 신, 천상과 지상의 창조자가 세상 모든 개개인의 행복에 깊은 관심을 두고 있다는 크리스트교의 독자적인 주장에서 시작되었다. "신은 세상을 너무나 사랑하여 그의 유일한 아들을" 지상에 보내 고통을 겪고 집단 수준의 인류가 아닌 개개인의 인간을 구원하게 했다. 구원은 한 사람 한 사람 수준에서 이루어졌다. 최초로 크리스트교도들은 각 개인과 관련을 맺을 수 있는 개인적인 신을 믿었다. 크리스트교의 신은 인간사와 모든 인간에 대한 직접적이고 깊은 관심을 가지고 있었다. 이는 지위나 국적과는 상관이 없다.

그리스나 로마 사람들에게는 신이 —어떤 신이든— 개개인에게 관심을 갖는다는 사실이 그저 믿어지지 않았다. 많은 초기 크리스트교도들, 특히 유대인이 아닌 사람들에게도 이런 믿음은 받아들이기 어려운 것이었다.[주11] 그러나 신 앞에서 개인이 갖는 책임에 대한 주류 크리스트교의 관점은 서구의 역사를 변화시키며 널리 퍼져나갔다.

행동 효과 2: 그리스도의 힘을 통한 변화 | 크리스트교는

사랑과 타인에 대한 봉사 그리고 개개인이 지닌 힘의 완전한 개발을 기반으로 하는 새로운 생활양식을 요구했다. 이전까지 이러한 개인의 헌신을 요구한 종교는 없었다. 하지만 크리스트교는 이처럼 새로운 생활양식을 위한 수단과 기술도 제공했다. 이 또한 지극히 개인화되어 있었다. 규칙과 규범, 종교적 권위에 대한 순응의 문제가 아니었다. 신은 크리스트교도 개개인에게 옳고 그름에 대한 의식, 양심, 자기자신에 대한 인식, 얻기 위해 애써야 할 대상에 대한 깨달음을 심어놓았다. 게다가 그리스도는 크리스트교도 각자가 신과 직접 통할 수 있는 길을 열어주었다.

바울로는 그리스도가 개개인에게 자유를 주었다는 점에 자극을 받았다. 그는 갈라디아에 있는 크리스트교도들에게 보낸 편지에 이렇게 썼다. "우리도 어렸을 때는 세상의 초등 학문(자연숭배)에 얽매어 종노릇을 하였습니다 … 이제 그리스도 안에서 우리는 자유롭습니다."**주12** 그리스도 안에 존재하는 신의 힘에 접근함으로써 개인은 신이 부여한 내적 자질을 끌어낼 수 있고, 그리하여 자주적인 개인으로서 자신감 있고 자유로운 행동을 취할 수 있다는 것이었다.

주11 일례로, 2세기 중반 큰 영향력을 과시했던 급진적 크리스트교 개혁자이자 그노시스주의자(영적인 지식을 믿는 자)인 마르키온Marcion은 신이 개개인의 삶에 관심을 갖고 있지 않다고 말했다.
주12 갈라디아인들에게 보낸 편지 4장 3절.

바울로는 누구도 그리스도의 수용과 사랑에서 제외되지 않는다고 주장했다. 죄인이나 추방된 자들, 심지어는 예수를 살해한 자들도 포함해서 말이다. 바울로는 자신의 죄와 부패를 통감하여 괴로워했다. 그는 그리스도를 통해 신의 은총을 경험했고, 죄를 벗고 바르게 살기 위한 방법으로 신의 무조건적인 사랑에 복종해야 한다는 주장을 폈다. "주님의 사랑이 우리를 지배하고 있기 때문입니다."주13 스스로의 노력으로 발전하려 애쓰는 것은 헛된 일이며, 완전히 사랑으로 이루어진 더 큰 힘에 복종하는 것만이 도움이 된다는 것이었다.

루가는 같은 메시지를 다른 형태로 전달했다. 그는 성령강림절에 12사도에게 성령이 깃든 일에 관해 이야기했다. 인간과 신이 융합할 수 있다는 것이었다. 그리고 그리스도를 따르는 이들은 그리스도 혼의 힘을 통해 예수의 기적보다도 더 큰 기적을 이룰 수 있다는 것이었다. 그리스의 영향으로 이런 사상은 '영혼'이라는 개념으로 발전했다. 모든 사람이 내부에 개인화된 불변의 자아를 지니고 있으며 이 자아가 그들을 신의 영역으로 연결해주어 스스로를 개선할 수 있게 해준다는 사상이었다.주14

4세기에 이르러 신학자 아타나시우스Athanasius는 성령감응이라는 개념을 가지고 감히 논리적인 결론을 도출했다. 그는 이렇게 말했다. "인간이 신이 되게 하기 위하여 주님이 인간이 되셨다." 훗날 크리스트교도들은 인류가 과학과 의학, 자유 문명에서 성취한 모든 것을 통해 신의 힘이 펼쳐지는 것을 보게되었다.

행동 효과 3: 약자에 대한 원조 │   예수는 죄인과 매춘부, 억압받는 이들, 병자와 불구자, 이방인들에게 엄청난 주의를 기울였다. 모두가 신의 사랑을 받았고 모두가 존중받을 가치를 지니고 있었다.

바울로는 기록상 인류의 평등과 우애를 처음으로 언급한 인물이다. 그는 이렇게 말했다. "유대인도 그리스인도, 노예도 자유인도, 남자도 여자도 다를 게 없습니다. 여러분은 모두 예수 그리스도 안에서 하나이기 때문입니다."주15

주13 고린토인들에게 보낸 둘째 편지 5장 14절.

주14 초기 크리스트교도들은 '영혼'(신약성서 전반에 걸쳐 이 단어는 거의 찾아볼 수 없다)에 관해 이야기하지 않았고 사후의 육체적 부활을 믿었다. 그러나 그들은 내세에 관해 이야기했고, '신'과 '그리스도' 그리고 크리스트교도들 안에 살면서 그들을 지휘하는 '성령'에 관해 이야기했다. 모호하지만 긴 선행 역사를 지닌 영혼이라는 개념은 그리스의 영향을 통해, 특히 불멸의 영혼이라는 개념을 보급시킨 플라톤과 피타고라스의 영향을 통해 크리스트교에서 영향력을 갖게 되었다. 그러나 주목할 점은, 그리스인 대다수가 사후의 상과 벌을 믿지 않았다는 것이다. 크리스트교는 영원한 구원과 영원한 파멸 외에 달리 취할 길이 없다고 일관되게 이야기한 최초의 종교였다. 이후 크리스트교의 '영혼'이라는 개념은 개별화된 영성의 편리한 저장소이자 현대의 '자아'라는 개념으로 이어지는 다리가 되었다. 영혼과 자아는, 신이 모든 인간 안에 살 수 있고 완전히 개인화된 방식으로 그들의 행동을 변화시킬 수 있다는 크리스트교의 관점을, 시대착오적이기는 하지만 매우 정확하게 반영하고 있는 개념이었다.

주15 갈라디아인들에게 보낸 편지 3장 28절.

예수에 관한 또 다른 이야기는 마르코를 통해 전해졌다. 그의 짤막한 복음서에는 예수가 의지할 곳 없는 이들을 치유한 이야기들이 가득 담겨 있다. 몸이 마비된 남자, 악령이 들린 방랑자, 병든 여인, 죽어가는 아이, 듣지 못하고 말하지 못하는 자, 두 명의 맹인, 악령에게 사로잡힌 소년 등이 예수에 의해 치유되었다. 예수는 두 차례에 걸쳐 수많은 군중을 배불리 먹였다. 그는 미천한 이들을 제자로 선택했다. 그는 가난한 과부의 헌금을 높이 칭찬했으며 보잘것없는 아이들을 무시하지 않았다. "주님의 나라는 이런 사람들의 것이다." 예수가 돕지 못한 유일한 사람은 부자 청년이었다. 예수는 그를 사랑하여 이렇게 충고했다. "가서 네가 가진 것을 모두 팔아 가난한 이들에게 나누어주어라 … 그러고 나서 나를 따라오너라. 이 말씀을 듣고 남자는 울상이 되었다. 그에게는 재산이 많았기 때문이다." 주16

마태오는 유대인의 관점을 취하고 있지만 비유대인 점성가들이 아기 예수를 찾아가는 이야기로 복음서를 시작해, 부활한 그리스도가 사도들에게 "가서 이 세상 모든 사람들을 내 제자로 삼아라" 주17라고 말하는 이야기로 끝맺고 있다.

루가의 복음서에는 착한 사마리아 사람과 돌아온 탕아, 어리석은 부자, 잃었던 양 한 마리, 부정한 재판관, 바리사이파 사람과 겸손한 세리稅吏의 기도에 관한 이야기도 실려 있다. 나사렛에서 예수는 이사야 예언서의 다음과 같은 대목을 읽었다. "주님께서 나에게 기름을 부으시어 가난한 자들에게 복음을 전하게 하셨다 … 잡혀 있는 자들에게 해방을 선언하고, 눈먼 자들을 다시 보게 하고, 억압받는 자들에게 자유를 주고…"주18

세계적인 종교들은 모두 사회 정의를 강조하고 가난한 이들에게 관심을 기울인다. 그러나 모든 신앙 가운데 초기 크리스트교는 가장 급진적이고 평등주의적이고 포괄적이었으며, 사람들 사이의 모든 장벽뿐만 아니라 개개인과 신 사이의 장벽까지도 허물었다. 서구문명이 유일하게 노예무역과 노예제도를 자발적으로 폐지한 것은 우연이 아니었다. 서구문명은 최초로 기근을 없애고 때이른 죽음을 거의 정복했으며, 최초로 시민들을 위해 사회지원 체제를 세우고, 최초로 일반 남성들에게, 후에는 여성들에게도 자유와 평등을 부여했다. 또한 서구문명은 최초로 인종이나 피부색, 장애, 성적 취향에 따른 소수자들에 대해 차별을 철폐하기 시작했다.

행동 효과 4: 저주받은 이들의 구원 | 출발 시점부터 크리스트교는 보편적인 동시에(누구든 구원받을 수 있다) 분열적이었다(구원받은 이들과 저주받은 이들). 크리스트교의 유전자에는

주16 마르코복음 10장 21~22절.
주17 마태오복음 28장 19절.
주18 루가복음 4장 18절.

폭력에 가까운 편협함이 내재되어 있어서 사랑과 자기희생을 강조하는 태도와 극적인 긴장을 이루고 있다.

마태오는 이 어두운 전통의 예를 들었다. 그는 예수가 상인들을 성전에서 쫓아내고 "환금상들의 탁자와 비둘기 장수들의 의자를 둘러엎는" 모습을 묘사하고 있다.[주19] 그는 예수가 이렇게 말했다고 기록한다. "내가 세상에 평화를 주러 왔다고 생각지 마라. 나는 평화가 아니라 칼을 주러 왔다. 아들은 아비와 맞서고 딸은 어미와 맞서고 며느리는 시어미와 맞서게 하려고 왔다. 사람의 원수는 제 가족이다."[주20]

또 마태오는 예수가 자신의 말을 듣지 않는 마을들을 꾸짖은 일에 관해서도 기록하고 있다. "화를 입으리라, 코라진아! 화를 입으리라, 베싸이다야! … 심판의 날에 띠로와 시돈이 너희보다 가벼운 벌을 받을 것이다…"[주21]

마태오는 지옥과 불구덩이 속 영원한 천벌을 강조하고 있다. 소수만이 구원을 받고 대다수의 인간은 지옥불에 빠질 것이라는 '선민' 교리는 마태오복음에 실려 있는 좁은 문과 넓은 문 이야기에서 그 기원을 찾을 수 있다.[주22]

정통파 유대인들이 유대인 크리스트교도들을 추방하고 있을 때 기록된 요한의 복음서는 강한 반유대주의 경향을 띠고 있었다. 요한에 따르면 예수는 유대인들에게 이렇게 말했다. "너희는 아래에서 왔다 … 너희는 악마의 자식들이다. 그래서 너희는

그 아비의 욕망에 따르려 한다. 그는 처음부터 살인자였다."[주23]

옳은 생각을 강요하는 경향, 세상을 선과 악으로 나누는 경향, 이교도에게 십자군으로 맞서고 유대인에게 폭력으로 맞서는 경향, 신의 벌이라는 명목의 대량 살육, 완강한 이교도들에게 크리스트교 규범을 강요하는 경향, '더 고귀한' 최후를 위한 편협과 잔인성, 종교재판, 고문을 통한 개인 사상 침해 등은 모두 서구 크리스트교의 유산이다. 이러한 주제들은 일부 크리스트교 근본주의자들 사이에서 여전히 되풀이되고 있다. 적어도 1세기 반 동안은 크리스트교에서 극단적인 편협성이 거의 나타나지 않았다. 그러나 비종교적인 수단, 혁명적인 테러나 극단적인 민족주의, 공산주의, 나치즘 그리고 다른 종교의 악용 등에서 편협성은 불쑥불쑥 고개를 내밀고 있다. 이러한 수단들 역시 주로 크리스트교와 서구에서 비롯된 것이다.

변화와 개혁

초기 예수운동은 서민적이고 혁명적이었으며 개개인의 개종에 의해 이루어졌다. 크리스트교도들의 숫자는 적었지만 매우

주19 마태오복음 21장 12절.
주20 마태오복음 10장 34~36절. 예수의 말은 미가서 7장 6절 인용.
주21 마태오복음 11장 20~24절.
주22 마태오복음 7장 13절.
주23 요한복음 8장 21절, 44절.

빠르게 성장했다.주24 그들은 중앙 및 동부 지중해 여러 마을에 흩어져 살면서 때때로 비밀스럽게 만나 작은 모임을 가졌다. 첫 2세기 동안은 개인의 발전, 신과의 개인적 연결, 사랑 등이 주된 주제였지만 뒤이은 2세기 동안 급격한 변화가 일어났다.

312년 콘스탄티누스 황제의 개종 이후 크리스트교는 로마제국의 국교가 되었다. 로마 정권은 권위적인 교회를 낳았다. 크리스트교 임원들은 로마의 상류층으로 통합되었다. 그들은 대개 부와 권력을 손에 넣어 정교하고 중앙집권적인 성직자단을 이루었으며, 그들만의 법정과 처벌 제도를 가지고 황실과 어깨를 나란히 하거나 때로는 황실 권위에 도전하기도 했다. 여러 크리스트교 교리들 사이의 경쟁은 종교회의의 선언에 의해 갑작스레 종결되었고, 정론과 이교가 뚜렷해졌다. 박해를 받던 이들은 박해자가 되었다. 신과의 개인적 교감을 기반으로 하는 단순한 크리스트교의 취지와 근본적인 크리스트교의 정신은 이해할 수 없을 만큼 복잡한 신학적 통치에 가려지게 되었다. 신과의 직접적인 통로는 차단되었다. 교회가 그 구성원들보다 훨씬 더 중요해진 것이다.

주24 가장 유력한 추측에 따르면, 서기 100년 크리스트교도의 수는 1만 명에도 훨씬 못 미쳤고 서기 200년에는 약 20만 명이었다. 서기 200년 로마 인구가 약 6천만 명이었으므로 크리스트교도는 총인구의 0.3%에 불과했던 것이다. 한편 그 숫자는 서기 200년까지 3~4%의 연평균 복합성장률로 증가한 것으로 보인다. 서기 300년에 이르러서는 로마제국의 크리스트교도가 6백만 명, 즉 인구의 10%였을 것이다.

로마제국이 무너지자 —에드워드 기번Edward Gibbon에 따르면 야만성과 종교 때문에— 로마교회가 정권을 쥐게 되었다. 그러나 여러 복음서에 분명히 기록되어 있는 크리스트교의 이상은 사라지지 않았다. 아무리 크리스트교가 비겁하고 순응적으로 보여도 자기성찰과 자기비판, 양심, 창조적 개성 등의 요소, 신과의 직접적인 관계를 재건하려는 시도는 언제나 존재했다. 개인적 책임에 관한 이상과 내세의 중요성은 여전히 살아남았다.

1100년경 이후 이슬람 학자들과의 상호관계에 힘입어 그리스의 과학과 철학은 새로운 자치 대학들에 의해 재발견되고 한층 발전되었다. 인간의 정신은 깊어지고, 창조성은 높아지고, 크리스트교의 개별화 및 개인적 자유의 유전자는 엄청나게 증식되었다.

1517년 마틴 루터는 서구의 종교적 자유적 권위에 대항하여 크리스트교를 재정의했다. 종교개혁은 개개의 신자들과 신의 관계를 회복시키고 중개자로 있던 교회의 역할을 제거했다. "모든 신자가 성직자"라는 교의 아래 개개인은 다시 신 앞에 서서 영원한 구원 혹은 저주를 자신이 책임지게 되었다. 수도사였던 루터는 수녀원을 뛰쳐나온 수녀와 결혼해 가정을 꾸렸다. 이로써 순결 원칙이 깨지고 성직자의 결혼이 인정받게 되었다.

존 칼뱅의 금욕적 종교는 개인의 책임을 한 단계 더 발전시켰다. 크리스트교도의 세속적 직업과 성공은 영적 지위를 나타내는 주된 척도가 되었다. 약 1세기 사이 프로테스탄트 국가들, 특히 칼뱅주의에 감화된 국가들에서는 개인의 책임, 개인의 자기표현, 노동과 성실을 통한 개인의 자기개선이 자동적인 추진력이 되었다. 종교가 아닌 개인의 생활양식과 자부심이 그들을 움직이게 된 것이다.

신은 죽었을까

서구는 과학과 합리적 연구를 그 어떤 문명보다도 발전시켰기 때문에 —대개 신의 창조물을 찬미하고 이해하려는 크리스트교의 열망으로 인해— 가장 먼저 세속 사회로 향하게 되었다. 종교개혁의 의도와 무관하게 일어난 한 가지 결과는 과학이 종교로부터 분리된 것이다.

부지불식간에 과학은 꾸준히 신에서 자연과 인간으로 초점을 옮겨가고 있었다. 코페르니쿠스Nicholas Copernicus(1473~1543)는 창조물의 중심 자리에서 지구를 밀어냈다. 지구는 또 하나의 행성에 지나지 않게 되었다. 17~18세기에 신은 하늘의 시계 제조자가 되었다. 우주의 태엽을 감은 뒤 자연법칙에 의해 작동되도록 놓아둔 것이다. 다윈(1809~1882)은 인간을 다른 동물들과 마찬가지로 진화의 산물이라고 보았다. 니체(1844~1900)는 "신은 죽었다"고 외쳤다. 신은 한때 존재했지만 진화는 계속해서 전진했다는 것이었다. 20세기 과학의 발전은, 우주가 인간의 이익을 위해 설계되었다는 믿음을 이상한 얘기라고 느껴지게 만들었다.

그 과정에서 서구의 세속적 가치관은 크리스트교의 가치관을 누르게 되었다. 1세기 동안의 성서 학문은 초기 크리스트교 신앙의 기원과 끊임없는 변화를 밝힘으로써 성서 전체가 확실한 신의 말일 수 있다는 믿음뿐만 아니라 처녀잉태라는 기적, 심지어는 예수가 종교 건설을 의도했다는 견해에도 의문을 제기했다.

크리스트교는 둘로 분류된다. 우선 고상하고 조심스러운 엘리트들은 전통 교의의 재해석과 현대세계를 융화시키지 못하고 있다. 그리고 복음주의자들은 과학과 성서 학문에서 비롯된 진실들을 부정한다. 우세한 쪽은 근본주의자들이다. 관대한 주류 프로테스탄트 종파들과 가톨릭 자유파는 나날이 구성원들을 잃고 있다. 반면 확실성을 내세우는 복음주의자들과 권위주의적인 가톨릭 전통은 번성하고 있다.

크리스트교 내의 분열은 오늘날 서구에서 일어나고 있는 모든 분열의 축도라고 볼 수 있다. 게이 주교에 대한 논쟁에서 볼 수 있듯 많은 크리스트교도들이 다른 크리스트교도들을 적대시하고 있다. 크리스트교 자체를 발전시키는 데 쏟는 열정보다 한층 더 강한 열의를 가지고 말이다. 세계주의적이고 진보된 사상과 인류에 대한 많은 공헌은 그들을 믿는 지식인들에게조차 옹호 받지 못하고 있다. 자칫하면 광신도나 엘리트주의자로 보일 수 있기 때문이다. 무지와 우상이 장려되고 지혜와 지식은 자진해서 뒤로 물러나 있다.

서구사회의 세속화, 특히 지식인 및 사회과학자들의 신에 대한 믿음 감퇴, 세계관의 극심한 차이를 반영하는 크리스트교 공동체 내의 분열 심화 등은 서구가 안고 있는 심각한 문제들이다. 처음에는 신의 쇠퇴로 인해 낙관주의나 개인의 책임, 발전에 대한 믿음이 파괴되지는 않았다. 그러나 20세기 서구의 종교 쇠퇴는 냉소주의, 허무주의, 쾌락주의, 이기주의, 우울증, 자살 등의 상승을 동반했다. 1895년 액튼Acton 경은 이렇게 말했다. "견해는 바뀌고, 태도는 변화하고, 주의는 성공하고 쇠퇴한다. 그러나 도덕률은 영원이라는 서판에 적혀 있다." 하지만 영원은 오래 지속되지 못했다. 1995년 장융Jung Chang(張戎, 1952년 중국에서 출생한 영국 저술가—옮긴이)은 이와 반대되는 견해를 내놓았다. "당신이 신을 믿지 않는다면 당신의 도덕률은 사회의 도덕률이다. 사회가 뒤집히면 당신의 도덕률도 뒤집힌다." 시인 로버트 브라우닝Robert Browning (1812~89)이 예견했듯이 우리는 "의심에 의해 믿음이 다양화된 시대에서 믿음에 의해 의심이 다양화된 시대로" 옮겨왔다.

그러나 좀더 자세히 들여다보면 신은 죽지 않았다. 온갖 종류의 종교가 여전히 번성하고 있다. 도덕률이 존재하느냐 존재하지 않느냐의 문제가 아니다. 중추적인 문제는 서구가 채택하고 있는 도덕률의 종류이다. 그 도덕률이 불관용과 비난이라는 측면의 크리스트교에서 비롯되었는지, 아니면 개인의 책임, 사랑, 보편적인 우애라는 측면의 크리스트교에서 비롯되었는지가 중요한 것이다.

거짓 그리스도의 부활?

가장 활발한 크리스트교 국가는 미국이다. 미국은 유대교 전통의 영향을 가장 많이 받은 국가이기도 하다. 이 종교들은 전체적으로 볼 때 매우 실용적이다. 유대-크리스트교는 개인의 자기개발 및 자기개선을 크게 진보시켰다. 종교는 개인화되었고 파벌성이 없어졌다. 1860년 앤서니 트롤로프Anthony Trollope가 한 말은 지금도 유효하다. "모든 사람에게는 종교가 있어야 한다. 그러나 그 종교가 무엇인지는 크게 중요하지 않다."주25

그런데 1980년대 이후로 미국 내 종교에 대한 열의는 선한 힘을 상당 부분 유지하고 있기는 하지만 편협하고 반주지주의적인 정신으로 얼룩지게 되었다. 1993년, 한 갤럽 조사에 따르면 47%의 미국인이 "신이 과거 1만여년 사이 어느 시점에 인간을 현재의 모습에 가깝게 창조했다"는 데 동의했다. 창세기와

주25 Samuel P. Huntington(2004) *Who Are We? America's Great Debate*, The Free Press, New York.

일치하는 관점이다. 또한 68%의 미국인이 생물학 수업에서 창조론 교의를 가르치는 데 찬성했다. 1999년에는 39%의 미국인이 자신은 "거듭난(개종한) 크리스트교도"라고 말했다. 조지 부시의 초선과 재선으로 근본주의가 백악관에서 이례적으로 발언권을 확보하게 되었다.

크리스트교의 창조적이고 긍정적인 유산(개인의 책임, 자기개선의 엔진 역할을 하는 사랑 그리고 평등, 포용, 사회 정의 등의 자유주의 정신)을 살펴보면, 그 유산은 번성하고 있지만 주로 교회 밖에서 번성하고 있다. 그 요인은 무엇보다 자기개발운동의 활성화에 있다. 영미권에서 일어난 이러한 현상의 근원은 1771~1790년 사이에 저서를 발표한 벤자민 프랭클린Benjamin Franklin과,주26 1859년 『인생을 최고로 사는 지혜Self Help』를 발표한 영국 의사이자 급진적 저널리스트 새뮤얼 스마일즈Samuel Smiles로 거슬러 올라간다. 이러한 전통은 데일 카네기Dale Carnegie의 『인간관계론How to Win Friends and Influence People』 (1936), 나폴레온 힐Napoleon Hill의 『놓치고 싶지 않은 나의 꿈 나의 인생Think and Grow Rich』(1937), 노먼 빈센트 필Norman Vincent Peale의 『적극적 사고의 힘The Power of Positive Thinking』 (1952) 등 영향력 있는 베스트셀러들을 통해 이어졌다. 1980년

....

주26 프랭클린은 『덕의 기술The Art of Virtue』, 『부자가 되는 길The Way to Wealth』, 『자서전 Autobiography』 등 세 권의 자기개발서를 썼다.

이후 자기개발서 시장은 가히 폭발적으로 활성화되었다. 앤서니 로빈스Anthony Robbins, 파울로 코엘료Paulo Coelho, 제임스 레드필드James Redfield, 디팩 초프라Deepak Chopra의 저서들은 각각 수천만 부씩 팔려나갔다.

자기개발운동은 서구 전역과 라틴아메리카로 뻗어나가면서 사회 및 교육 전범위에 걸쳐 흥미를 끌고 있다. 주목을 끄는 부분은 대부분의 자기개발 베스트셀러들이 지니고 있는 정신적인 수준이다. 우주의 본질, 그 안에서 개개인이 차지하고 있는 자리에 대한 소견과 함께 실제적인 조언이 제시되어 있다. 많은 자기개발서 저자들이 크리스트교도임에도 종교는 대개 가벼운 정도로만 다뤄지고 있고 완전히 배제된 경우도 많다. 그러나 그들의 복음주의적 어조, 많은 저자들이 요구하고 있는 성실성, 인간의 본성은 개선될 수 있다는 끊임없는 낙관주의, 하늘의 힘에 다가가는 인간에 대한 강조, 관용과 포용, 동양의 정신적 사상을 도입하는 경향, 죄의 극복, 사랑과 자기수양을 개선의 원동력으로 고수하는 모습 등을 볼 때 현대의 자기개발운동은 현재 어떤 교회보다도 초기 예수운동에 가깝다.

크리스트교 정신이 죽지 않았다고 말할 수 있는 보다 보편적인 이유가 있다. 크리스트교는 신이 모든 인간에게 깊은 관심을 가지고 있으며 모든 개인 안에 살아 있다는 견해를 내놓았다. 이 견해 —후에 이 견해는 모든 인간이 유일하고 영원한 '영혼'을 지닌다는 믿음으로 표현된다— 는 고금을 통틀어 가장 성공한 사상으로 손꼽힌다. 서구 전역에 정착하여 보편적이고 뿌리 깊은 사상이 되었기 때문이다. 오늘날 영혼이라는 개념은 세속화되어 자아라는 개념이 되었다.^{주27} 모든 인간에게 자아가 있다면, 즉 그들을 기계도 아니고 단순히 사회의 일부도 아닌 개개의 인간으로 만들어주는 내적 인격이 있다면(말할 필요도 없을 만큼 서구 내에 깊이 뿌리내린 믿음), 모든 인간은 존중받아야 할 가치가 있으며 자신의 인격을 개발하고 심화하고 개선할 수 있는 잠재력을 지니고 있는 셈이다.

영혼 혹은 자아라는 개념은 노력, 자기개발, 자기책임과 떼어놓을 수 없다. 크리스트교의 본질이 단 하나라면 그것은 바로 이 개념이다. 이 개념은 전혀 손상되지 않고 힘을 그대로 유지한 채 오늘날 서구에 존재한다. 종교와는 거의 관계없이 말이다. 영혼이라는 개념이 자아라는 개념으로 무사히 변화되면서 크리스트교는 서구의 본질을 완전히 바꿔놓았다. 그 변화가 전반적으로 굉장히 긍정적이라는 사실을 의심할 사람은 거의 없다. 이런 점에서 볼 때, 서구 크리스트교 신자들의 수나 비율

주27 물론 '자아'라는 말에는 더 이상 '영혼'이라는 종교적 의미가 자동적으로 내포되지 않는다. 예컨대 자아라는 개념에 반드시 불멸이라는 개념이 포함되는 것은 아니다. 그러나 영혼과 마찬가지로 자아는 비물질적이고 비경험적이며 정의하기 어려운 개념이다. 모든 인간에게 자아가 있다는 믿음은 서구세계에서 가장 중요하고 가장 보편적인 신조이자, 풍요롭고 인도적인 서구문명의 기초이자, 서구의 생존에 결코 없어서는 안 될 믿음이다.

변화는 중요치 않다. 크리스트교가 현재까지 미쳐온 효력이 없어질 가능성은 거의 없다. 나치와 공산주의자들은 영혼과 자아라는 개념을 부정하려 애썼고, 이는 잔학 행위에 대한 서구인들의 혐오감을 어느 정도 설명해준다. 인간성을 말살하는 참사는 제쳐두더라도 자아라는 개념이 서구에서 소멸되는 일은 상상하기 어렵다.

결론

신은 교회보다 더 큰 일을 행하고 있다.

초기 크리스트교의 자유로운 정신, 내적 자아라는 개념의 도입, 개별화와 권력에 대한 거부와 개인 관계에서의 사랑을 강조하는 태도, 학대받는 이들에 대한 연민과 평등 요구, 자기수양과 자기개선 장려 등은 서구 전체에 큰 영향을 미쳤고, 그리하여 서구는 다른 문명보다 성공적일 뿐만 아니라 적어도 서구인들이 판단하기에는 훨씬 더 만족스러운 문명이 되었다. 크리스트교는 모든 교회의 둑을 허물었고 나아가서는 모든 종교의 둑을 허물었다. 스스로의 생각에서 비롯되고 본인의 노력에서 나타나는 책임감은, 권력에 복종함으로써 생기는 책임감보다 훨씬 깊을 것이며, 그 사람이 어떤 신앙을 갖고 있든 예수의 정신에 훨씬 더 가까울 것이다.

그러나 그 뒤에는 어두운 일면이 존재한다. 그 어둠의 근원은, 초기 크리스트교도들이 서구를 비롯해 전세계에 물려준 선교에 대한 열의와 혁명적 극단주의에 있다.[주28] 십자군의 공격성에서 시작된 이상 유전자는 과학, 기술, 가장 강력한 경제 및 군사 체계를 발판으로 서구에 막강한 힘을 부여하여 19세기에 이르러서는 세계 지배로 이어지게 되었다. 20세기 초반 이 이상 유전자는 종교에서 분리되었지만 천년왕국주의의 무자비함은 그대로 지닌 채 서구를 분열시키고 나아가 세계를 분열시켰다. 분열 요소를 내포하고 있는 편협성의 유전자는 종교적 근본주의와 재결합되어, 단지 서구의 외부에 존재하는 위협이 아니라 내부에 더욱 강하게 존재하는 위협으로 남아 있다.

주28 이러한 편협성은 일반적으로 크리스트교와 이슬람교에 국한되어왔다. 동양의 종교들은 다른 사상의 침투에 개방적인 편이며, 옳은 길이 단 한 가지뿐이라고 주장할 필요를 거의 느끼지 않는다. 서구 및 중동 역사에서 볼 수 있는 종교전쟁은 아시아에서는 거의 일어나지 않았다.

Chapter 03
낙관주의

SUICIDE
OF THE WEST

Chapter 03
낙관주의

서구문명이 시작된 후 20세기 초까지 서구 역사를 지배한 것은 한 가지 사상과 한 가지 현실이었다. 그것은 바로 인류에 대한 그 어느 때보다도 강한 낙관주의와, 끊임없이 세계를 개선할 수 있다는 능력에 대한 확신이었다. 낙관주의는 행동주의로 이어졌다. 그 행동들은 자연세계에 대한 이해와 통제를 높이기 위한 것이었다. 낙관주의는 언제나 두드러지는 서구의 특징이었다. 심리학자 리처드 니스벳Richard Nisbett은 이렇게 말한다.

아시아인들에게 세계는 복잡한 곳이다 … 개인적인 통제보다는 집단적인 통제의 대상이다. 서구인들에게 세계는 상대적으로 단순한 곳이다 … 지극히 개인적인 통제의 대상이다. 실로 다른 두 세계다.[주1]

낙관주의의 근원은 무엇인가

서구 낙관주의의 중심에는 서로 얽힌 세 가지 믿음이 자리하고 있다. 그중 하나는 자율성의 신화다.[주2] 인간은 자발적이고 자율적이며, 자신의 운명을 책임질 수 있는 잠재력을 가지고

주1 Richard E. Nisbett(2003) *The Geography of Thought: How Asians and Westerners Think Differently…And Why*, Nicholas Brealey, London, p.100.

주2 우리가 이 세 가지 믿음을 '신화'라고 부르는 것은 증명할 수 없는 개념의 강력한 구체화라는 의미에서다. 경멸적인 의미에서 신화라는 표현을 쓰는 것은 아니다.

주변 세계를 자신에게 유리하게 만들 수 있다는 것이다. 두 번째는 선의 신화다. 신의 창조물은 궁극적으로 선하므로, 인간도 신의 창조물 가운데 하나로서 기본적으로 선하며 더욱더 선해질 수 있다는 것이다. 세 번째는 진보의 신화다. 역사는 진행 중에 있으며, 현재는 과거보다 낫고 미래는 현재보다 나아진다는 것이다.

이 세 가지 낙관주의 신화는 기원전 5~6세기와 서기 1~3세기 유대교 및 크리스트교 신학과 그리스 철학에서 비롯되었다. 자율성의 신화가 가장 명확히 언급된 것은 그리스인들을 통해서였다. 그리스인들은 이성과 지성을 최고로 중시했다. 그리스 철학자들은 인간만이 지성을 갖고 있어서 우주에 관한 진리를 이해할 수 있다고 주장했다. 그들의 견해에 따르면, 지성은 개별적인 것으로서 다른 지성과 연결되고 신의 지혜와도 연결된다. 따라서 지성은 분주하고 진보적이고 언제나 발전하고 있으며 신성하고 영원하다. 인간은 이성의 훈련을 통해 논리와 수학, 즉, 탐구와 건축을 통해 현실의 만물을 더 많이 알아갈 수 있다. 나머지 자연계는 수동적이다. 인간은 적극적이고 낙관적이고 탐구적이고 창조적이고 자기향상적일 수 있으며 또 그래야 한다. 인간은 자연을 지배하는 법칙을 익힘으로써 환경을 통제할 수 있다.

그리스인들은 선의 신화에도 동의했다. 우주는 질서정연하고 합리적이다. 지성이 있는 인간은 우주를 이해하고 통제하고 개선할 수 있다. 그리스 철학의 중심에는 탁월함에 대한 이상, 즉 인류가 달성할 수 있는 것에 대한 높은 전망이 있다. 신의 창조물은 선할 뿐만 아니라 지성 훈련을 통해 더욱더 선해질 수 있다. 플라톤은 영혼이라는 개념을 가지고 인간의 타고난 혹은 잠재적인 선에 관해 가장 명확한 견해를 제시했다. 영혼은 물질적인 몸 안에 갇혀 억제되어 있지만, 신의 사랑을 받고 있으며 인간을 신과 연결해주며 인간으로 하여금 덕을 이룰 수 있게 해준다는 것이다.

그리스 철학자들은 진보의 신화에도 큰 영향을 미쳤다. 아리스토텔레스는 잠재력이라는 개념을 제시했다. 진정한 현실은 현재의 상태가 아니라 미래의 상태라는 것이다. 그는 궁극적인 현실은 시작이 아닌 목적, 즉 결말이나 최종 형태에 있다고 말했다. 굉장히 낙관적인 세계관이다. 이 세계관은 만물이 더 나은 모습의 우주, 신의 섭리에 의해 계획되고 인간의 이성에 의해 추진되는 점증적이고 발전적인 우주를 향해 나아가고 있다는 의미를 담고 있다. 중요한 것은 세계와 사람들이 앞으로 갖추게 될 모습, 다시 말해 그들이 잠재력을 완전히 발휘했을 때 갖추게 될 모습이라는 것이다.

같은 시기 히브리 예언자들은 다른 방식으로 자율성과 선, 진보라는 개념들을 전개시키고 있었다. 제2장에서 보았듯 에제키엘(567~563 BC)을 비롯한 예언자들은 개개인에게 자신의 책임을 다하고 독창력을 키우고 자비와 사회정의와 사랑을 보이라고 했다. 세계의 운명은 인간의 행동에 의해 결정된다고 말이다. 히브리인들은 진보를 신이 인간의 역사에 가하는 손길이라고 보았다. 그들은 최후의 날에 신성한 지도자인 메시아가 올 것이라 믿었다. 역사는 화려한 정점에 도달할 것이고, 신은 지구 끝까지 이어지는 왕국을 건설하여 모든 인류에게 기쁨과 구원을 가져다줄 것이라는 믿음이었다. 고대와 중세, 현대에 걸쳐 유대인들에게 일어난 모든 일들에도 불구하고 그들은 낙관주의와 능동주의, 전세계적인 선교를 포기하지 않았고 그들의 숫자에 비해 훨씬 커다란 결과를 이끌어냈다.

그리스와 유대교의 사상을 융합시키는 과정에서 초기 크리스트교도들은 이 사상들을 새로운 차원의 낙관주의와 능동주의로 끌어올리고 여기에 천년왕국설을 더했다. 예수의 신도들은 남성과 여성, 부유한 자와 가난한 자, 유대인과 그리스인, 로마인과 이방인, 노예와 자유인의 구분 없이 그 어느 때보다 많은 사람들을 개종시켜 모든 크리스트교도 개개인에게 선한 삶을 살고, 사람들을 '구원'해야 한다는 절실한 필요성을 심어주었다.

크리스트교 신학에서 신의 사랑과 선은 의심의 여지가 없으며 그리스도를 통해 인간은 신성에 다가갈 수 있다. 4세기 크리스트교가 로마제국의 국교가 된 후 크리스트교 신학자들은 선과 악에 대한 유력하고 상반된 관점과 싸워야 했다. 세계적으로 가장 빠르게 성장하는 종교는 더 이상 크리스트교가 아니라 3세기 페르시아인들이 세운 마니교였다. 마니교에서는 우주에 미치는 선과 악의 영향들이 끊임없이 대립한다고 가르쳤다. 인류는 이 싸움에 말려들어 악의 힘에서 벗어날 수 없다는 것이었다. 이 비관적인 종교는 인간의 능동주의를 손상시키고 삶과 역사에 대한 숙명론적인 관점을 유발했다. 선은 결코 우위에 설 수 없으며 전능하고 선한 신은 존재하지 않는다는 관점이었다.

크리스트교 로마제국이 폭력에 휩싸여 와해되기 시작하자 마니교는 크리스트교에 지적인 문제를 제기했다. 악과 고통의 존재를 부인할 수 없다는 것이었다. 아프리카 출신의 성 아우구스티누스St Augustine of Hippo(354~430)는 이 문제에 잘 대처했다. 그는 신의 모든 창조물이 선하며 인간은 그중에서도 가장 위대한 창조물이라고 주장했다. 신의 선을 모방할 수 있는 능력을 지니고 있기 때문이다. 신은 인간의 자유의지를 창조하면서 필연적으로 인간에게 선과 악을 선택할 수 있는 자유를 허락했을 것이다. 그렇다면 모든 악한 결과는 자유의지의 오용에서 비롯되는 셈이다. 악은 필연적이지도 불가피하지도 않으며 영원하지도 않다는 것이 그의 주장이었다. 성 아우구스티누스 이후 이 어렵지만 희망적인 교의는 크리스트교와 서구의 중심에 자리하게 되었다.

진보의 신화 역시 크리스트교의 힘을 받았다. 1세기 크리스트교도들이 기대한, 곧 다가올 빛나는 역사의 결말은 무기한 연기될 수밖에 없었지만 신의 뜻이 역사 속에서 작용하고 있다는 생각은 지속되었다. 신이 새로이 선택한 사람들, 즉 모든 국가의 크리스트교도들을 통해서 말이다.

낙관주의의 퇴각과 부활 그리고 절정

서구의 세 가지 낙관주의 신화는 결코 시들거나 사라지지 않았지만 로마제국이 쇠퇴한 시기부터 1000년 이후 새로운 성장과 문명의 움직임이 점차 강해질 때까지 수면 밑에 가라앉아 있었다. 그 사이 경제가 쇠퇴하고 로마교회가 사회의 가장 유력한 기관으로 등장하면서 자율성과 선, 진보의 개념은 힘을 잃고 꺾였다. 교회가 점점 더 강력하고 계층적이고 내향적이고 정치적으로 보수적인 성격을 지님에 따라 비관주의적인 크리스트교가 모습을 드러냈다. 경제적 문화적 심리적 침체기에 중세 크리스트교의 암울한 경향은 어느 때보다 강력한 영향력을 행사하면서 '세상과 육신과 악'이 가져오는 치명적인 위협을 강조했다. 이 위협에 맞설 수 있는 길은 교회에 대한 경건한 복종뿐이었다. 종교의식을 통해서, 천사와 성인들 —특히 성모마리아— 의 보호를 구함으로써, 내세지향적인 깊은 신앙심을 키움으로써 그리고 가능하다면 속세에서 물러남으로써.

1000년 이후 유럽은 어느 정도 정치적 안정을 이룩했다. 경제성장, 교역, 인구가 모두 조금씩 상승곡선을 그리기 시작했다. 농업은 더욱 번성했고 농산물 교역도 성장했다. 활발한 교역과 상대적 자유를 특징으로 하는 자치적인 도시국가들이 등장했다. 무엇보다 이슬람 및 비잔틴 문화와의 접촉은 12~13세기 유럽이 고대 그리스 철학자 및 과학자들의 업적을 재발견할 수 있게 해주었다. 아리스토텔레스와 플라톤의 영향을 받은 토마스 아퀴나스(1225~74)는 모든 인간이 신의 모습을 본 떠 창조되었고 신의 무한한 창조성에 어느 정도 관여할 수 있다고 말했다. 아퀴나스나 오컴William of Ockham(1295~1349)과 같은 학자들은 인간 이성과 과학 실험, 교회 권위로부터의 지적 자유에 대한 자신감을 다시금 서구에 심어주었다.

14세기 초에 출생한 플루타르크와 그 추종자들은 그리스로마 문화의 놀라운 깊이와 가치를 재발견함으로써 인간과 그 창조성 및 위대함에 대한 낙관주의의 새로운 기반을 마련했다. 고대 문학고전들은 인간의 정신을 풍요롭게 하고 우주에서 인간이 행하는 역할에 관한 새로운 통찰의 흐름을 조성해주는 것처럼 보였다. 15세기 마르실리오 피치노Marsilio Ficino와 피코 델라 미란돌라Pico della Mirandola를 비롯한 인문주의자들은 플라톤을 재해석하여 인간은 눈에 보이는 우주의 물리적·수학적 법칙을 이해함으로써 우주를 통제하는 신성한 임무를 지니고 있다고 주장했다. 피치노는 인간에게 "하늘의 창조자에 버금가는 재능"이 있다고 말했다.

이러한 잠재력에 대한 새로운 관점은 르네상스 시대에 가장 뚜렷하게 나타났다. 리처드 타너스Richard Tarnas는 이렇게 말했다.

> 한 세대 안에서 레오나르도와 미켈란젤로와 라파엘은 엄청난 대작들을 만들어냈다. 콜럼버스는 신세계를 발견했고, 루터는 … 종교개혁을 시작했으며, 코페르니쿠스는 … 과학혁명을 개시했다 … 인간은 자연의 비밀을 꿰뚫어볼 수 있게 되었다 … [인간은] 알려져 있는 세계를 확장하고, 새로운 대륙을 발견하고, 지구를 일주했다 … 음악, 비극과 희극, 시, 그림, 건축, 조각은 모두 새로운 차원의 정교함과 아름다움을 갖추게 되었다.[3]

르네상스인은 자신이 신과 어깨를 나란히 하는 공동창조자라고 생각했다. 서구의 사상과 사고 패턴, 포부, 추진력 그리고 우주의 합리성과 인간의 상상력에 대한 믿음은 그들을 세계로

주3 Richard Tarnas(1991) *The Passion of the Western Mind*, Crown, New York.

나아가게 만들었다. 15세기부터 서구인들은 일련의 항해여행을 시작했고, 이 여행들은 최초로 세계를 하나의 통일체로 축소시켰다. 콜럼버스의 첫 항해 이후 1세기도 지나지 않아 서구인들은 세계를 배로 일주했다.

17세기의 특징은 과학의 폭발적인 성장이었다. 최초로 우주의 근본적인 물리법칙이 발견되었고 기계시대의 기초가 세워졌으며 그로 인해 세계가 일변되었다. 일련의 항해여행과 마찬가지로 과학혁명도 서구의 낙관주의를 동력으로 이루어졌고 유럽 사람들에 의해 행해졌다. 콜럼버스, 브루넬, 아인슈타인 등의 위인들을 보면 알 수 있듯이, 서구를 특징짓는 요인은 개개인의 자발적인 행동이다. 기존의 구조나 체계와는 거의 무관한 인간의 독창력, 탐험 정신, 무언가 다른 혹은 더 나은 것을 찾고자 하는 끊임없는 탐구가 서구의 특징을 만들어내는 것이다. 서구가 —좋든 나쁘든— 이뤄낸 성과들은 깊이 파헤쳐보면 과학이나 기술 혹은 경제 체계에 기인하는 것이 아니다. 많은 것을 가능케 하는 이 메커니즘은 보다 근본적인 데서 비롯된다. 자유로운 사상, 실험, 태도, 낙관주의 그리고 인간의 잠재력과 자비롭고 합리적인 신에 대한 높은 평가에서 비롯되는 것이다.

서구의 과학이 성공을 거둔 것은, 무한한 포부를 가지고 지구상의 생명체를 개선한다는 실제적인 목적을 끊임없이 추구했기 때문이다. 이러한 정신이 없으면 기술은 불충분하다. 고대 이집트인들은 증기력으로 신전의 문을 움직였다. 고대 그리스인들은 증기를 이용한 장난감을 만들었다. 그러나 증기력을 이용해 유용한 제품을 만든다는 생각은 2천년 이상 뒤인 18세기 영국에서 시작되었다. 과학혁명이 일어나기 수세기 전에는 이슬람 사회가 세계적으로 가장 뛰어난 과학 및 기술을 보유하고 있었다. 유럽인들이 항해를 시작하기 전인 1400년 중국에는 수백 척의 배와 2만여 명의 선원으로 구성된 세계 최대 규모의 선단이 있었다. 물론 이슬람의 기술 혁신이 중단된 것이나, 중국이 1432년 조선소를 철거하고 선박 운항을 중단한 데에는 그럴 만한 이유가 있다.주4 그러나 서구가 인간의 잠재력에 대한 높은 평가를 기반으로 낙관주의적 확장의 이데올로기를 갖고 있었고 이슬람과 중국이 그렇지 않았던 것은 우연의 일치가 아니다.

케플러나 코페르니쿠스, 갈릴레오, 뉴턴과 같은 과학자들의 연구는 낙관주의에서 동기를 얻었고 또한 낙관주의에서 힘을 받았다. 과학은 인간의 잠재력과 이성, 상상력의 표출이었다. 과학은 인간의 수준을 높이고, 인간에게 자연과 우주에 대한 통제력을 부여함으로써 현 위치를 개선하고 삶에 고귀함을 더할 수 있게 하는 등 목적을 충족시켰다. 프랜시스 베이컨(1561~1626)은 "과학의 진정하고 타당한 목적은 새로운 발견과 힘으로 인간의 삶을 풍요롭게 하는 것"이라고 말했다.

프랑스 철학자 데카르트(1596~1650)는 인간의 이성을 진리의 잣대로 세웠다. 역사상 처음으로 인간의 행복이 우주의 핵심으로 여겨지게 되었다. 시인 알렉산더 포프Alexander Pope(1688~1744)는 인간 본성이 두 가지 상호보완적인 원칙을 따른다고 보았다.

자애自愛와 이성은 하나의 끝을 향해 올라간다.
이들이 서로 적대하면 고통이, 서로 갈망하면 기쁨이 찾아온다…

18세기 유럽과 미국의 계몽 사상가들은 자율성과 선, 진보를 가장 옹호한 사람들이었다. 칸트는 계몽을 인간의 자율성, 즉 스스로 자신의 지력을 사용할 수 있는 용기와 동일시했다. 계몽사상가들은 데카르트보다 훨씬 더 인간의 정신을 드높였다. 그들은 인간의 정신이 나머지 자연과 구별되고 더 우월하다고 보았다. 드니 디드로Denis Diderot(1713~84)는 생명에 의미를 부여한다는 점에서 인간의 특별함을 강조했다. "의미를 존재하게 하는 것은 인간의 존재다."[주5]

주4 Jared Diamond, 'How to get rich', Edge 56, 7 June 1999 (56), Jared Diamond(1997) Guns, *Germs and Steel: A Short History of Everybody for the Last 13,000 Years*, Chatto & Windus, London.
주5 Denis Diderot, *Encyclopédie*, p.56. 참고.

불합리한 고정관념에서 벗어나면 우리는 보다 지적이고 도덕적이고 자비롭고 독창적인 존재가 될 수 있다. 역사학자 에드워드 기번은 이렇게 말했다.

> 우리는 인간의 포부가 어디까지 올라갈지 확신할 수 없다 … 따라서 우리는 매 시대가 인간의 진정한 부와 행복, 그리고 어쩌면 덕을 키워왔고 또 키우고 있다는 기분 좋은 결론을 순순히 따를 수 있다.주6

19세기 초 낭만주의 시인 및 작가들은 인간 정신의 잠재력에 대해 더욱더 강한 관점을 취했다. 그들이 가장 강력하다고 생각한 것은 상상력, 즉 일상을 특별하게 변화시킬 수 있고, 세계의 표면적 차원을 넘어 더 깊은 진리를 알아볼 수 있고, 워즈워스가 '틴턴 사원Tintern Abbey'에 쓴 것처럼 "사물의 생명을 투시"할 수 있는 능력이었다. 현대 환경론자들의 선임자인 낭만주의자들에게 있어서 인간의 정신 및 인지와 외부세계와의 관계는 상상력의 강도에 의해 변화되는 것이었다.

경제성장은 낙관주의들의 힘을 더해주었다. 1450~1750년 사이의 교역확장과 뒤이은 기계산업의 급격한 발전은 낙관주의 및 능동주의와 밀접하게 연관되어 있었다. 낙관주의와 경제혁신을 연결해준 것은 상인 및 기업가들의 실험정신과 자율성이다. 낙관주의는 실험을 두려워하지 않는다는 의미를 내포하고 있다. 경제성장을 위해서는 혁신이 필요하다. 서구에서 혁신이 가능했던 것은, 실험을 하고 성공적인 신기술을 보급시킬 수 있는 힘이 널리 퍼져 있었기 때문이다. 분산이 가장 중요했고 이를 위해서는 자율적이고 낙관적인 기업가들이 필요했다.[7]

18세기 후반 벤자민 프랭클린, 조시아 웨지우드Josiah Wedgwood, 조셉 프리스틀리Joseph Priestley, 제임스 와트James Watt 등 많은 경제 혁신자들은 계몽사상 지지자이자 진보의 선도자였다.

19세기 말 서구의 경제성장이 부인할 수 없는 수준에 이르면서 새로운 기술상의 기적들(철도, 저렴한 강철·전기·가스, 전국적인 우편체계, 전신, 전화, 통조림, 사진, 자동차 등)이 나타나고 확산되면서, 그리고 서구의 경제적 우세가 점점 더 강력해짐에 따라 낙관주의의 주요 원천인 철학적 숙고에 진보의 물질적 증거가 더해졌다. 기업가든 정치운동가든 지식인이든 상관없이, 그리고 자유주의자든 사회민주주의자든 공산주의자든 상관없이, 19세기 말~20세기 초의 리더들은 현대 서구산업이 기아와 빈곤을 사회에서 몰아낼 수 있는 잠재력을 지니고 있다는 믿음

주6 Edward Gibbon(1993) *The History of the Decline and Fall of the Roman Empire*, Vol. I, Everyman, London.

주7 Nathan Rosenberg and L. E. Birdzell, Jr(1986) *How the West Grew Rich: The Economic Transformation of the Industrial World*, Basic Books(Harper-Collins), New York.

에 거의 뜻을 같이 했다.

낙관주의는 죽었을까

현대 비관주의의 근원은 적어도 1760년대까지 거슬러 올라
갈 것이다. 당시 영국 '고딕 소설'들은 으스스한 초자연적 이미
지들을 소생시키고, 자기중심적인 남녀 주인공들을 등장시키
고 신과 인간의 박애가 이루는 조화를 파괴했다. 1770년대부터
시작된 독일 낭만주의의 공상문학을 통해, 1780년대 드 사드
Marquis de Sade(1740~1814) 소설에 그려진 악행을 통해, 그리고
민중이 일으킨 프랑스혁명을 통해, 이전까지는 계몽적인 이상
주의에 의해 무시되거나 가려져 있던 인간성의 어두운 면이 밖
으로 분출되었다. 1914년 이전까지 수십년 동안 러시아 니힐리
스트들의 폭탄 투척, 쇼펜하우어의 철학, 초기 표현주의 미술,
프로이트의 심리학적 탐구 등이 결합되어 인간의 특성과 운명
에 대한 우울한 관점을 뒷받침했다. 그러나 1914~1945년 사이
에 일어난 사건들만큼 18~19세기의 낙관주의적 환상을 철저히
파괴한 것도 없었다.

인간의 자율성과 선 그리고 서구문명의 진보에 대한 믿음은
일련의 사회적 격변과 그에 대한 반응으로 인해 한 세대 동안
어쩌면 영원히 깨져버렸다. 구체적으로 말하자면 1차 세계대전
의 무시무시한 본질과 결과, 객관성이 의미 탐색을 차단해버렸

다는 믿음의 증가, 1920년대 중반 프란츠 카프카의 예언적인 소설에서 나타난 것처럼 인간은 사실 자유롭거나 자기결정적이지 않으며 무시무시하고 관료적이고 이해할 수 없는 악한 영향의 지배를 받는다는 인식이 믿음을 꺾어놓은 것이다. 이러한 무시무시한 사회관습은 스탈린과 히틀러가 서구문명을 손상시키고 파괴함에 따라 중유럽과 동유럽으로 퍼져나갔다. 그 영향을 받지 않은 미국과 일부 유럽 지역에서도 1930년대는 경제 붕괴와 서구문명에 대한 불만으로 얼룩진 시기였다. 낙관주의자인 루스벨트의 꿋꿋한 노력을 통해 조금은 악몽을 면할 수 있었을 뿐이었다. 인류의 발전은 길을 잘못 들었다. 러셀Bertrand Russell이 말한 것처럼 "사고는 절망에 이르는 길"처럼 보였다.

1917~1989년까지 공산주의와 나치즘의 성쇠로 서구의 생존은 불확실했다. 공산주의와 나치즘은 둘 다 서구의 사상이지만 서구문명의 지독하고 치명적인 적이다.

전체주의 악몽의 결과 60년에 걸친 평화와 번영도 서구의 역사적인 낙관주의를 재건하지 못했다. 오늘날의 전체적인 그림은 두 가지 구도로 나뉜다. 유럽 사람들, 문예계 지식인, 언론, 대중문화, 하층 근로자들은 비관주의 성향을 띤다. 미국과 오스트레일리아 사람들, 사업가, 과학자, 정치 엘리트 및 부유층은 낙관주의적 성향을 띤다. 물론 숙명론의 무게가 더 무겁다.

1900년 이후 낙관주의의 쇠퇴는 인류를 바라보는 서구 전체의 관점, 특히 1700~1900년의 일반적인 관점이 대체로 너무 관대했다는 증거라 볼 수 있다. 인간의 자율성과 선, 역사적 진보에 대한 믿음은 20세기가 시작되자마자 프로이트의 『꿈의 해석 *The Interpretation of Dreams*』 출판과 더불어 의심에 싸이게 되었다. 반세기 전 마르크스는 인간의 자유와 자율성이 망상이라고 주장했다. 프로이트는 그 증거를 제시한 셈이다. 무의식이라는 개념을 도입함으로써, 그리고 외견상 완벽해 보이는 사람들조차 습관적인 반응을 하도록 자극하는 성적 강박관념을 상세히 설명함으로써 프로이트는 인간의 자유라는 개념의 가치를 저하시켰다. 심리학적 깨달음은 들끓는 내적 갈등과 억압, 소외, 죄의식, 수치심, 끝없는 신경증의 판도라 상자를 열었다.

프로이트는 자신의 연구와 그 영향력의 중요성을 의심치 않았다. 그는 이렇게 썼다. "인간은 마침내 과학의 영향으로 인해 순진무구한 자기애에 세 가지 막대한 침범을 당하게 되었다." 세계(지구)는 하늘의 중심이 아니라 광대한 우주 안에 있는 작은 점이라는 발견, 우리는 신의 특별한 창조물이 아니라 유인원의 후손이라는 발견, 그리고 우리의 의식이 우리에게 알려주는 것은 우리의 실제 행동이 아니라 자기만족적인 허구의 이야기라는 발견이 인간의 자기애에 영향을 미치게 된 것이다.[주8] 서구의 사상을 이토록 크게 변화시켜 유력한 낙관주의를 유력한 비관주의로 바꿔놓은 지식인은 없을 것이다.

프로이트가 시작한 연구는 지난 50년 동안의 유전학과 신다 원주의 생물학, 인지신경과학을 통해 완성되었다. 1953년 프란 시스 크릭Francis Crick과 제임스 왓슨James Watson이 인간은 다른 모든 동식물과 기본적인 DNA 구조를 공유하고 있다는 사실을 발견함으로써 유전자의 중요성이 높아졌다. 1976년 옥스퍼드 대학 생물학자 리처드 도킨스Richard Dawkins는 인간의 자율성에 관한 새로운 견해를 제시했다. 그의 유명한 저서 『이기적 유전 자The Selfish Gene』에서는 유전자를 선택과 이기심의 기본 단위 로 보고 있다.주9 현대 신경과학은 우리의 정신이 서로 뒤얽힌 사고, 감정, 학습 신경회로들로 이루어져 있음을 보여주었다.

유전자와 정신에 관한 새로운 지식은 이전까지 인간 본성에 대한 서구의 낙관주의를 뒷받침하고 있던 두 가지 개념에 이의 를 제기했다. 그중 하나는 18~19세기 전반에 걸쳐 일반화되어 있던 것으로, 모든 사람의 정신은 '백지'로 출발하여 부모나 교 사, 사회의 뜻에 따라 채워진다는 견해였다. 그러나 이제 우리 는 이 견해가 틀렸다는 사실을 알고 있다.주10 사람들의 경험을 변화시킴으로써 어느 정도 영향을 미칠 수는 있지만 그들의 인

주8 Steven Pinker(2002) *The Blank Slate: The Modern Denial of Human Nature*, Penguin, New York 인용.

주9 Richard Dawkins(1976, 개정판 1989) *The Selfish Gene*, Oxford University Press, Oxford.

주10 Pinker(2002) 참고.

격을 재설계할 수는 없다. 다른 하나는 훨씬 오래된 것으로, 인간 본성에 대한 밝은 관점을 뒷받침하고 있던 영혼이라는 개념이다. 크리스트교의 번영 이후로 이 개념에는 거의 의문이 제기되지 않았다. 20세기 신경과학자들은 헛되이 영혼을 추구했다.

지식인에게든 보통사람에게든, 정신분석과 신경과학은 인간 본성에 대한 어두운 관점을 입증해주는 것처럼 보였다. 인간 본성의 어두운 면은 20세기의 잔학 행위들과 1939년 이후 날마다 세계 어딘가에서 벌어지던 무시무시한 전쟁을 통해 뚜렷하게 나타났다. 텔레비전과 신문은 인간의 악행을 끊임없이 보도하고 있다. 1945년 이후 중요 분쟁의 영향을 받지 않은 서구 중심부에서도 비관주의자들은 인간의 본성이 약하고 부패하다는 충분한 증거들을 찾을 수 있다. 우울증, 자아도취, 알코올 중독, 약물 남용, 자기강박, 자살 등이 특히 젊은이들 사이에서 급증했고, 문화와 공동체의 끈이 물질주의와 탐욕, 이기주의에 의해 끊어졌다.

과학과 20세기 경험들이 비관론을 입증해주고 있다는 일반적인 관점의 유일한 문제점은, 이 관점이 잘못되었다는 것이다. 실재하는 사실들이 낙관주의를 입증해준다는 것은 아니다. 단지 현대 비관주의의 토대가 훨씬 더 불확실하다는 것이다.

일반대중이 인정하지 못할 정도로 과학자 및 역사가들은 프로이트와 그의 연구 결과에 상당한 편견을 갖고 있다. 1972년

저명한 영국 의사이자 노벨상 수상자인 피터 메더워 경Peter Brian Medawar은 정신분석을 "20세기 사상사에서 가장 유감스럽고 괴상한 사건"이라 평했다.주11 20세기 사상에 관해 공정하고 균형 잡힌 설명을 제시한 사상사학자 피터 왓슨Peter Watson은 프로이트가 남긴 유산에 결함이 많다고 주장한다. 그는 프로이트파 소설, 그림, 오페라 등이 "인간 본성을 바라보는 잘못된 관점을 대중화하고 정당화하는 데 일조했다"고 비판한다.주12 왓슨은 프로이트의 연구가 현재 거의 신임을 받지 못하고 있으며 그의 견해는 대부분 "비행접시를 믿는 것과 마찬가지로" 전혀 비과학적이라고 말한다.

신경과학과 신다윈주의 생물학이 이런 식으로 간단히 기각되지는 않는다. 그러나 그 함축 의미들을 그렇게 비관적으로 볼 필요는 없다. 스티븐 핑커Steven Pinker는 이렇게 말한다. "인간의 정신이 백지 상태로 출발한다는 견해의 소멸 과정은 의외로 조용했고 어떤 면에서는 덜 혁명적이었다 … 유전자에 대한 강조가 박애와 협동의 발달 불가능을 의미하는 것은 아니다. 중력법칙으로 비행 능력의 발달 불가능이 증명되지 않은 것과 마찬가지이다."

....

주11 Peter B. Medawar(1972) *The Hope of Progress*, Methuen, London, p.68.

주12 Peter Watson(2000) *A Terrible Beauty: The People and Ideas that Shaped the Modern Mind-A History*, Weidenfeld & Nicolson, London.

낙관주의자들의 반격은 계속된다

낙관주의자와 비관주의자의 중요한 토대는 인간 본성이라는 개념이다. 20세기 과학은 인간에 대한 한층 어두운 관점을 정당화해주었을까? 현재로서 우리의 결론은 '그렇지 않다' 이다. 프로이트파의 견해는 영향력 있지만 증거를 통해 그 정당성이 인정되지는 않는다. 유전자가 인간 본성에 미치는 영향의 중요성과 '백지' 이론의 퇴각은 인간의 완전가능성에 강력한 반기를 들고 있다. 그러나 이런 사실들은 자유의지의 중요성과, 우리가 동물적·물리적 영향을 초월하여 이룩한 문명의 고결함을 떨어뜨리기보다는 오히려 높여주고 있다.

1996년 매트 리들리Matt Ridley는 저서 『이타적 유전자The Origins of Virtue』에서, 인간 본성과 사회에 대한 낙관적인 관점을 뒷받침하는 생물학과 게임이론의 최신 증거들을 설명했다. 그는 사회가 우리의 유전자와 비유전적 진화의 산물이라고 주장했다. "인간은 특별하다. 인간 스스로가 대규모 집단을 구성하고 그 안에서 개개인이 복잡한 상호관계를 맺기 때문이다. 그리고 다른 동물들과는 근본적으로 다른 방식으로 협력하기 때문이다. 인간의 뇌는 단지 다른 동물의 뇌보다 나은 것이 아니라 근본적으로 다르다 … 인간의 뇌는 상호관계를 활용하여 도움을 주고받으면서 사회생활의 이점을 취한다.[주13] 리들리는 이점을 교환의 도입과 연결짓고 있다.

교환의 도입은 진화 과정에서 호모사피엔스가 다른 종들에 비해 생태학적으로 경쟁우위를 차지하게 된 보기 드문 순간을 대표한다. 집단들 사이에서 비교우위 법칙을 이용하는 동물은 호모사피엔스뿐이다.

교환과 협력의 중요성은 태즈메이니아Tasmania(호주 남동쪽에 있는 섬) 원주민과 호주 원주민을 대조해보면 뚜렷하게 알 수 있다. 1842년 태즈메이니아에 상륙한 유럽인들은 당시 세계에서 가장 원시적인 사회를 목격하게 되었다. 태즈메이니아 원주민들은 불을 지피는 방법을 몰랐다. 그들에게는 뼈로 만든 도구나 손잡이 달린 도끼나 부메랑도 없었다. 그들은 물고기를 잡을 줄도 몰랐고 따뜻한 옷을 만들 줄도 몰랐다. 반면 호주 원주민들은 이 모든 일들을 할 수 있었다. 태즈메이니아 원주민처럼 고립된 집단이 원시적인 삶을 사는 이유는, 대부분의 사회들이 아이디어와 신기술을 외부와의 교환을 통해 얻기 때문이다. 인간 사회는 교환과 전문화, 그리고 집단간의 협력을 통해 발전한다.

1970년 이후 수학자들은 컴퓨터를 이용해 '서로 협동하는 참가자들'과 '개인의 이익을 추구하는 참가자들'의 결과를 비교

주13 Matt Ridley(1996) *The Origins of Virtue*, Penguin, New York.

함으로써 게임이론을 전개했다. 게임이론에 사용된 한 가지 개념은 '죄수의 딜레마' 였다. 각각 다른 감방에 갇혀 있는 두 명의 범죄자는 둘 다 스스로 상대방을 배신하지 않아야만 형벌을 면할 수 있다. 상대 죄수를 고발함으로써 상당한 면책이나 가벼운 판결이 내려진다면, 둘은 모두 이기적으로 이 길을 선택할 것이다. 이 이론은 마르크스, 프로이트 등의 견해를 이어받아, 갈등은 사회의 고질적인 요소이고 협력은 이기심의 지배를 받을 수밖에 없다는 사실을 보여주는 것 같았다.

그런데 1979년 정치학자 로버트 액슬로드Robert Axelrod는 두 차례에 걸친 죄수의 딜레마 게임 토너먼트를 개최했다. 각 프로그램은 다른 모든 프로그램과 200번 만날 때까지 게임을 반복했다. 총 76회의 승리로 우승을 차지한 프로그램은 캐나다 정치학자 애너톨 래포포트Anatol Rapoport가 고안한 '팃포탯Tit-for-Tat' 프로그램이었다. 이 프로그램은 처음에는 상대에게 협력하고, 그 다음부터는 상대가 이전에 취한 행동을 그대로 따라가도록 설정되어 있었다. 액슬로드는 '팃포탯'이 승리한 이유를 이렇게 설명했다.

팃포탯의 확고한 승리를 가능케 하는 것은 친절과 용서, 명확한 태도의 조합이다. 이 프로그램의 친절은 불필요한 말썽을 막아준다. 보복은 상대방의 계속적인 배신 시도를 단념시

킨다. 용서는 상호협력의 회복을 돕는다. 그리고 명확한 태도
는 상대방에게 자신의 행동을 알기 쉽게 하여 장기적인 협력
을 이끌어낸다.[14]

2000년 신경생물학자 케넌 말릭Kenan Malik은 낙관주의를 뒷
받침하는 또 하나의 의견을 제시했다.[15] 그는 인류가 물리적·
생물학적 속박에서 벗어나 사회적 존재가 되었다고 말한다. 인
간은 98%의 유전자를 침팬지와 공유하고 있지만 언어, 자기인
식, 상상력, 기호 사용 등을 통해 전혀 다른 존재가 되었다는 것
이다. 그는 이렇게 말한다. "인간은 자신을 작용의 원인으로 인
지하며 자신의 작용이 세계로 향하고 있음을 알고 있다." 인간
은 사회 안에서 협력함으로써 개개인의 행동이 모두 합해졌을
때보다 큰 성과를 낸다. 우리는 물리적인 존재일 뿐만 아니라
사회적인 존재이기도 하다. "뇌는 기계라 할 수 있을지 몰라도
정신은 기계가 아니다." 뇌와 달리 정신은 순전히 개인에게 속
해 있는 것이 아니다. 정신은 타인의 정신과 영향을 주고받는
다. 인간을 다른 동물들과 질적으로 구별되게 만드는 요인은
사고와 관계다.

주14 Robert Axelrod(1984) *The Evolution of Co-operation*, Basic Books, New York.

주15 Kenan Malik(2000) *Man, Beast and Zombie: What Science Can and Cannot Tell Us About Human Nature*, Weidenfeld & Nicolson, London.

인간은 세계를 변화시킨다. 문화를 단순히 받아들이기보다는 변화시키는 것이다. 인간은 언어, 개념, 기술 등 자연선택의 유산을 넘어서는 도구를 창조한다. 또한 인간은 기본적으로 관계와 공감, 협력 및 협동에 의지한다.

리들리와 말릭을 비롯한 저술가들은 인간의 협력과 창조성을 통해 문명이 이룩한 기적들을 우리에게 보여주고 있다. 인간이 어떤 존재인가에 관한 한층 높은 이해를 통해 우리가 얻을 수 있는 세 가지 의미가 있다. 첫 번째는, 인간 행동의 범위가 광대하다는 것이다. 두 번째는, 오랜 시간에 걸쳐 복잡한 사회와 강력한 상호의존을 기반으로 한 협력이 인간을 번영하고 번성할 수 있게 만들었다는 것이다. 세 번째는, 협력은 자동적으로 이루어지는 것이 아니라 협력을 장려하고 이기심을 억제하는 자극이 필요하다는 것이다.

인간 본성에 대한 비관적 관점이 비관주의를 뒷받침하는 몇 가지 객관적인 근거가 있다. 우선, 20세기가 특히 잔혹한 시대였다는 인식은 잘못된 것이다. 과거의 여러 원시사회에서 전투로 인한 남성 사망자 비율은 10~60%였다. 20세기 서구의 경우 이러한 비율은 1~2차 세계대전 사망자 수를 포함해서 2%에 불과했다.[주16] 전쟁에 대한 언론의 관심이 증가한다고 해서 사태가 악화되고 있음을 의미하는 것도 아니다. 메릴랜드대학의 한 연구 결과는 15년 전과 비교해서 전쟁의 빈도수와 강도가 절반

이상 줄었음을 보여주었다.[17]

그러나 우리가 주목해야 할 두 가지 현상이 있다. 이 현상들이 반드시 비관주의를 정당화해준다고 할 수는 없지만 비관주의를 설명하는 데는 확실히 도움이 된다. 하나는 우리가 잘 알고 있는 '창조적 파괴'이다. 이는 통제 자본주의의 해체, 즉 규제 폐지, 민영화, 수입장벽 축소, 그밖에 시장의 자유화 및 무정부화를 통해 이루어진다. 전체적인 부는 증가하고 있다. 그러나 소득 불균형과 개인적인 불안감도 증가하고 있다.

또 다른 하나는 이보다는 덜 두드러지지만 더 중요한 현상이다. 거트루드 스타인Gertrude Stein은 "20세기에는 서로 일치하는 것이 아무것도 없다"고 말했다. 우리는 통합된 사회에서 조각난 사회로 옮겨왔다는 것이다. 마르크스를 비롯해 19세기 거의 모든 사상가들은 사회의 다양한 집단들 —정치적, 경제적, 종교적, 사회적 집단들, 더 넓게는 지식인 집단도— 이 당연히 서로를 강화한다고 믿었다. 마르크스가 상상하지 못했던 일들이 현재 서구에서 나타나고 있다. 비즈니스와 예술, 교회, 언론, 정치인, 과학자, 문예 지식인, 그 외 전문가 집단들, 그리고 민족적 혹은

주16 Pinker(2002), p.57 참고.

주17 『Financial Times』 2005년 7월 23일자 p.23, Stein Ringen의 'Trends in high places'에서 인용. 이 결과가 놀랍게 느껴진다면, 그만큼 현대의 비관주의가 우리의 인식을 왜곡시키고 있다는 것이다.

하위문화적 정체성으로 맺어진 집단들이 다른 일부의 혹은 모든 집단들과 반목하거나 서로 관심을 두지 않고 있다.

오늘날 일치와 단결은 더욱 어려워졌다. 현대사회의 다양한 집단들이 그 나름의 자율성과 특유의 관습을 지니고 있기 때문이다. 사회가 복잡해지고 분화됨에 따라 문화적 풍요와 부, 지식, 개인의 자유는 증가한다. 그러나 공동 정체성이나 공동 이익에 대한 의식은 줄어든다. 따라서 복지와 진보를 말해주는 객관적인 지표가 상승 추세를 보여도 사회 내의 낙관주의와 신뢰는 하락할 것이다. 지난 반세기 동안 정부에 대한 그리고 사회 자체와 그 사회의 장점에 관한 신화를 유지시키는 역사가들에 대한 대중의 믿음이 급격히 떨어진 것을 보면, 급증하는 비관주의가 사회적 진보의 증가와 공존할 수 있다는 사실을 알 수 있다.

결론

서구의 성공은 대체로 낙관주의에 의해 이루어졌다. 그런데 현재 낙관주의의 뿌리는 시들어버린 것으로 보인다.

자신을 속이는 것보다는 현실을 직시하는 편이 낫다. 그러나 사실이 어떠하든, 개인 및 문명은 광범위한 낙관주의나 비관주의를 통해 현실을 해석할 수 있다. 세계는 우리의 정신 안에 존재한다. 세계에 대한 우리의 태도는 우리의 행동에 동기를 제공하고 우리의 성공도에 강력한 영향을 끼친다. 문명이 능동적이든 수동적이든, 자기신뢰적이든 자기비판적이든, 통합되어 있든 분화되어 있든, 대개 의지가 그 궤도를 결정한다. 자부심이 없으면 개인은 건설적인 일을 할 수 없다. 이는 사회나 문명의 경우도 마찬가지다.

지난 100~150년 동안 낙관주의의 가장 큰 장애물은 인간 본성에 대한 비관이었다. 이러한 관점은 생물학적·심리학적 발견에서 비롯된 것으로 보인다. 우리가 인간 본성에 대해 더욱 어두운 관점을 취하고 있다는 사실을 부정하는 사람은 없다. 그러나 현대과학의 어떤 요소도 이런 절망을 요구하고 있지 않다. 우리는 '백지' 이론과 완전가능성에 대한 믿음을 잃었다. 그러나 우리는 다른 동물들과 구별되는 인간의 특유성, 정신의 고귀함, 자유의지의 존재, 공동의 언어와 사상, 자연통제력을 통한 발전 가능성 그리고 그 어느 때보다 정교하고 상호의존적이고 협동적인 사회 달성에 대한 더욱 명확하고 강력한 관점도 지니고 있다.

현대 서구문명의 타고난 경향은 보다 동질적인 사회들을 묶고 있던 결속력을 와해시키고 있다. 이제 진보의 가치는 그 증거를 찾아보기가 어렵다. 전체적인 그림을 파악하기는 더욱 어렵고 그 가치를 충분히 이해하여 정당화하기는 더더욱 어렵다.

'현실적 낙관주의'가 우리를 더 행복하게 만들어주는 요인이자 서구문명의 진보를 위한 조건이라면 서구는 심각한 장애물에 직면해 있는 셈이다. 서구는 자신의 성공으로 인한 희생자일 뿐만 아니라 그 성공에 계속 의지할 수도 없다. 서구가 비관적으로 바라볼 대상은 비관주의 자체뿐이다. 그러나 서구문명과 인간 본성을 좀더 부드럽고 긍정적인 관점에서 바라본다는 것은, 보편적인 선입관뿐만 아니라 여전히 가속화되고 있는 사회 풍조와도 반대되는 일이다.

서구가 다시 낙관주의로 돌아서기 위해서는 전혀 새로운 이론적 · 실제적 움직임이 필요하다. 그러나 이러한 전환이 이루어질 조짐은 보이지 않는다. 물론 어둠을 부정할 수 없게 만드는 결정적인 근거들이 있는 것도 아니고 밝은 면을 보게 하는 근거들도 많이 존재하지만 낙관주의의 미래를 낙관적으로 바라보기는 어렵다.

Chapter 04
과학

SUICIDE
OF THE WEST

Chapter 04

과학

서구가 현재 기술, 혁신, 생활수준, 군사력 면에서 다른 문명들보다 훨씬 우위에 있게 된 요인을 가장 잘 설명해주는 것은 과학의 성공이다. 1900년 이후 과학적 성과는 이론적인 의미에서도 실제적인 의미에서도 그 어느 때보다 강력해서 자연과 우주에 관한 6세기에 걸친 놀라운 발견들을 빛내주었다. 과학적 성과 및 발견에 있어서는 압도적으로 서구가 우세했고 이는 지금도 계속되고 있다.

　이런 사실을 알고 화성인이 지구에 온다면 그들은 아마도 대다수의 서구인들이 과학을 숭배하고 있으며 과학이 갖는 지위는 더 이상 높을 수 없을 정도라고 생각할 것이다. 실제로 그랬던 시기도 때로는 있었다. 1969년 7월 20/21일 밤 닐 암스트롱Neil Armstrong이 달에 발을 디뎠을 때는 수많은 서구인들이 과학을 찬양했다. 그러나 1920년대 이후로, 특히 1970년 이후로 과학에 대한 서구의 불안은 엄청나게 증가했다. 지난 30년 동안 서구의 중심에서부터 지식인과 반지식인, 언론과 성난 항의자들, 열광적인 복음전도자들과 뉴에이지 지도자들이 너나할 것 없이 과학에 대한 맹렬하고도 다양한 공격을 가했다. 서구인들은 이성과 과학에 대한 믿음을 잃어버린 것으로 보인다.

　이 장에서 우리는 논쟁의 대상이 되고 있는 두 가지 문제에 해답을 제시하고자 한다. 과학이 현재 전성기에 있고 과거 600년 동안 서구가 과학적 성과를 거의 독점한 이유는 무엇인가?

과학이 절정기에 있는 이 시점에 그 지위가 하락하고 있는 이유는 무엇인가? 흥미롭게도 이 두 가지 문제에 대한 답은 같다. 그리고 그 답은 서구문명에 있어서 좋지 않은 징조이다.

과학은 어디에서 시작되었나

과학이란 무엇인가? 어떤 정의대로라면 서구는 가장 발전된 과학문명이지만 이전의 주요 과학문명들에 의지하고 있다. 또 어떤 정의대로라면 서구는 최초이자 유일한 과학문명이다.

인류학자 제레드 다이아몬드Jared Mason Diamond는 이렇게 말한다. "과학은 '실험실에서 반복적인 통제 실험을 통해 얻어지는 지식'이라고 왜곡되는 경우가 많다. 그러나 사실 과학은 훨씬 더 넓은 의미를 갖고 있다. 세계에 관한 믿을 수 있는 습득 지식이 모두 과학이다."주1

이 넓은 정의에 따른다면 서구는 최초의 과학문명이 아니다. 기원전 6세기 이오니아 그리스인들은 주술에서 등을 돌렸고, 몇몇 역사가들의 주장에 따르면 자연과학을 세웠다. 이오니아인들은 인간의 이성이 정밀한 사실 관찰에 힘입어 현실의 본질을 발견할 수 있다고 말했다. 진리는 영적인 천상세계가 아니라 관찰 가능한 인간의 경험에 존재한다는 것이었다. 일부 그리스인들은 우주에 관한 신화적 초자연적 설명을 배제함으로써 자연현상을 물리적·수학적으로 이해할 수 있다고 믿었다.

그들은 지식이 불완전하고 부정확하기 때문에 새로운 증거 및 설명이 나타나면 언제든 수정되어야 한다고 주장했다.

잘 알려져 있다시피 그리스 학자들은 수학과 철학 분야에서 엄청난 진보를 이룩했다. 그러나 관찰과 실험을 통해 지식을 얻는다는 생각은 확고한 근거를 갖지 못했다. 소크라테스는 천문 관측을 '시간낭비'라고 말했다. 그리스의 과학적 진보는, 제논Zeno(BC 490~430)이 제기하고 보편적으로 수용된 관점의 방해를 받았다. 우주는 자연법칙에 따라 움직이는 게 아니라 각자의 방식대로 움직인다는 관점이었다. 아리스토텔레스는 별이 원을 그리며 이동하는 이유는 그렇게 하고 싶기 때문이며, 돌이 땅으로 떨어지는 이유는 세계의 중심을 좋아하기 때문이라고 말했다. 이러한 '설명'에 기초한 물리학이 크게 진보하지 못한 것은 그리 놀라운 일도 아니다. 워싱턴대학의 사회학자 로드니 스타크Rodney Stark 교수는 많은 과학사학자들의 견해를 요약해 고대 그리스인들에 관해 이렇게 말하고 있다. "결국 그들이 이룩한 것은 비경험적이고 심지어는 반경험적인 사변철학과, 반이론적인 사실 모음 그리고 고립된 기교 및 기술이었다. 그들은 진정한 과학에 도달하지 못했다."[주2]

주1 Jared Diamond(2005) *Collapse: How Societies Choose to Fail or Survive*, Penguin, New York.

주2 Rodney Stark(2003) *For the Glory of God: How Monotheism Led to Reformations, Science, Witch-Hunts, and the End of Slavery*, Princeton University Press, Princeton.

로마제국의 몰락 이후 이슬람문명은 군사적 문화적 과학적으로 유럽에서 유력한 위치를 점하게 되었다. 10~13세기 중반 사이 유럽문명이 소위 암흑시대에서 최초로 얼굴을 내밀기 시작한 것은 이슬람의 공헌 덕분이었다. 크리스트교 유럽이 그리스의 지식을 거의 모두 잃고난 후 그리스 지식은 이슬람에 전해지고 소중히 보존되었다. 스페인의 아름다운 이슬람 도시들(세비야, 그라나다, 코르도바)은 다양한 신앙을 지닌 학자들이 모여드는 곳이었다. 이슬람교도와 유대인, 크리스트교도들은 협력하여 막대한 상호이익을 추구했다. 아랍 학자들에게 힘입어 서구는 현대 숫자를 습득하고, 고대 그리스 과학자들의 저술을 재발견하고, 천문학 분야의 발전을 이루고, 페르시아와 인도, 특히 중국에서 새로운 지식을 얻었다. 중국은 과학 및 기술 분야에서 유일하게 이슬람에 필적하는 문명이었다.[주3]

그러나 이슬람 과학은 그 기초가 된 고대 그리스 과학과 마찬가지로 심각한 한계를 지니고 있었다. 유명하고 독실한 이슬람교도 역사가인 카이사르 E. 파라Caesar E. Farah는 그 이유를 이렇게 설명한다. "초기 이슬람 사상가들은 그리스인들이 남겨둔 철학을 취했다 … 이슬람 사상가들은 아리스토텔레스를 훌륭한 길잡이로 삼았다 … 뒤이은 수세기 동안 이슬람 철학은 단지 계속 이 줄기를 따라, 아리스토텔레스 철학을 혁신하기보다는 확장하는 길을 택했다."[주4]

한편 그리스 문자를 알지 못함에도 '암흑시대'의 유럽 '이방인들'은 기술 분야에서 놀라운 진보를 이뤄냈다. 732년 샤를 마르텔Charles Martel과 프랑크 군대는 완전무장한 기병들을 배치해 이슬람 사라센인들을 대패시켰다. 이때 최초로 사용된 등자와 노르만 안장 덕분에 기병들은 말에 탄 채로 사라센인들을 쓰러뜨릴 수 있었다. 이후 5세기에 걸쳐 유럽 사람들이 고안한 장치들은 역사가 진 김펠Jean Gimpel의 말에 따르면 "이전까지 어떤 문명에서도 볼 수 없었던 수준"의 것들이었다.주5 그 혁신적인 고안물들을 나열하자면 한 페이지가 넘친다. 대표적인 예를 몇 가지만 들어보자면 안경, 캠축camshafts, 나침반, 기계식 시계, 물방아, 물레바퀴, 화약 등이 있다.주6

11세기부터 유럽의 과학은 이슬람과 중국의 과학을 따라잡다가 13세기 말에 이르러서는 두 문명을 능가하게 되었다. 옥스퍼드대학 총장이자 링컨 주교인 로버트 그로스테스트Robert Grosseteste (1186~1253)는 과학실험의 체계적 방법론을 시작했

주3 중국 문명은 기술적인 면에서 늘 그리스와 로마 문명보다 앞섰다. 그런데 중국의 특기는 과학적 추론이나 연구보다는 실용적인 발명이었다.

주4 Caesar E. Farah(1994) *Islam: Beliefs and Observances*, Barron's, Hauppauge, New York, 원문은 이탈리아어.

주5 Jean Gimpel(1976) *The Medieval Machine: The Industrial Revolution of the Middle Ages*, Penguin, New York.

주6 중국인들은 불꽃을 쏘아올리기 위해 폭발성 분말을 발명했다. 유럽 사람들은 이를 화약으로 이용했고, 1325년에 이르러서는 서유럽 전역에 대포가 설치되었다. 서유럽 이외의 곳에는 없었다.

다.[주7] 1270년대에는 기계식 시계가 발명되면서 정밀한 과학 측정이 가능해졌다.

스콜라 철학자로 분류되는 토마스 아퀴나스(1225~1274), 오컴(1295~1349), 장 뷔리당Jean Buridan(1300~1358), 니콜라스 드 오렘Nicholas d' Oresme(1325~1382), 작센의 알베르트Albert of Saxony (1316~1390) 등 크리스트교 수도사들은 대학을 세워,[주8] 추상적 추론을 경험적 관찰로 대체하고, 과학적 가설에 대한 가장 간단한 설명을 추구하고, 실험과 수학과 물리학을 새로운 수준으로 올려놓았다.

스콜라 철학자들의 지적 수준은 그들이 자연법칙이나 지구의 공전과 같은 개념들을 다루는 방식을 보면 판단할 수 있다. 예컨대 파리대학 학장이었던 장 뷔리당은 지구가 지축을 중심으로 회전하기 때문에 태양과 달이 뜨고 지는 것 같은 착각이 일어난다는 가설을 처음으로 검토했다. 또한 뷔리당은 초기 관성이론과, 신이 세계를 창조한 후 자연법칙에 따라 움직이도록 놔두었다는 견해를 제시하기도 했다. 뷔리당은 다음과 같은 주장이 가능하다고 말했다.

…신은 세계를 창조했을 때, 천체들을 원하는 위치로 이동시켰다. 이 천체들을 움직일 때 신은 그들에게 힘을 부여하여, 더 이상 그들을 움직일 필요가 없게 했다 … 신이 천체들에게

부여한 이 힘은 그 후로도 감소하거나 변질되지 않았다 … 그 힘을 변질시키거나 저하시킬 수 있는 저항력도 없었다.주9

14세기 후반 파리대학의 학장이었던 작센의 알베르트는 뉴턴의 제1운동법칙을 거의 3세기 앞서는 주장을 폈다. "제1원인이 천체들을 창조하여 각 천체에 그 움직임을 일으키는 원동력을 부여했다." 별들이 계속해서 자기 궤도를 도는 것은, 우주 공간에 저항력이 없고 따라서 "반대로 움직이게 하는 힘"도 없기 때문이라는 것이었다.주10

15세기 후반쯤 시작된 르네상스는 중세 유럽의 비옥한 지적 토양에서 자라났다. 1450년부터 1455년까지 5년 사이 콜럼버스와 레오나르도가 태어났고, 구텐베르크의 활판인쇄술이 고안되었으며, 콘스탄티노플이 함락되면서 그리스 철학자들이

....

주7 특정 목적을 위한 실험은 알렉산드리아나 중국 한나라의 경험주의자들도 행한 바 있고, 9세기 바그다드의 과학자들도 행한 바 있다. 그러나 과학적 방법론의 중요성을 주장하고, 실험을 통해 가설을 정확하게 검증해야 한다고 제안한 최초의 인물은 그로스테스트Grosseteste였다.

주8 볼로냐대학과 파리대학이 1150년경 처음으로 세워졌고, 이어서 옥스퍼드대학과 케임브리지 대학이 1200년경에 세워졌으며, 1300년경에는 유럽 여러 도시에 수십 개의 대학이 세워졌다.

주9 Rodney Stark(2003)가 인용. 기초가 된 문헌은 Marshall Clagett(1961) *The Science of Mechanics in the Middle Ages*, University of Wisconsin Press, Madison, p.536.

주10 Stark(2003), 기초가 된 문헌은 Edward Grant(1994) *Planets, Stars and Orbs: The Medieval Cosmos*, 1200-1687, Cambridge University Press, Cambridge, p.550. 원 출처는 Albert of Saxony(1493) *Physics*, Padua, 이 책이 출판되고 얼마 후 파도바대학에서 공부한 코페르니쿠스는 이 책을 알고 있었을 것이다.

이탈리아에서 이주했다. 1468~1488년 사이에는 피렌체학술원이 신플라톤학파로서 부활했고, 피코 델라 미란돌라의 명저 『인간의 존엄성에 관하여*Oration on the Dignity of Man*』가 출판되었으며, 카스틸리오네, 코페르니쿠스, 뒤러, 조르조네, 루터, 마젤란, 미켈란젤로, 모어, 피사로, 라파엘 등이 태어났다. 기하학적 공간 측정이나 원근법적 해부학적 사실주의와 같은 미술 분야의 성과는 이후 의학 및 기술 진보에 중요한 자극이 되었다. 과학자이자 예술가였던 레오나르도는 경험주의, 수학, 역학이라는 현대과학의 세 가지 원칙을 세웠다.

현대세계 전체는, 뷔리당과 작센의 알베르트, 레오나르도, 코페르니쿠스가 예시하고 1609~1687년 사이 케플러와 뉴턴이 검토하여 입증한 한 가지 견해에 의지하고 있다. 지구와 하늘이 몇 가지 보편적 물리적 역학적 수학적 법칙의 지배를 받는다는 견해이다. 1609년 케플러는 방대한 천문학 자료를 바탕으로 태양이 지구를 도는 게 아니라 지구가 태양을 돈다는 사실을 입증했다. 같은 해 갈릴레오는 직접 제작한 망원경을 이용해 새로운 별들을 발견하고, 이전까지 파악되고 있던 것보다 훨씬 더 넓은 우주를 밝혀냈다.

1687년 뉴턴은 전무후무한 대발견을 이룩했다. 하늘과 지구의 움직임에 관해 이전까지 알려지고 관찰되었던 모든 사실이 네 가지 물리법칙 —세 가지 운동법칙과 만유인력의 법칙— 으로 설명된다는 것이었다. 이는 전체 태양계에 관한 최초의 설득력 있는 과학이론이었다. 하늘은 더 이상 불가사의하거나 인간 이성의 범위를 넘어서 있는 대상이 아니었다. 중력은 사과가 나무에서 떨어지고 행성이 제자리를 지키고 있는 이유를 설명해주었다. 수학은 물리적 운동에 관한 모든 자료를 설명해주었다. 인간 이성은 마침내 하늘의 불가사의를 꿰뚫어보게 된 것이다. 뉴턴의 발견은 이후의 모든 과학자, 철학자, 공학자들에게 엄청난 자신감을 심어주었다. 모든 것이 이치에 맞고, 조화롭고, 역학적이었으며 또한 과학을 통해 모든 것을 연구하고, 예상하고, 관리하고, 개선할 수 있었다.

서구가 과학 분야에서 두드러지는 이유

로드니 스타크는 과학을 이렇게 정의한다. "자연에 관한 설명을 체계화하기 위한 유기적인 노력에 이용되는 방법론이다. 자연에 관한 설명은 늘 체계적 관찰을 통해서 변경되고 수정된다 … 과학은 이론과 연구라는 두 가지 요소로 이루어져 있다." 이 정의를 바탕으로 그는 "과학은 역사상 단 한 번, 중세 유럽에서 발생했다"는 결론에 이르게 되었다.[주11] 역사학자 에드워드 그랜트Edward Grant는 시간적인 측면에서 조금 더 늦게 발생했

주11 Stark(2003), pp.124, 197.

다고 말하지만 과학이 유럽에서 발생했다는 사실에는 동의한다. "현대과학이 17세기 서유럽에서 발생했다는 사실에는 논란의 여지가 없다."주12

제레드 다이아몬드가 제시한 것과 같이 좀더 넓은 정의 —세계에 관한 믿을 수 있는 습득 지식— 에서는 고대 그리스, 이슬람, 중국 문명의 선구적인 업적을 강조한다.

과학에 관한 정의는 중요한 문제가 아니다. 모든 역사가들은, 13~15세기 사이 어느 시점에 서유럽이 과학 및 기술 분야에서 나머지 세계를 한참 앞질렀고 이후 200년 동안 굳건해진 위치는 그 누구도 넘보지 못했다는 사실에 뜻을 같이한다. 백년 전 막스 웨버Max Webber는 "오늘날 우리가 발전되었다고 인정할 만한 수준의 과학은 오직 서구에만 존재한다"고 자신 있게 말했다.주13 2000년 피터 왓슨은 사상의 역사에 관한 글에서 "… 20세기 비서구 문화들은 서구의 사상에 견줄 만한 업적을 만들지 못했다 … 20세기 혁신을 이뤄낸 것들을 나열해 보면 … 대부분 전적으로 서구의 것이다"라고 말했다.주14

서구가 과학을 발전시킨 최초의 문명이었다는 것은 분명한 사실이다. 서구는 과학에 우선권을 줌으로써 경제 및 사회의 본질을 변화시키고, 서구 내의 보편적인 번영을 일궈내고, 이전까지는 상상할 수도 없었던 기술상의 기적들을 만들어내고, 전 대륙을 정복할 수 있었다. 서구 과학의 중요성은 말할 것도 없이 당연한 사실이다. 서구의 과학이 놀라운 수준으로 떠오른 것도 중요한 문제가 아니다. 흥미로운 문제는 왜 서구가 과학 분야에서 두드러지는가 하는 것이다.

과학과 신의 관계

1925년 수학자 알프레드 노스 화이트헤드Alfred North Whitehead 는 현재 널리 수용되고 있는 가정을 처음으로 제시한 인물이다. "과학에 대한 영감은, 여호와(유대교의 신)의 힘과 그리스 철학자의 합리성을 지니고 있다고 여겨지는 신의 합리성에 대한 중세의 믿음에서 비롯되었다. 사소한 것 하나하나가 모두 신에 의해 감독되고 배열되었다는 믿음이었다. 자연 탐구는 언제나 합리성에 대한 믿음의 옹호로 귀결되었다."주15

중세 및 초기 근대 유럽에서 과학이 가장 큰 진보를 이룩하고 있던 당시 학자들은 우주의 비밀을 풀 수 있다고 믿었다. 전능한 창조주가 합리적으로 자연법칙을 세웠다고 믿고 있었기 때문이다. 우주가 합리적이고 일관적이라는 확신은 현대과학

주12 Edward Grant(1996) *The Foundations of Modern Science in the Middle Ages: Their Religious, Institutional, and Intellectual Contexts*, Cambridge University Press, Cambridge, p.168.

주13 Max Weber(1985) *The Protestant Ethic and the Spirit of Capitalism*, Unwin, Hemel Hempstead.

주14 Watson(2000).

주15 Alfred North Whitehead(1967) *Science and the Modern World*, The Free Press, New York.

에 있어서 매우 중요한 부분이었다. 이러한 믿음은 신이 전능하고 합리적이고 일관적이라는 믿음에 기초를 두고 있었다. 신은 완벽한 존재였다. 그러므로 신의 창조물 또한 완벽하며, 불변의 원리에 따라 움직인다는 것이었다. 논리적이고 일관된 해답이 존재한다는 믿음은 과학자들로 하여금 그 해답을 추구하게 만드는 동기가 되었다. 신과 우주의 본질에 대한 중세의 이러한 믿음은 크리스트교의 특징이었다. 13~17세기까지 서구의 주요 과학자는 거의 모두 독실한 크리스트교도였다.

크리스트교를 제외한 거의 모든 종교에서는 합리적인 창조주를 이야기하지 않는다. 우주는 불가사의하고 변덕스럽고 예측할 수 없다. 그리스인들은 돌이나 별 등의 사물이 그 나름의 동기를 지니고 있다고 믿었다. 이슬람교도들은 유일신을 믿었지만 그들이 생각하는 알라는 행동적이고 때로는 변덕스러운 신으로서, 날마다 세계를 자신의 의지대로 유지시켰다. 창조주가 불변의 자연법칙을 세웠다는 의식은 유럽에만 존재했다. 도를 따르는 중국 지식인들은 세계가 창조되었다고 믿지 않았다. 그들에게 세계는 영원불변한 것이었다. 초자연적인 현상은 접근할 수 없고, 인간 외적이고, 불가사의하고, 복잡하고, 기이한 실재였다. 중국에는 경험과학에 대한 열의가 없었다. 논리적인 우주라는 개념이 없었기 때문이다.[16]

크리스트교의 신에 대한 관점은 현대과학의 출발을 위한 필요조건이었다. 그러나 과학이 시작되기 천년 이상 전부터 모든 요소에 내재해 있던 크리스트교 신학으로는 충분한 설명이 되지 않았다. 또 다른 두 가지 요인이 필요했다. 인간에 대한 새로운 관점을 이끌어낸 지적 진보와 경제성장이었다. 그리고 경제성장을 위해서는 자유를 향한 진보가 필요했다.

인간에게 있어서 과학의 의미

제3장에서 우리는 서구문명의 바탕에 깔려 있는 낙관주의 정신이 중세 절정기와 르네상스, 계몽운동 시기에 문명의 추진력이 되었음을 알 수 있었다. 낙관주의는 신의 힘과 선에 대한 높은 확신을 암시한다. 그런데 14세기부터 서구의 낙관주의에는 인간을 신의 최고 창조물로 보는 관점도 포함되었다. 1486년 23세의 피코 델라 미란돌라는 명저 『인간의 존엄성에 관하여』를 출판했다. 이 책에서 신은 아담에게 이렇게 말하고 있다. "…나는 너를 세계의 중심에 놓았다 … 너는 하늘에 속하지도 땅에 속하지도 않으며, 유한하지도 무한하지도 않다. 그러니 … 너는 네가 원하는 형태로 너 자신을 형성해도 좋다."[주17]

주16 슈펭글러는 유럽의 과학방법론에 반대 입장을 취했다. "먼 중세시대부터 그들은 주인이 되고자 하는 확고한 결의를 가지고 자연에 뛰어들고 있다… 서구 과학자들은 세계를 자신의 의지대로 지배하려 애쓴다." 또한 그는 중국 문화에 대해서는 이렇게 말했다. "… 중국인들은 자연의 것을 노력으로 얻은 것이 아니라 감언이설로 얻어냈다." Oswald Spengler (1991), p.410.
주17 Tarnas (1991).

르네상스 사상가들은 인간의 상상력이 지니는 힘에 한계가 없다고 믿었다. 또한 그들은 신이 인간에게 예술 및 과학의 새로운 발견들을 통해 창조의 과정을 신과 함께 하기를 원한다고 믿었다. 인간 본성에 대한 긍정적인 관점은 당시 과학자들이 가장 큰 진보를 보이고 있던 서유럽 특유의 것이었다. 18~19세기에는 유럽-미국 지식인 사회에서 인문주의가 점점 더 강력하게 성장했다. 이때도 서구 바깥에는 서구에 필적할 상대가 없었다.

과학은 성장을 계속한다

과학이 경제성장을 이끌어내는 것일까, 아니면 성장이 과학을 이끌어내는 것일까? 처음에는 성장이 과학을 이끌어내는 데 도움을 주었다. 그러나 지난 3세기 동안은 과학이 성장의 주요 원인 가운데 하나였다.

제5장과 6장에서 살펴보겠지만, 1000년 이후 수세기 동안 유럽에서는 특별한 발전이 있었다. 유럽 경제의 확장과 꾸준한 변화였다. 유럽 교역의 확산, 새로운 자치 도시국가들의 숫자와 부, 정치력 성장 그리고 새로운 기술 고안의 가속화라는 세 가지 중요한 흐름의 선순환이 이루어졌다. 이 시기에 일어난 과학적 발견들은 경제적·정치적 진보의 원인이었다기보다는 결과였다.

유럽의 교역에 실질적인 이익을 가져다준 첫 번째 신기술은 15세기 중후반에 등장한 삼대선(세대박이 범선)의 도입이었다. 삼대선은 운송비를 낮춰 교역을 활성화시켜주었다. 이는 예외적인 경우로, 그 후 200~300년 동안은 과학 및 기술이 서구 경제에 중대한 영향을 끼쳤다. 15세기 유럽의 과학은 어느 곳보다도 진보해 있었고, 17세기에 이르러서는 완전히 지배적인 수준이었다. 그러나 서구의 과학적 주도권이 경제적 주도권으로 이어진 것은 18~19세기에 들어서였다.

교역과 도시국가들로 인해 더욱 부유하고 복잡해진 유럽 사회는 세 가지 방식으로 과학 발전에 공헌했다. 첫째로, 경제적 흑자 덕분에 좀더 많은 자원을 지적·과학적 활동에 투자할 수 있게 되었다. 예컨대 부유한 상인들이 대학에 기금을 내거나 대학을 설립하는 경우가 점점 많아졌다. 둘째로, 경제적 확장과 증가된 부는 탐험 정신과 낙관주의에 기여했다. 셋째로, 정치권력이 점점 더 분산되었다. 과학과 탐험 정신이 중세 유럽에서는 번성하고 같은 시기 이슬람이나 중국 사회에서는 그러지 못한 중요한 이유 중 하나는, 유럽이 훨씬 더 분권화되어 있었기 때문이다.

1432년 새로운 중국 황제는 교역을 통한 이익보다 외부로부터의 문화 오염 위험이 더 크다는 판단을 내렸다. 어느 문명보다도 큰 규모의 중국 선박들은 폐기되었고 중국 조선소들은 철거되었다. 1551년 중국 황제는 돛대가 여러 개인 배를 띄우는 것조차 법으로 금지시켰다. 중국 배가 다시 유럽 항구에 닿은 것은 1851년이 되어서였다. 중국의 정치적 중앙집권화로 인해 해양 기술의 분명한 우세가 꺾여버린 것이다. 1492년 콜럼버스는 유럽에서 출발해 대양을 건너는 항해 여행을 위해 오랜 시간에 걸쳐 자금 확보에 힘썼다. 그는 여섯 번의 시도 끝에 후원을 얻을 수 있었다. 그가 항해에 나설 수 있었던 것은 유럽의 정치적 분산 때문이었다. 후원을 청해볼 수 있는 국가 원수가 수십 명이나 있었던 것이다.[주18] 이슬람의 경우, 신성모독을 두려워하여 당국에서 인쇄기 사용을 금했고, 새로운 생각이 정치적으로 보호될 수 있는 소수집단 거주지도 없었다.[주19]

요약하자면 과학의 온전한 발생이 이루어진 것은 13~17세기 사이 서유럽에서였다. 과학 발생의 필요조건은 전능한 신에 대한 믿음이었다. 그의 완벽한 창조물은 합리적이고 과학적인 설명을 기다리고 있었다. 이러한 조건은 크리스트교에서는 충족되었지만 다른 종교에서는 충족되지 않았다. 그러나 크리스트교도들도 현대과학에 도달하기까지는 천년 이상의 시간이 걸렸다. 1000년경부터 시작된 지적 진보와 그리스 인문주의의 회복 및 상승은 과학의 도약을 위한 중요한 촉매였다. 기술혁신 또한 중요했다. 물론 1000년 이후 유럽의 경제 회복 및 성장도 중요했다. 유럽의 경제 회복과 성장은, 자유시민들이 운영하는

20여 개 주요 도시국가들의 확장과 영향력에 달려 있었다. 성장에 힘입어 대학이 설립되고 기금이 마련되었으며, 인간 존엄성에 대한 새로운 관점이 등장하면서 낙관주의 정신이 강화되어 중세 절정기와 르네상스 이후 유럽에 널리 보급되었다.

아메리카대륙이 발견되고 그곳에 유럽이 성공적으로 식민지를 개척함으로써 경제성장과 지적 진보, 낙관주의 그리고 우주의 수수께끼를 이해하여 신을 찬양하고자 하는 노력이 강화되었다. 18세기부터 과학적 통찰과 어느 정도 연관된 기술 발전은 전례 없고 자동적인 경제성장으로 이어졌다. 처음에는 증기기관, 그 다음에는 다른 온갖 기계들이 기반이 되었으며, 19세기부터 현재까지는 근본적인 과학원리와 연구, 산업에 종사하는 사람들의 조직화, 그리고 공정의 기계화 등이 기반이 되고 있다.[20]

1750년부터, 이전까지의 역사 패턴이 깨지기 시작했다. 인간은 자연을 지배하고 새로운 문명을 건설했다. 이때부터 지금까지 과학의 이론적 실제적 성과들, 지식 기반 산업에 종사하는 인구의 수와 비율, 경제, 도시 문명, 기술혁신, 사회 전반의 생

주18 Jared Diamond는 1999년 6월 7일 Edge 56에 게재된 'How to get rich' 에서 이 점을 강조했다. Diamond(1997) 참고.

주19 David Landes(1999) *The Wealth and Poverty of Nations: Why Some Are So Rich and Some So Poor*, Abacus, London.

주20 이 주제에 관해서는 제5장에서 자세히 다룰 예정이다.

활수준, 육군력, 해군력, 나중에는 핵전력까지, 모두가 끝이 보이지 않을 만큼 성장하고 또 성장했다. 이 모든 것의 기반에는 과학과 지식이 있었다. 그리고 과학과 지식의 기반에는 크리스트교와 낙관주의, 인문주의, 자유, 경제성장이 있었다. 과학에 힘을 공급하고 인간의 자연 지배를 촉진시킨 것은 자연을 통제하고자 하는 서구의 노력과, 신의 창조물은 합리적이라는 확신 그리고 간단명료한 설명을 애호하는 경향이었다.

이야기는 이제부터 시작이다. 20세기, 서구의 자신감과 지배력의 중요한 동력이었던 과학에 기이하고 중대한 일이 일어난 것이다.

무엇이 문제였을까?

1900년 과학의 위치는 정점에 올라 있었다. 그러나 이후 백년에 걸쳐 과학은 두 가지 거대한 장애물과 마주하게 되었다. 하나는 과학자들의 발견 및 생각과 연관된 내적이고 이론적인 것이었다. 다른 하나는 외적인 것으로, 나머지 사회에서 과학을 바라보는 훨씬 비판적인 시각과 연관되어 있었다.

이론적인 문제는 뉴턴의 우주가 무너졌다는 것이다. 양자역학과 상대성이론 등 물리학의 진보로 인해 수수께끼와 불확실성, 우연이 지배하는 종잡을 수 없고 이해할 수 없는 우주가 모습을 드러내는 것 같았다.

1912~13년 덴마크의 위대한 물리학자 닐스 보어Niels Bohr(1885~ 1962)는 뉴질랜드 물리학자 어니스트 러더퍼드Ernest Rutherford (1871~1937)의 연구를 토대로, 물질의 가장 작은 조각들로 이루어진 미세세계에 관한 새로운 견해를 세웠다. 러더퍼드는 양자와 중성자로 이루어진 작은 원자핵 주변을 더 작은 전자들이 돌고 있는 태양계 전자모형을 제시했다. 보어는 전자가 궤도를 옮길 때 빛을 방출한다고 추측했다. 또 그는 전자가 순식간에 위치를 바꿔, 한 위치에서 인접하지 않은 다른 위치로 옮겨가면서 그 사이의 공간을 물리적으로 지나지 않는다고 생각했다. 전자는 완전히 무작위로 이러한 '양자비약quantum jump'을 하는 것처럼 보였다.

1927년 독일 물리학자 베르너 하이젠베르크Werner Heisenberg는 미세세계의 중심에 불확정성이 존재한다는 사실을 입증했다. 전자의 위치와 운동량을 동시에 측정할 수 없다는 것이었다. 하이젠베르크의 '불확정성원리'는 원자와 전자의 측정값이 대략적이고 어쩌면 착각일 수도 있음을 보여주었다. 하이젠베르크는, 원인과 결과가 지배하는 현실세계가 존재한다는 생각을 "헛되고 무의미하다"고 말했다.

같은 해 보어는 빛이 파동처럼 보이기도 하고 입자처럼 보이기도 한다는 사실을 증명했다. 과학자들이 입자탐지기로 광자를 관찰하면 입자가 감지되었다. 그러나 같은 광자를 파동탐지기로 관찰하면 파동이 감지되었다. 보어는 빛이 파동인 동시에 입자라고 말했다. 양쪽을 모두 만족시키는 설명이었다. 이러한 사고방식은 수세기 동안 이어져온 '이분법적인' 과학 절차를 무너뜨렸다. 과학이 모호해지기 시작한 것이다.

영국 왕립천문학자 마틴 리스Martin Rees 교수는 이렇게 말한다. "양자역학은 그 과학적 가지들의 엄청난 폭을 생각할 때, 그리고 그 반직관적인 결과들이 자연에 대한 우리의 시각에 가져온 충격을 생각할 때, 모든 개념적 발견을 능가한다." 양자역학은 너무 기묘하고 파괴적이어서 아인슈타인의 기분을 상하게 했다. 아인슈타인은 양자역학을 "지나친 지적 편집증자의 망상"이라고 표현했다. 아인슈타인은 1944년 막스 보른Max Born(1882~1970, 독일 물리학자, 1954년 노벨물리학상 수상―옮긴이)에게 보낸 편지에 이렇게 썼다. "자네가 주사위놀이를 하는 신을 믿는다면, 나는 객관적으로 존재하는 세계의 완전한 법칙과 질서를 믿네…." 그러나 여러 실험들은 작은 물질세계에서 주사위놀이가 일어난다는 견해를 뒷받침해주었다.

한편 아인슈타인의 상대성이론은 뉴턴의 시계 우주를 전복시켰다. 아인슈타인은 공간과 질량, 에너지를 이해하는 새로운 방식을 제시했다. 아인슈타인이 1905년 설계한 특수상대성이론은 시간과 공간을 바라보는 우리의 직관적인 시각을 거스른다. 아인슈타인은 시간과 공간이 고정된 혹은 절대적인 물리량

이 아니라고 말했다. 시간과 공간은 주관적이며, 관찰자의 시각에 따라 달라진다는 것이었다.

1916년 아인슈타인의 일반상대성이론은 중력을 물리적 질량에 의한 시간과 공간의 휨으로 설명했다. 그의 설명에 따르면, 공간은 질량에 의해 휘어진다. 시간은 공간으로부터 독립하여 존재하지 않는다. 시간은 4차원 공간처럼 작용하며, 시간도 중력에 의해 휠 수 있다. 사건은 시간이 아닌 '시공간 연속체'에서 일어난다. 시간과 공간은 자연적 실체가 아니라 단순한 심리적 효과일 수도 있다. 인간에게 몸이 없다면, 시공간의 형태가 중력과 시간, 공간에 의해 달라진다는 견해는 무의미하기 때문이다. 아인슈타인은 이렇게 말했다. "이전까지는 모든 물질이 우주에서 사라진다 해도 시간과 공간은 남는다고 여겨져 왔다. 그러나 상대성이론에 따르면 시간과 공간도 물질과 함께 사라진다."

상대성이론과 양자역학은 매우 기묘했지만 핵폭탄, 원자력, 트랜지스터, 컴퓨터, 현대우주론 등 엄청난 실제 효과를 낳았다.

서구는 과학과 결별했는가

1900년까지 과학적 진보는, 단순한 종교적 세계관이 보다 정확하면서도 마찬가지로 단순한 과학적 설명으로 대체되어 세

계를 이해하기가 점점 더 쉬워질 것이라는 희망을 불러일으켰
다. 그러나 그 이후 과학은 현실 이해를 더욱 어렵게 만들어온
것으로 보인다. 장-프랑수아 리오타르Jean-François Lyotard는 현
대과학이 "알려진 것보다는 알려지지 않은 것을 양산해내고 있
다"고 말했다.[주21] 이러한 과학이 대중의 호감을 많이 얻지 못하
는 것은 그리 놀라운 일도 아니다. 1687년 뉴턴이 운동과 중력
법칙 대신 상대성이론을 발견했다면 어떻게 되었을까? 증기기
관이나 현대농업, 저렴한 섬유, 철도, 전기, 강철, 자동차, 비행
기 같은 것들이 발명될 수 있었을까? 정치적 · 사회적 행동을
통해 사회를 개선할 수 있다는 믿음이 생겨날 수 있었을까? 이
성이 주술과 미신을 굴복시킬 수 있었을까?

현대과학의 흐름을 아는 사람이라면 이러한 이야기를 긍정
적으로 받아들이지 않을 것이다. 19세기 중반까지 과학은 신의
질서와도, 그리고 인간이 신의 협력자로서 더 나은 세계를 창
조한다는 믿음과도 융화를 이루는 것처럼 보였다. 그런데 1859
년 다윈의 이론을 통해 제시된 견해나 20세기 과학의 발견들은
신과 인간에게 훨씬 덜 호의적이었다.

사람들은 과학이 세상에 막대한 이익을 가져다줄 것이라 생
각했고 실제로 과학은 그러한 기대에 부응할 수 있었다. 과학

주21 Jean-François Lyotard(1984) *The Post-Modern Condition: A Report on Knowledge*, Manchester University Press, Manchester.

에 대한 믿음이 정점에 이른 것은 아마도 1969년 아폴로 우주비행사들이 달에 착륙했다가 무사히 귀환한 때였을 것이다. 그러나 이미 과학에 대한 대중의 평가에는 강력한 반대 흐름이 존재하고 있었다. 두 번의 세계대전 사이에 시작된 이러한 흐름의 바탕에는, 과학이 인간성을 빼앗고 너무나 쉽게 권력자나 특권 계층의 도구가 된다는 인식이 깔려 있었다. 올더스 헉슬리Aldous Huxley의 『멋진 신세계Brave New World』(1932)에 나타난 것처럼 말이다. 과학에 대한 의심은 히로시마의 참사, 1962년 쿠바 미사일 위기에서 겪은 것처럼 핵무기가 인류 문명을 말살시킬 수도 있다는 공포로 인해 엄청나게 증폭되고 심화되었다. 저명한 과학자들도 회의를 표명했다. 히로시마 원자폭탄 투하 이후 아인슈타인은 이렇게 말했다. "그들이 이런 일을 벌일 줄 알았다면 나는 구두수선공이 되었을 것이다." 영국 철학자이자 수학자인 러셀은 1950~1960년대에 대규모 '핵무기 폐지' 운동을 이끌었다. 1969년 이후 시들해진 우주탐사는 대중의 상상력을 다시 사로잡지 못했다.

1960년대부터, 과학의 성공이 이미 지구의 물과 공기, 토양을 오염시키기 시작했다는 증거들이 쌓이기 시작했다. 온실효과와 오존층 파괴, 지구 생태계 파괴, 아마존 열대우림 파괴 그리고 핵무기와 생화학무기의 가공할 확산 등이 모두 과학의 산물로 비쳐졌다. 천문학자 마틴 리스는 인간이 생명을 위협하는

대재앙을 겪지 않고 다음 세기까지 살아남을 확률은 50 : 50에 불과하다고 추정했다.[주22]

19세기 말과 20세기 대부분에 걸쳐 종교에 대한 믿음은 기울고 과학에 대한 믿음이 증가했다. 그러나 20세기 후반 과학에 대한 믿음이 약해지면서 종교적인 믿음이 되살아났다. 그리고 종교적인 믿음이 상승하자 과학에 대한 믿음은 더욱더 떨어졌다. 1990년 이후 약 35~40%의 미국인과, 그보다는 적지만 역시 상당한 비율의 다른 서구인들이 스스로를 '거듭난' 크리스트교도라 칭했다. 그들은 성서가 절대 확실한 신의 말씀이며, 세계의 창조가 창세기에 실린 이야기로 정확하게 설명된다고 믿고 있다.

창조론의 교의는 반과학적이라기보다는 비과학적이라 할 수 있다. 과학과 이성에 대한 믿음에 더욱 위협이 되는 것은 다수의 서구인, 특히 미국인들이 미신을 믿는다는 사실이다. 1999년 한 여론조사에 따르면, 77%의 미국인이 '천사, 즉 지상을 방문하는 천상의 존재'를 믿고 있으며, 73%는 천사들이 '지금과 같은 현대에도 태어난다'고 믿는 것으로 나타났다. 미국인 중 4분의 1이 점성술을 믿는다고 응답했고(22%는 잘 모르겠다고 응답), 거의 절반이 인간은 악마에 홀릴 수 있다고 응답했으며,

---

주22 Martin Rees(2004) *Our Final Century? Will the Human Race Survive the Twenty-First Century?* Arrow, London.

57%가 텔레파시나 다른 형태의 초감각적 지각을 믿는다고 응답했다. 그리고 60%가 사탄의 존재를 믿는다고 응답했다.

〈뉴스위크〉의 1996년 여론조사에서는 48%의 미국인이 UFO를 믿는다고 응답했고 27%가 외계인의 지구 방문을 믿는다고 응답했다. 1997년 CNN 보도에 따르면 외계인이 인간을 납치했다고 믿는 미국인이 50%, 외계인이 지구를 방문했다고 믿는 미국인이 64%, 그리고 정부가 외계인의 존재에 관한 정보를 숨기고 있다고 생각하는 미국인이 80%인 것으로 나타났다.

이 여론조사들은 중세 이후로 전례가 없었던 미신에 대한 믿음이 부활했음을 보여준다. 사람들이 여론 조사원에게 응답한 말들을 얼마나 진지하게 받아들여야 할지는 미지수다. 과학 발생 이전의 세계관이나 초자연적인 힘을 믿는 응답자들도 과학적인 수단을 통해 인터넷에 접속하고 있고, 하늘을 나는 빗자루보다 비행기를 이용하고 있다. 기이한 믿음이 합리적인 행동을 불가능하게 만들지는 않는 것이다.

그러나 분명한 사실은, 지난 반세기 동안 반주지주의가 성장했다는 것이다. 텔레비전과 상대주의의 영향으로 지금 우리의 눈앞에는 이성보다 감정이, 냉정한 사고보다 개인적인 타당성과 신념이 우세한 세계가 펼쳐지고 있다.

과학에 대한 믿음이 상실되면?

과학은 공격에 둔감한 것으로 보인다. 오늘날 그 어느 때보다도 세계는 과학에 의해 형성되고 있다. 무기 제조의 정교화, 휴대폰과 PC, 인터넷 등 신기술의 발전, 새로운 의료 수술 및 치료법의 증가, 연구 및 교육의 확산 등 어떤 형태로든 과학은 발전하고 있고 세계 곳곳을 누비며 우리의 일상생활에 침투하고 있다. 과학의 진보는 막을 수 없고 지속적이며 점증적이다. 서구의 과학을 대신할 수 있는 것은 없다. 다른 어떤 방법으로도 경험과 이론을 결합하거나 세계를 인간의 목적에 활용하거나, 사물을 더욱 효과적으로 작용하게 할 수 없다. 대안 과학도, 불교 과학도, 뉴에이지 과학도, 상대주의 과학도, 근본주의 과학도 존재하지 않는다. 서구는 과학적인 우세를 유지하고 있다. 1990년대 미국은 44개 노벨상을, 독일은 5개, 프랑스는 3개, 그리고 일본은 과학 분야에 미국의 절반 수준의 자금을 투자했지만 단 1개의 노벨상을 수상했다.[주23]

국가와 개인의 부와 힘을 정의해주는 것은 과학이다. 과학과 비교하면 사회계급이나 직업군, 정치 지도자, 정당, 사회운동

주23 동양의 과학이 큰 성과를 거두지 못한 원인은 대개 세 가지 요인으로 설명된다. 젊고 재능 있는 과학자들보다 나이 많고 평범한 과학자들을 후원하는 경향, 토론 및 논쟁의 부재, 무엇보다 복잡한 것을 중시하고 단순한 인과가설을 꺼리는 동양의 사고 패턴이 바로 그 요인이다. 리처드 니스벳은 이렇게 말한다. "과학에서는… 복잡성을 무시해야 더 빠르게 진리에 다가갈 수 있다."

등 역사를 움직이는 다른 요소들의 영향력은 모두 배경에 불과할 뿐이다. 세계의 미래를 결정하는 데 있어서 과학 못지않게 중요한 요소는 자본주의 이후 새로운 경제체제(제5장에서 다룰 예정)의 끊임없는 확산이 발휘하고 있는 동등하고 상호보완적인 힘뿐이다. 그리고 새로운 경제체제는 대개 과학에서 비롯된다.

그러므로 과학은 추락한 대중적 위치를 회복할 수 있을 것으로 보인다. 과학에 대한 자금 지원은 계속되고 있고 높은 수준의 교육을 받은 과학자들도 계속 배출되고 있다. 그러나 잠깐 생각해보자. 현대과학의 지적 바탕은 무엇인가? 이에 대한 답은 신에 대한 믿음과 인간에 대한 믿음, 합리적인 세계관과 우주에서 인간이 갖는 위치에 대한 낙관주의다. 그러나 과학은 과학적 근거에 대한 믿음을 소멸시켜버린 것 같다. 과학은 그 사고 기초를 침식시켰다. 만약 이것이 돌이킬 수 없는 사실이라면, 남은 것은 무엇일까? 오직 기술과 이익 추구 그리고 인간의 뿌리 깊은 지적 호기심이다. '오직'이라는 단어를 강조하는 이유는, 기술과 비즈니스, 상상력이 훌륭한 자극제이자 촉매제이기 때문이다.

과학은 계속해서 번성할 것이다. 그러나 인간의 의의와 인간의 정신, 문명의 비물질적 풍요에 대한 과학의 기여는 줄어들었다. 지식 자체도 서구인들의 흥미를 자극하고 통합시키기보다는 대학이나 연구기관, 법인 등의 울타리에 갇힐 위험에 처해 있다. 신종 미개인들과 장벽을 사이에 둔 채 말이다. 이미 사회 안에 존재하고 있는 신종 미개인들은 자신의 무지를 과시하면서 정서적 우둔함이라는 온실 속에 뒹굴고 있다. 그들 중에는 대학에서 '교육 받은' 사람들도 있다. 그들은 똑똑하고 지적이며, 반주지주의적 가치관 조장에 대해 냉소적이다. 그들은 재능이 부족한 이들을 지식과 문명으로 이끌고 있는 것이 아니라 부정을 이끌어내고 있다.

물론 우리의 이야기가 다소 과장된 것은 사실이다. 서구에는 지금도 이상적인 과학자들이 존재하며, 교양 있고 지식을 사랑하는 시민들이 존재한다. 그리고 과학은 지금도 어느 정도 도덕적 권위를 간직하고 있다. 그러나 이성과 지식에 기초한 사회라는 이상은 점차 기울고 있다.

세 가지 길

첫째로, 과학이 의의를 파괴하지는 않는다는 사실을 분명히 해둘 필요가 있다. 과학은 도덕적·종교적 판단과 관계없이 기술적인 수준에서 작용한다. 과학은 종교와 대립관계에 있는 것이 아니다. 현대에도 수많은 미국 과학자들이 자신을 신앙인이라 말한다.[주24] 과학은 철학이나 종교 등 인간으로 하여금 의의를 탐구하게 하는 다른 형태의 지식을 통해 보완된다.

둘째로, 새로운 과학의 패러다임 —무작위적이고 자의적인 우주의 이미지— 은 위험하고 부정확하고 불필요한 단순화일 수 있다. 미세세계는 불가사의하게 움직인다. 그러나 과학자들은 과학적 방법론을 버리지 않았고, 거기에는 그럴만한 이유가 있다. 대부분의 과학은 근거와 실험, 증명, 반증의 영향을 받는다. 우리는 아직 가장 작은 물질 형태를 완전히 합리적으로 정의내릴 수 없다. 그러나 그렇다고 해서 우주가 불합리하다는 의미가 되는 것은 아니다.

과학자들은 연구를 통해 얻은 진리보다 그 사회에 유행하고 있는 견해에서 무의식적으로 영향을 받아 복잡한 연구 결과를 '사고 조각'으로 정리하는 경향이 있다. 다윈이 대표적인 예다. 다윈과, 그가 굉장히 높이 평가한 허버트 스펜서Herbert Spencer는 다윈이 고찰한 종의 기원에 유럽 인종의 우월성이 내포되어 있다고 믿었다. 현재 모든 사람들이 알고 있다시피 이는 말도 안 되는 생각이었다. 『종의 기원On the Origin of Species』에는, 후대 생물학자들이 제기한 인종주의적 '함축 의미'를 정당화해

주24 자세하고 규모가 큰 가장 최근의 조사는 1969년 카네기위원회가 60,028명의 미국 학자들을 표본으로 실시한 조사이다. 이 조사에 따르면, 물리학 및 생명과학에 종사하는 과학자들 중 55%가 자신을 신앙인이라 말했고, 수학자 및 통계학자들 가운데는 60%가 자신을 신앙인이라 말했다. 종교가 없다고 응답한 수학자 및 통계학자는 27%, 물리학자 역시 27%, 생명과학자는 29%에 불과했다. 흥미롭게도, 종교가 있는 사회학자의 비율은 그보다 훨씬 낮은 45%였고, 심리학자는 33%, 인류학자는 가장 낮은 29%였다. 종교와 과학의 대립은, 사회과학자들이 반#의식적으로 자신의 관점이나 동료들의 관점에 의거하여 과장한 것이라 추정된다.

주는 내용도, 정당화하려는 시도도 담겨 있지 않다. 현재 이런 함축 의미를 믿는 진화론자는 없다. 그러나 다윈은 뛰어난 과학자였기 때문에 그의 이론은 유럽 인종을 우월하다고 보는 관점에 더욱더 힘을 실어주게 되었다.

50년 혹은 100년 뒤에도 과학자들은 양자역학에 찬사를 보내면서, 우주가 불합리하다는 견해에는 고개를 저으며 의아해하고 있을까?

셋째로, 입증된 바도 없고 그럴 거라 생각되지도 않지만 현재와 미래의 과학적 발견들이 결국 생명과 우주에 관한 가장 비관적인 결론으로 이어진다면, 즉 생명과 우주에 아무런 의미도 없고 문명은 단지 우연이나 환상에 지나지 않는다는 결론으로 이어진다면, 과연 우리에게는 아무런 희망도 없는 것일까?

우리는 그렇게 생각하지 않는다. 합리적이고 선한 신은 존재하지 않으며 어쩌면 신 자체가 존재하지 않는다는, 그리고 인류는 광대하고 끝없는 우주의 작은 점으로서 언젠가 무로 돌아가게 되어 있다는 '쓸쓸한 가정'도 나름대로 암시하는 바가 있다. 우주에 아무런 의미가 없다면, 그토록 적은 것으로부터 이렇게나 많은 것을 창조해낸 인간은 얼마나 대단한가! 서구문명이 이룩한 성과는 우주에 정당성을 부여하기에 충분하다. 존재할 수도 있고 존재하지 않을 수도 있는 인간 이외의 어떤 힘에게는 이러한 정당화가 무의미하게 여겨지더라도 말이다. 달리 우주에 의미를 부여할 수 있는 것이 없다 해도 인간의 지성과 창조성, 사랑의 존재 및 그 성과만으로 충분하다.

결론

우리가 도출한 결론은 네 가지다. 첫째, 완전히 발전된 형태의 과학은 서구의 현상이다. 둘째, 과학의 근원에는 다른 두 가지 서구 사상, 즉 크리스트교의 완벽하고 전능하고 합리적인 창조주에 대한 믿음, 그리고 인간 본성에 대한 낙관주의의 자극이 있다. 셋째, 과학이 어려움을 겪게 된 것은 20세기 과학과 유행하는 생각들이 바로 이 두 가지 사상에 대한 믿음을 손상시켰기 때문이다. 넷째, 합리성과 과학에 대한 믿음을 버리기에는 명분이 너무나 부족하다. 가장 이상적인 형태의 문명은 바로 합리성과 과학에 달려 있기 때문이다.

Chapter 05
성장

SUICIDE
OF THE WEST

Chapter 05
성장

약 200년 전 다소 갑작스럽게 서구의 경제성장은 막을 수 없게 되었다. 이때까지 인류의 역사는 미미한 성장 혹은 제로 성장에 머물러 있었다. 인구와 생활수준은 자연에 의해, 무엇보다 굶주림과 질병에 의해 고르게 유지되었다. 1750~1820년 사이 영국은 기계시대로 들어섰다. 기계는 자동적인 성장이라는 새로운 현상을 불러왔다. 증기기관 및 산업과 함께 성장은 급속하게 서구 전역으로 확산되었다. 1세기도 채 지나지 않아 경제성장은 서구에 세계 지배권을 안겨주었다.

스스로 뻗어나가는 성장은 인류 역사에서 가장 중요한 변화라 해도 과언이 아니다. 이러한 성장을 통해 인간의 수명은 늘어났으며 안전한 삶을 살 수 있게 되었고 인구와 생활수준도 크게 증가했다. 산업 성장은 사회를 일으키고, 그 사회를 새로운 계급들로 나누고, 그들을 도시에 집중시키고, 시골을 더럽히고, 지구를 파괴하고, 인간의 정신을 고갈시키고, 전례 없는 권력 집중화에 일조했다. 또한 산업화로 인해 두 가지 새로운 경제체제, 즉 자본주의와 국가사회주의의 실험이 이루어지고 둘 사이에 갈등이 생겨났다.

모두가 잘 알다시피 이긴 쪽은 자본주의였다. 그러나 이 승리는 엄청나게 파괴적인 격변을 겪고나서야 얻은 것이었다. 결국 자본주의가 훨씬 나은 경제체제라는 사실이 입증되었다. 그러나 백년이 넘는 시간 동안 대다수의 지식인들과 인구의 절반에게 자본주의는 좋은 인상을 주지 못했다. 이 모든 것도 자동적인 성장의 산물이었다. 1900년 서구는 번영하고 있었고 하나의 문명 안에서 통합된 것처럼 보였다. 그러나 1914년 민족주의가 평화를 깨뜨렸다. 1917~1989년 러시아 공산주의는 새로운 세계를 건설하기 시작했다. 그들은 서구를 모델로 삼았지만 서구세계 전체를 엄청나게 적대시했다.

오늘날 경제성장은 계속 진행되고 있다. 자본주의는 정착되어 널리 수용되었고, 서구를 넘어 곳곳으로 확장되었다. 그런데 새로운 현상이 일어나고 있다. 보다 우세한 경제체제가 점차적으로 자본주의를 밀어내고 있는 것이다. 새로운 경제체제 (이른바 '개인화된 경제')는 자본주의에 버금가는 혹은 더 큰 지속가능한 성장을 불러오면서도 훨씬 적은 자본이 들고, 지구를 덜 파괴하며, 인간 소외를 덜 일으킨다. 그러나 개인화된 경제에는 한 가지 커다란 결점이 있다. 비서구 국가에서 채택하기가 매우 어렵다는 사실을 포함하면 결점은 두 가지가 된다.

서구는 어떻게 자동적인 성장을 이루었을까

1750년에는 서구가 다른 세계보다 크게 번영하는 상태는 아니었다. 중국은 1400년 이전에 산업화로 들어설 수도 있었다. 정권 교체와 내향성 경제로 산업화는 중단되었지만 1500~1820년 사이 중국은 꾸준히 세계 총생산의 1/3~1/5을 차지했다.

1750년 이전까지는 가장 발달된 유럽 국가들의 1인당 국민소득이 중국의 1.5~2배에 지나지 않았다. 현재는 미국의 1인당 국민소득이 중국의 9배 이상이다.[1]

산업화가 심어놓은 자동적인 성장을 통해 서구는 앞서나가기 시작했다. 이미 1820년에도 —우리가 1인당 국민소득을 추정한 24개국 중에서— 서구 국가들이 상위 15위를 차지했고, 그 뒤를 멕시코와 핀란드, 러시아가 이었으며, 그 다음 5개국은 비서구 국가들이었다. 중국의 1인당 국민소득은 영국의 30% 수준에 불과했다(수치는 인플레이션 효과를 반영해 조절되었고 현대 화폐가치로, 더 정확히는 1990년 달러환산값으로 표현되었다. [표 5] 참고).[2]

영국	1,756	스웨덴	1,198	멕시코	760
네덜란드	1,561	독일	1,112	핀란드	759
오스트레일리아	1,528	이탈리아	1,092	러시아	751
오스트리아	1,295	스페인	1,063	일본	704
벨기에	1,291	노르웨이	1,004	브라질	670
미국	1,287	아일랜드	954	인도네시아	614
덴마크	1,225	캐나다	893	인도	531
프랑스	1,218	체코슬로바키아	849	중국	523

표 5.1 1820년 1인당 국민소득 (달러환산값)

주1 보다 공정한 기준인 구매력으로 비교하자면 현재 중국의 1인당 국민소득은 약 3,500달러인 반면 미국의 1인당 국민소득은 약 32,000달러이다. 실제 시장환율로 비교하면 중국은 856달러, 미국은 36,154달러로 미국이 42배 높다. Roger Bootle(2005) *Money for Nothing: Real Wealth, Financial Fantasies, and the Economy of the Future*, Nicholas Brealey, London, pp.146~7.

주2 가장 최근의 연구 결과(1992년 실시되고 1820~1990년까지를 다룬 연구)가 예시된 문헌: John Kay(2003) The Truth About Markets, Penguin, London.

자동적인 성장이 그저 우연히 서구에서 처음 시작된 것은 아니었다. 900년경부터 등자와 볏쟁기mold-board plough, 말 가슴걸이horse collar의 발명으로 농업생산성은 급격하게 증가했다. 장인과 상인, 그 외 공민들이 사회의 중산층을 이루게 되면서 유럽 도시국가들은 차츰 번성하게 되었고 점점 더 자치성을 띠게 되었다. 이후 수세기에 걸쳐 유럽 발명가들은 엄청나게 많은 발명품들을 만들어냈다. 몇 가지 예만 봐도 그 발명품들의 범위와 영향력을 짐작할 수 있다. 대표적인 예로 용광로, 갑문식 운하, 굴뚝, 석탄불, 유리창, 해도海圖, 물레바퀴, 인쇄기, 안경, 펌프, 페달 베틀, 수력 풀무, 추시계, 풍차 등이 있다. 최초의 특허(크레인이 장비된 운하용 배)는 1421년 피렌체에서 승인되었다.

개인적 창조성과 정치적 자유 사이에는 분명한 관계가 있다. 교역과 기술은 장인과 상인이 도시국가에서 갖는 자치권의 향상과 연관된다. 한 경제사학자는 이렇게 쓰고 있다.

기술 진보의 근원에는 … 언론의 자유와 설득의 수용이 경제적 부로 이어진다는 … 발명가들의 말이 받아들여질 수 있는 환경이 존재한다. 유럽 사람들 혹은 적어도 그들 중 일부가 서로를 고문하고 칼로 베고 불태우는 일을 그만두었을 때 경제는 성장했다. 당대 기준에서 언론이 자유로웠던 국가들이 가장 먼저 부유해진 것은 당연한 일이었다. 대표적인 예로 네덜란드, 스코틀랜드, 잉글랜드, 벨기에 그리고 미국을 들 수 있다.[주3]

군사적 명예와 잔인한 약탈이라는 귀족주의적 이상은 물러가고, '온건한 교역'이라는 상인의 이상이 도래했다. 장인은 열심히 일해서 수수한 번영을 누리게 되었고, 여러 지역들이 평화로이 교역하게 되었다. 18세기에 볼테르는 교역이 자유를 촉진하고 인류를 결속시킨다고 말했다. "…유대인과 이슬람교도, 크리스트교도들이 마치 모두 같은 종교 신자인 것처럼 함께 거래를 한다 … 교역은 잉글랜드 시민들을 부유하게 함으로써 자유에 기여했고, 이 자유는 교역을 확장시켰다."[주4]

이러한 관념은 도시의 이데올로기로서 도시와 함께 성장했다. 1500년에는 유럽에 인구 10만 명 도시가 5개에 불과했고, 1600년에는 14개였다.[주5] 가장 빠르게 성장한 도시는 잉글랜드였다. 1600년까지만 해도 410만 명의 인구가 유지되다가 농업생산성이 급격히 증가하고 초기 공장산업이 활성화되면서

주3 I. Kirtzner(1989) *Discovery, Capitalism and Distributive Justice, Blackwell*, Oxford.

주4 Voltaire(1994) *Letters Concerning the English Nation*, Oxford University Press, New York, p.30.

주5 암스테르담, 앤트워프, 콘스탄티노플, 리스본, 마르세유, 메시나, 밀라노, 모스크바, 나폴리, 팔레르모, 파리, 로마, 세비야, 베니스. 이 중 절반은 중요한 항구였고, 모두가 교역 중심지였다.

1750년에는 570만 명으로 증가했다. 이때부터가 시작이었다. 1771년 이발사이자 가발직공이었던 리처드 아크라이트Richard Arkwright는 발명가로 전향하여 더웬트 강변에 세계 최초의 대규모 방적공장을 열었다. 5층 건물에 각 층이 약 300평방미터인 이 공장에서는 물레바퀴를 동력으로 이용했고 아크라이트가 특허를 받은 수력방적기로 면사를 자아냈다. 1776년에는 스코틀랜드의 중산층 기계기술자 제임스 와트James Watt가 상업적으로 이용 가능한 증기기관을 처음으로 만들었다. 1787년 영국에는 145개의 방적공장이 갖춰졌다. 이렇게 공장제도가 탄생한 것이다.

기계는 스스로 생명을 일으키게 되었다. 이전까지 동력은 마력과 인간의 물리적 노동을 통해서만 얻을 수 있었다. 그런데 이제는 기계가 끊임없이 생산량과 질을 높이면서 생산비용도 꾸준히 줄일 수 있게 된 것이다. 기계와 자금의 활용으로 같은 수의 사람이 점점 더 많은 생산을 할 수 있게 되었다. 부의 확장은 새로운 시장과 새로운 일자리를 창출했다. 1750~1850년 사이 잉글랜드 인구는 세 배로 증가해 1,650만 명에 달했다. 집단 이주 없이 이렇게 인구가 폭발적으로 증가한 경우는 처음이었다.

정말 놀라운 사실은 성장이 자체 추진으로 이루어지게 되었다는 점이다. 경제적 진보를 제한하는 것은 이용가능한 시장의 규모뿐이었고 시장 규모는 경기가 상승함에 따라 계속 성장했다. 수요가 있으면 공급이 가능했고 기술과 자본을 투입함으로써 더욱 질 좋고 저렴한 상품을 끊임없이 만들어낼 수 있었다. 마르크스가 말한 것처럼 기계시스템은 영구적인 혁명을 내포하고 있었다. "현대 산업에서는 … 현존하는 공정 형태를 결코 최종적인 것으로 간주하지 않는다. 옛 생산 방식이 모두 본질상 보수적이었던 것과 달리 현대산업의 기술적 기초는 혁명적이다."[6] 한 사람의 한 시간당 생산량은 매년 약 3% 증가했다. 이런 효과는 산업 역사 전반에 걸쳐 전세계 모든 산업국가에서 달성되어왔다. 1년에 3%가 미미하게 느껴질 수도 있겠지만 이는 23년마다 생활수준이 증가하는 비율의 두 배에 해당한다.[7]

성장통은 필연적이다

기계시대 이전의 900년 동안 서구사회는 점점 더 자치성을 띠게 되었고 점점 더 자유로워졌다. 유럽은 —이후 미국도— 떠오르는 도시 중산층의 확장과 에너지를 통해 발전했다. 사회의 부도 증가하고 개인적 · 정치적 자유도 향상되었다. 그런데 이 900년 동안 상승곡선을 그리던 자치권이 산업자본주의에 의해

주6 Karl Marx(1995) *Capital*, edited by David McLellan, Oxford University Press, Oxford, volume 1, chapter 15, section 9, pp. 291-2.

주7 더 짧은 노동시간이 이익을 반영하는 경우도 있다. 따라서 소득이 매년 3%씩 증가하는 것은 아닐 수도 있다. 그러나 장기적으로 보면 시간당 소득은 거의 확실하게 매년 3%씩 증가한다.

무참히 깨졌다. 부와 성장은 그 어느 때보다 상승세를 타고 있었지만 개인적 자치권은 발이 묶였다.

독립적인 농민이나 장인은 자신의 도구를 사용할 수 있었지만 개인이 증기기관을 소유하고 작동시킬 수는 없었다. 산업은 노동자를 작은 존재로 만들었다. 마르크스는 이렇게 말했다. "이제는 노동자가 생산수단을 이용하는 것이 아니라 생산수단이 노동자를 이용한다.주8 … 따라서 노동자가 자본을 이용하는 것이 아니라 자본이 노동자를 이용한다."주9 아크라이트나 와트와 같은 창조적인 개인들이 산업기술을 고안했지만 기계 기반의 경제는 갈수록 중앙집권화되었고 자본을 필요로 하게 되었다. 노동의 분할은 개인의 재량과 창조성에 그 어느 때보다도 짙은 그늘을 드리웠다.

기업은 비인간화되었다. 한 기업가나 가족 혹은 집단이 농장이나 선단船團, 섬유공장을 소유할 수 있었지만 철도나 제철공장 그리고 19세기 중반부터 시작된 대량 제조에 필요한 자본이 그 가족의 현금과 경영술을 이내 넘어서게 되었다. 효과적으로 경쟁하기 위한 최소 자본 수준은 계속 올라갔다. 효과적이라는 기준의 상한선이 없어 보였다.

앤드류 카네기Andrew Carnegie는 철강공장의 규모를 계속 배

주8 Karl Marx(1995), volume 1, chapter 11, p.187.
주9 Karl Marx, 'Results of the Immediate Process of Production', in *Capital*, p.394.

로 늘렸고 점점 더 많은 생산을 한 회사에 집중시켰다. 생산비용은 계속 내려갔다. 자동차 제조에 대량생산을 적용하자 새로운 자본집약적 산업이 탄생하여 미국의 상황이 바뀌고 시장점유율이 놀라울 정도로 집중되었다. 1890년대에는 500개의 자동차 제조사가 작은 미국 시장에서 자리를 다투었던 반면 1965년이 되자 3개 회사가 훨씬 더 큰 시장의 94%를 지배하게 되었다.

기업에 투입되는 노동자 수와 자본, 복잡한 계층구조와 전략의 중앙 통제는 갈수록 커졌고, 개인 노동자의 중요성은 갈수록 작아졌다. 점점 더 큰 조합을 구성하는 것만이 노동자들이 어느 정도 대항력을 행사할 수 있는 길이었다. 그러나 이는 중앙집권화에 중앙집권화로 맞서는 일이나 다름없었다. 노동자들의 소득은 증가했지만 그들의 자치권은 하락했다.

19세기 중반부터 20세기 중반까지 자본주의에 대한 적대심이 굉장했던 데에는 이런 배경이 있었다. 공산주의와 파시즘, 나치즘이 위험했던 것은 그들이 반도시주의, 반산업주의, 반물질주의, 반자본주의, 반유대주의 사상을 이용했기 때문이다. 이러한 사상들은 불합리하고 종종 지독한 증오를 담고 있었지만 자본주의가 인간의 정신을 파괴하고 약화시킨다는 어느 정도의 진리에 기초를 두고 있었다. 공동체를 왜곡시키는 초기 산업화의 부정적인 측면을 싫어했던 19세기 초 유럽 낭만주의자들이 이야기했던 진리가 바로 이것이었다. 이런 측면 때문에

반성장 및 반자본주의 운동은 계속되고 있다.주10

현재 가장 설득력 있는 반성장 운동가들은 반물질주의를 환경 문제와 연결시킨다. 그들은 소득 수준이 어느 정도를 넘으면 부의 증가가 행복의 증가를 가져오지 않는다고 주장한다. 그렇다면 지구 자원의 유한성과 막대한 인구팽창을 생각할 때 여분의 성장, 지속불가능한 성장의 핵심은 무엇일까? 밀턴 Milton Friedman과 로즈 프리드먼Rose Friedman 부부는 이렇게 말했다. "소비자운동, 환경운동, 전원생활 운동, 야생환경 보호운동, 인구 제로성장 운동, '작은 것이 아름답다' 운동, 반핵운동 등 지난 20년 동안 진행된 모든 운동은 한 가지 공통점을 지니고 있었다. 이 운동들은 모두 반성장운동이었다."주11 이러한 환경 비평은 지식인들과 대중의 반향을 불러일으킨다. 그러나 유권자들은 계속 성장을 요구하고 있다.

결국 그 결과는 집단적인 정신분열증이다. 우리는 성장이 지속불가능하다는 사실을 알고 있지만 습관을 버릴 수 없다. 서구의 가치관과 요구에 완전히 일치하는, 유한한 자원의 사용을 최소화하면서 성장할 수 있는 또 다른 방법이 있을까?

주10 물론 공산주의도 실제로 자본주의와 똑같은 산업상의 결점들을 지니고 있었다. 트로츠키가 구소련 체제를 일컬어 말한 '국가자본주의'는 훨씬 더 개인을 등한시했고, 자본을 좀더 빠르게 축적하기 위해 노동자들에게 더 많은 자제심을 요구했다. 구소련에서는 자본 형성에 국가 소득의 거의 절반이 들었다. 반면 서구에서는 4분의 1을 넘은 적이 없다.

주11 Milton and Rose Friedman(1980) *Free to Choose*, Harcourt Brace, New York.

아마도 해결책은 있을 것이다. 적어도 서구는 오래 지나지 않아 그 해결책에 도달할 것이다. 그러나 여기서 생각해볼 필요가 있는 사실은, 인간의 정신에 대한 경시가 비참한 자멸을 불러올 수도 있지만 물질주의의 장점도 많다는 점이다. 제3세계와 서구의 빈곤 지역에 사는 사람은 빈곤이 인간 존엄성에 얼마나 해를 끼치는지 잘 안다. 단지 배고픔이나 추위, 질병, 권태에 시달리거나 더 나은 미래에 대한 희망을 잃어버리는 데서 그치는 것이 아니다. 빈곤은 자존심을 상처 입히고, 친구나 가족에게 관대할 수 없게 만들며, 자연의 가장 아름다운 면조차 즐길 수 없는 철저한 불행을 초래한다. 아름다운 석양도 빈민가에서 바라보면 덜 아름답게 보인다.

어느 정도 부가 쌓인 뒤에도 물질주의는 인간의 정신을 고양할 수 있다. 아이들에게 더 나은 미래가 펼쳐지기를 바라는 마음은 긍정적 자극이 되어 수많은 사람들에게 삶의 유익한 목적을 부여해준다. 스스로 더 나은 삶을 창조하기 위한 자기중심적인 출세욕도 필연적으로 사회에 어느 정도 건설적인 활력을 주기 마련이다. 시장경제에서는 수완가가 성공할 경우, 이는 곧 타인이 원하는 무언가를 해준 셈이 되기 때문이다. 어느 정도의 능동주의와 전진적인 자극은 사회를 진보시킨다. 인간은 각자 정도의 차이는 있어도 모두 자신을 강화하는 동물이다. 야심은 삶의 물질적 조건을 개선하려 애쓰는 과정을 통해 건설적으로 표출되지 않더라도 타인에 대한 지배나 더 높은 이상을 위한 잔인한 행위와 같은 덜 건설적인 방식으로 표출된다.

상인과 제조업자, 기업가, 서비스 제공자의 사고방식은 유물론적이다. 영웅이나 장군, 관료―공무원이든 성직자든 지식인이든―의 사고방식은 덜 유물론적인 경향을 띤다. 때로는 이런 사고방식이 행운을 가져올 수도 있겠지만 행복하지 못한 결과를 초래할 때도 많다. 상인의 유물론이 평화와 인간의 복지, 번영으로 이어질 가능성이 더 크다. 전쟁은 인간에게 가장 큰 유혹이자 재앙이기 때문이다.

성장이 바람직한지 그렇지 못한지는 중요한 문제가 아니다. 물론 성장은 바람직하다. 성장이 없으면 사회와 개인의 진보는 불가능하며, 인간의 정신은 시들어버리거나 파괴적인 결말을 맞게 된다. 성장이 없으면 우리는 우리 자신에게 혹은 사회에 도움이 될 수 없다. 또한 성장이 없으면 새로운 음악도, 새로운 건축물도, 새로운 그림이나 문학, 과학도 그리고 더 이상의 편리한 기술도 생겨나기 어렵다. 안락함뿐만 아니라 문명 자체의 존속이 불가능하다.

문제는 어떤 종류의 성장이 바람직하고 가능한가이다. 산업심리학자 에이브러햄 매슬로Abraham Maslow가 1970년에 말한 것처럼, 인간의 욕구에는 서열이 있다.[주12] 이는 개인뿐만 아니라 사회에도 적용된다. 국가가 가난하면 산업적인 성장이 필요하다. 공동체가 부유할 경우에는, 유한한 자원을 가능한 한 적게 사용하면서도 삶을 보다 즐겁고 사회적이고 자유롭게 만들어줄 재화와 용역이 필요하다. 다른 모든 조건이 충족된 상태에서 가장 필요한 것은 매슬로가 말한 '자기실현'이다. 이는 곧 일을 즐길 수 있는 능력, 일을 자신의 개성과 발전의 표출 수단으로 삼을 수 있는 능력, 어디까지 일에 몰두하고 어디까지 다른 창조적 자기표현 수단을 추구할 것인지 선택할 수 있는 능력을 의미한다.

새로운 경제체제가 의미하는 것

부유해질수록 산업 경제는 진화한다. 중공업과 생산재 중심의 초기 단계는 소비재와 인적 용역이 주가 되는 보다 복잡한 경제로 변화한다. 미국과 영국에서는 1950년대에 이러한 변화가 두드러지게 나타났다. 2000년에 이르러서는 서구 전역에 이러한 경제가 완전히 정착되었다.

소비자들은 부유해지면 무언가 더 나은 것, 다른 것 혹은 취향에 맞는 것을 원한다. 브랜드들은 다양한 고객의 비위를 맞춘다. 예전에는 10년에 한 번 새로운 상품이 나왔다. 이제는 매년 혹은 매달 새로운 상품이 소개된다. 소비자들의 선택이 능

주12 Abraham H. Maslow(1970) *Motivation and Personality*, Harper & Row, New York.

률을 높이는 것이다.

기술은 요구에 반응한다. 혁신은 자본집약적인 집중화를 통해 상품을 더 크고 더 저렴하게 만들곤 했다. 그러나 이제 기술은 상품을 더 가볍게, 더 작게, 더 다루기 쉽게, 더 개인적으로 그리고 더 저렴하게 만들고 있다.

이 과정에서 경제가 변화한다. 예전에는 원료와 제조, 즉 자연자원과 대량생산 공장, 자본과 블루칼라 노동자들에게 돌아가는 수익에 가치가 있었다. 이제 가치는 디자인과 마케팅, 소프트웨어, 배송, 취향 맞추기에 있다. 이런 활동들은 기계적이거나 노동집약적이거나 자본집약적이지 않다. 창조적이고 개인화된 활동들이다.

가구, 옷, 신발 등 전통적인 제조 분야들도 달라질 수 있다. 대부분의 국가에서는 계속해서 대량생산과 저임금 노동을 통해 옷이나 가구가 만들어질 것이다. 그러나 1980년대 이탈리아 기업가들은 다른 방식을 찾아냈다. 대개 가문을 기반으로 하는 이탈리아 생산자들은 혁신적인 디자인과 창조성, 고품질을 통해 번창했지만 미국이나 영국과 같은 다른 부자 국가의 전통 제조업자들은 거의 사라져버렸다.

대규모 조직의 기계적인 계층구조는 능률을 올릴 수 있다. 그러나 풍부하고 끊임없는 혁신을 일으키지는 못한다. 능률적인 기계가 자발적으로 혁신을 일으키지는 않는다. 변화와 새로운 생각은 교육과 독립심, 약간의 도전을 필요로 하는 인간의 속성이다. 상품에 대한 열망은 필수적인 요소가 되고 있다. 최고의 혁신은 '새롭고 또 새로운 것'을 열렬히 원하는 소비자들에게서 비롯된다. 혁신자들은 절대적인 것에 의문을 갖는다. 혁신자들은 텅 빈 캔버스를 좋아한다. 그들 자신이 만들어내는 쇼를 좋아하는 것이다.

능률에서 혁신으로 중심이 옮겨가면 새로운 시장, 새로운 상품, 새로운 생산 단계들이 생겨난다. 그곳에서는 새로운 생각을 가진 사람들이 운영하는 새로운 기업들이 기존에 정착되어 있는 거대하고 통합된 자본집약적인 기업들을 제치고 성장할 수 있다. 혁신자들은 상대적으로 적은 자본을 필요로 한다. 그들은 수익이 낮고 자본집약적인 활동인 제조업을 피한다. 그들은 쉴 새 없는 능률 발달로 인해 버려지는 과잉 설비로 괴로워하는 기존 기업들에게 하청을 맡긴다.

대규모 자본집약적 기업들도 방향을 바꿔야 한다. 과거에 능률을 위해서는 중앙집권화가 필요했다. 그러나 변화와 선택, 눈 높은 고객들, 경쟁자들을 상대하기 위해서는 분산이 필요하다. 경영자들은 높은 곳에서 내려오는 주문을 수행하는 충실한 부하들이었다. 이제 그들은 혁신자, 실험자, 모험가가 되어야 한다. 여기에는 매우 중요한, 그러나 많은 사람들이 모르고 있는 효과가 있다. 엄청난 실제적 혹은 잠재적 힘이 기업(간부 및 주주)에서 개인에게로 옮겨가는 것이다.

산업을 넘어선다는 것은 곧 자본주의를 넘어선다는 의미이기도 하다. 자본주의는 자본 축적에 대한 필요를 중심으로 움직인다. 생산의 가장 중대한 요소는 자본이다. 고용인들은 획일적인 다수의 노동자들 안에서 작은 역할을 수행한다. 이익은 자본 소유주에게 돌아간다. 자본주의는 더욱 거대하고 더욱 자본집약적이고 더욱 수익성 높은 기업들을 만들어내고 그곳에서 권력은 자본 소유주들에게 있다. 자본은 수익을 만들어내는 요인, 한마디로 공급이기 때문이다. 자본주의는 산업주의, 중앙집권화, 조직화, 규격화, 규모의 경제, 가장 거대하고 가장 비용이 낮은 생산자의 경제를 바탕으로 성장한다. 자본주의 체제는 안정적이고 예측가능하고 내구력 있는, 통제된 시스템이다. 돈을 버는 데 관심이 있는 사람들은 기업의 우두머리가 된다. 그러나 의미 있는 자본 소유주가 되는 경우는 드물다.

서구에서는 이런 구조가 사라지고 있다. 가장 크고 가장 자본집약적인 기업들이 가치를 잃고 있는 것이다. 미국에서 가장 규모가 큰 100대 기업들의 1980년 주식시장 점유율은 62%였다. 그러나 20년 뒤에는 46%에 불과했다. 이 수치를 보면 변화의 정도를 짐작할 수 있다. 새롭고 성공적인 기업들(마이크로소프트가 대표적인 예)은 대부분 자본집약적인 기업이 아니다. 마이크로소프트는 자본주의적 기업처럼 보이지만 가장 큰 수익은 자본 공급자가 아닌 설립자와 직원들의 몫이다. 자본 공급자는 전혀 중요하지 않았고 지금도 중요하지 않다. 급격히 발전하고 있는 기술 분야에서 자본집약도는 굉장히 낮다. 중요한 것은 자본이 아니라 아이디어다.

오늘날 돈을 벌고 싶은 사람들은 대규모 기업에서 경력을 쌓지 않는다. 그들은 금융전문가나 경영 컨설턴트, 헤드헌터, 주식중개인, 벤처 투자가, 스포츠 스타, 록스타, 영화배우, 베스트셀러 작가 혹은 기업가가 된다. 1982년 미국에는 단 13명의 억만장자가 있었다. 지금은 200명이 넘는다. 인플레이션을 고려하더라도 이전에 비해 더 많은 미국인들이 지난 15년 사이 억만장자가 되었다.

탈공업화 시대의 창조를 이끄는 주요한 힘은 땅도 아니고 노동도 자본도 아니다. 가장 중요한 것은 인간의 혁신, 즉 인간의 지성과 인간의 행동이다. 산업혁명 기간 동안 자본이 없는 발명가들은 고충이 많았다. 작은 혁신을 위해서도 막대한 자본이 필요했기 때문이다.

현재는 좋은 아이디어를 가진 영리한 사람들이 적은 자본으로 막대한 수익을 창출할 수 있다. 1970년대 말 스티브 잡스 Steve Jobs와 스티브 워즈니악Steve Wozniak이라는 히피 성향이 있는 두 사람이 최초의 실용적인 개인용 컴퓨터를 개발하겠다는 포부를 갖고 애플사를 설립했다. 그들에게도 어느 정도의 자본이 필요했지만 그리 많이 필요하지는 않았고 금세 확보할 수 있었다. 잡스는 가지고 있던 폭스바겐을 팔았고 워즈니악은 HP 계산기를 팔았다. 그 뒤 인텔사의 간부 마이크 마쿨라Mike Markkula가 합류하여 91,000달러를 투자했다. 이렇게 해서 애플사의 PC가 탄생했고 회사는 곧 수십억 달러를 벌어들였다. 워즈니악은 회사 생활에 환멸을 느끼고 애플을 떠났다. 그는 여러 차례 대형 록콘서트에 거금을 투자하다가 나중에는 새로이 혁신을 일으키고자 다른 회사를 설립했다.

창조의 장은 바뀌었다. 산업자본주의 하에서는 중심에서 움직이는 기계가 부를 창조했다. 아크라이트와 케이는 기계화된 정방기를 고안했고 와트는 증기기관을 완성시켰다. 그러자 그 기계들은 스스로 생명력을 갖게 되었다. 기계가 스스로 돈을 만들어낸 것이다. 사람들은 신이 나서 기계들을 개량 및 확장하고 대규모 공장을 세워 생산성 증가를 꾀했다. 그리고 작업 속도를 기계에 맞췄다. 당시에는 엄청난 생산성을 지니고 있는 것이 기계였다. 기계가 통제권을 쥐고 있었던 것이다.

그러나 현재는 기계나 그 소유주가 아닌 창조적 개인이 중심에 서 있다. 사람들은 새로운 기술을 고안할 뿐만 아니라 스스로 새로운 기술이 되기도 한다. 인간화된 경제에서 ―건축, 출판, 디자인, 소프트웨어에서부터 음악, 방송, 연예, 스포츠, 예술에 이르기까지― 창조적인 산업은 전체 경제의 두 배에 달하는 성장률로,

그리고 생산 및 분배 중심의 옛 산업보다 네 배 빠르게 성장하고 있다. 창조적인 산업의 원료는 생태학적이다. 인간과 아이디어가 바로 원료이기 때문이다. 기계는 인간의 상상력을 활용하지만 빼앗지는 않는다. 사회학자 마누엘 카스텔Manuel Castells은 이렇게 말한다.

사상 최초로 인간의 지성은 단순히 생산체계의 중요한 요소가 아니라 직접적인 생산력이 되었다. 따라서 컴퓨터와 통신시스템, 유전자 해독, 프로그래밍 등은 모두 인간 지성의 확장이자 확대라 할 수 있다.주13

중앙집권화에서 분산으로, 기계에서 인간으로, 실체가 없는 비개인적인 힘에서 개인화된 힘으로, 한정된 과거에서 무한한 가능성이 있는 미래로 … 그리고 자본에서 개인으로, 이보다 더 완전한 전환은 상상하기 어렵다.

서구에서 지식은 개인화되었다. 많은 귀중한 정보들이 여전히 정부와 기업에 머물러 있지만, 새로운 경향을 볼 때 진정 귀한 정보는 개인의 것이 되었다.

1947년 윌리엄 쇼클리William Shockley는 트랜지스터를 발명했

주13 Manuel Castells(1996) *The Rise of the Network Society*, Blackwell Publishers, Malden, MA.

다. 쇼클리는 AT&T의 벨연구소에서 일하고 있었다. 전화 네트워크를 거의 독점하고 있던 AT&T는 미국 법규의 급변으로 인해 쇼클리의 발명품을 활용할 수 없게 되었다. 쇼클리는 페어차일드반도체Fairchild Semiconductor라는 회사를 설립했고, 페어차일드에 이어 실리콘밸리에는 수많은 회사들이 생겨났다. 이때부터 실리콘밸리의 엔지니어-기업가들은 실리콘밸리의 지적 유전자풀에서 뽑아낸 아이디어로 큰 돈을 벌어들였다.

이 아이디어들은 스탠퍼드대학, 정부의 연구 프로그램, 기업의 연구 및 개발에서 나온 보다 근본적인 아이디어에 기초를 두고 있었다. 납세자들과 주주들은 대부분 지식에 돈을 지불했고, 개개인이 보상을 거둬들였다. 개개인이 기존의 아이디어를 활용해 새로운 아이디어를 개발하고 개인적으로 이익을 얻을 수 있는 환경이 아니었어도 캘리포니아의 새로운 아이디어와 획기적인 상품들이 성공할 수 있었을지는 의심스럽다. 그렇기 때문에 개방적이고 역동적인 사회가 중요한 것이다.

하버드경영대학원의 헨리 체스브로 교수는 1980년 이전까지 '닫힌 혁신'이 보편화되어 있었다고 말한다. 연구는 대기업 내에서 비밀스럽게 이루어졌다.[주14] 그러다가 상품들은 점차 '열린 혁신'을 통해 개발되었다. 대학의 적극적인 참여, 노동과 아

주14 Henry Chesbrough(2003) *Open Innovation: The New Imperative for Creating and Profiting from Technology*, Harvard Business School Press, Boston.

이디어의 높은 기동성, 활발한 벤처자본시장, 생산성 높은 신생 기업들을 통해 여러 곳에서 아이디어가 흘러나왔다.

IBM과 같은 산업계 거인들은 열린 혁신으로 방향을 틀었다. 그래야만 했기 때문이다. IBM은 물리학, 수학, 컴퓨터과학 분야의 우수한 학생들을 영입하곤 했다. 그런데 1950년 이후 정부기금의 물결에 힘입어 대학의 컴퓨터과학 학과들이 급격히 늘어났다. 우수한 졸업생들은 선택권을 쥐게 되었다. 그들은 흰 셔츠를 입고 IBM에서 일할 수도 있었고, 아니면 맘에 드는 옷을 입고 캠퍼스에 머물 수도 있었다. 교직원으로서 그들은 디지털 이퀴프먼트 코퍼레이션(Digtal Equipment Corp: DEC)처럼 자본이 갖춰진 벤처기업에서 새로운 기술과 상품을 구입하여 다룰 수 있게 되었다. 한때 IBM은 컴퓨터를 독점하고 있던 만큼이나 아이디어와 컴퓨터과학 분야의 인재도 거의 독점하고 있었다. 그러나 아이디어와 인재에 대한 독점력을 잃게 됨에 따라 IBM은 컴퓨터에 대한 독점력도 잃게 되었다.

열린 혁신이 가져오는 효과는 독창력과 부를 기존 기업에서 새로운 기업으로, 주주에게서 개인에게로 이동시킬 수 있다는 것이다.

또 한 가지 살펴보아야 할 분야가 생명공학이다. 40년 동안 미국 국립과학재단과 국립보건원은 현재 화폐가치로 천억 달러가 넘는 거금을 생명공학 연구에 투자해 수많은 생명공학 연구생들을 훈련시켰다. 상업적인 수익이 있을지는 아무도 알지 못했다. 1990년대부터는 생명공학자들이 앞다투어 자신의 회사를 열었다. 막대한 생명공학 연구기금은 현재 주식시장 가치로 환원되고 있다. 암젠Amgen과 지넨테크Genentech라는 단 두 기업의 가치만 합해도 1,290억 달러에 이른다. 분명 전체 생명공학 산업은 천억 달러가 훨씬 넘는 수익을 회수하게 될 것이다. 그렇다면 이 막대한 돈은 어디로 갈까? 정부로 돌아가지도 않을 것이고, 기존의 거대 제약회사들로 돌아가는 돈도 얼마 되지 않을 것이다. 이 회사들의 생명공학 연구는 계속 좌절을 거듭하고 있지만 거금의 주인은 개인 간부들과 벤처자본 투자자들이 될 것이다.

지식뿐만 아니라 경쟁도 개인화되었다. 개인 간부들은 경쟁사에 합류하거나 자신이 경쟁자가 됨으로써 회사의 전략적 입지에 중요한 영향을 끼칠 수 있다. 사업을 시작하는 데 자본이 필요하다면, 무자본으로 시작하여 큰 몫을 거둬들이는 전문가인 벤처투자가들은 좋은 아이디어와 뛰어난 사람들에게 투자를 할 것이다.

생각에서 행동에 이르기까지, 창조와 혁신 그리고 부의 창출의 중심에는 개인이 있다. 지능, 상상력, 감정, 계산, 공감, 의사소통, 행동, 반응 등 인간의 모든 요소가 창조에 관여한다. 모든 주요 비즈니스 활동은 개인화되어 거의 예술에 가까워졌다.주15

자본의 힘에서 벗어나기 위해 회사를 세울 필요가 없다. 1인 비즈니스를 하거나 작은 협력자 집단을 꾸려, 지금 당신이 하고 있는 바로 그 일을 앞으로도 할 수 있다. 자신의 책임 하에 말이다. 배관공, 회계사, 택시운전사, 영화배우, 부동산 중계자, 운동선수, 세탁업자, 록스타, 개인 트레이너, 건축가 등 자영업자의 종류는 셀 수 없이 많다. 개인에게 두뇌, 팔다리, 컴퓨터, 드라이버, 자동차 등 생산수단이 있다면 그들은 자본주의 하에서 일할 필요가 없다. 자영업자들은 자본주의 영역에 속해 있지 않다. 자본주의 기업에서 일하는 사람들도 경우에 따라서는 개인으로 대우되어, 전체 직원의 일부로서가 아니라 개인의 기여도에 따라 보상을 받는 일이 점점 더 많아지고 있다. 일이 개별화되면 고용계약 또한 개별화될 수밖에 없다. 인습적인 노동자도 능력이 뛰어나면 주주로부터 잉여가치를 취할 수 있다.

모든 면에서 우리는 자본주의로부터, 즉 자본을 중심으로 한 대규모의 위계조직으로부터 멀어지고 있다.주16 그렇다고 해서

주15 현대 자유주의 서구사회는 그 어떤 사회보다도 예술가 및 예술적 창조 활동에 높은 지위를 부여하는 사회로 인식되어왔다. 그렇다면 그런 사회에서만 비즈니스가 그토록 창조적일 수 있는 이유도 쉽게 이해가 된다. 히틀러 치하의 제3제국이나 구소련제국이 천년 이상 이어졌다면 그곳에서 개인용 컴퓨터가 탄생했을 것이라고 상상할 수 있겠는가?

주16 물론 개인화된 경제가 완전히 혹은 즉각적으로 자본주의를 밀어내지는 않을 것이다. 자본주의가 농업경제를 완전히 혹은 즉시 밀어내지는 않았던 것처럼 말이다. 새로운 경제가 옛 경제 위에 포개지고, 옛 경제는 처음에는 상대적으로, 나중에는 완전히 기울게 될 것이다. 현재 새로운 원동력이자 성장력은 개인화된 경제이다. 하지만 자본주의는 앞으로도 오랫동안 서구경제의 중요한 부분으로 ~서구 밖에서는 매우 중요한 부분으로~ 남아 있을 것이다.

우리가 사적인 위계질서에서 공적인 위계질서로, 자본주의에서 사회주의나 공산주의로 옮겨가고 있다는 뜻은 아니다. 우리는 자본주의보다 한층 더 시장지향적인, 그리고 훨씬 더 분산된 체계로 옮겨가고 있다. 자율적인 개인이 중심이 되는 세계, 즉 개인화된 경제로 나아가고 있는 것이다.

현재 달라진 점은 가치가 혁신에 의해 창출되고 혁신이 인간에 의해 일어난다는 것이다. 자본주의와 국가사회주의는 기계에 의해 움직이면서 인간 소외의 한계를 시험했다. 그러나 인간이 소외된 상태에서 독창력을 발휘할 수는 없다. 자본주의의 논리는 확장과 수익 창출이다. 그러나 이제 확장과 수익 창출을 위해서는 인간의 창조성을 방해하는 모든 요소를 걷어내야 한다. 그렇기 때문에 자본주의는 인간의 자율성을 허용하고 북돋워주는 동시에 서서히 스스로를 파괴하고 있는 것이다.

결국 사회적·개인적 발전과 경제적 발전은 재결합될 것이다. 오랜 역사 속에서 자본주의는 탈선, 즉 이례적인 사건이었다. 그런데 800년 동안 유럽과 미국은 떠오르는 도시 중산층의 확장과 에너지를 통해 발전했고, 결과적으로 경제성장과 개인적·정치적 자유의 향상, 산업자본주의가 이 통일체를 분열시켰다. 자본주의는 엄청난 경제적 발전을 가져왔지만 개인 생산자를 소외시키고 사회와 경제를 중앙집권화했다. 개인화된 경제는 부와 자유를 함께 발전시키는 장기적인 서구의 경향으로 되돌아간다. 국가가 새로운 시스템을 강제하는 극히 예외적인 경우를 제외하고 서구에서 개인화된 경제의 발달은 되돌릴 수 없는 현실이다. 서구의 자멸을 두려워하는 서구인들에게 경제 발전은 가장 길한 역逆지표이다.

그러나 어렴풋이 다가오고 있는 생태적 자멸의 경우는 얘기가 다르다. 인구 및 경제성장의 가장 큰 문제 ─아마도 금세기 최대의 이슈─ 는 유한한 자원(숲, 물고기, 토양, 화석연료, 식물, 동물, 공기, 햇빛, 물, 공간 등)의 고갈과 환경 손상(독성 화학물질, 대기 가스, 외래 식물종 등)의 증가이다. 산업-기계 시대가 불러온 자동적인 성장은 20세기를 지나는 사이 서구를 넘어 곳곳으로 확산되었다. 미국과 유럽, 일본 외의 국가들이 현재 서구의 소비 수준에 도달하게 되면, 자원과 환경에 가해지는 부정적인 영향은 12배로 증가하게 될 것이다.[17] 지구는 그런 충격을 견디지 못한다.

환경친화적 경제가 필요하다

개인화된 경제는 이러한 지속성 문제에 부분적인 해결책을 제공해준다. 이른바 '무중력 상태'라는 것을 이용해서 말이다.

과거의 산업 경제는 '무거웠다.' 가치는 곧 무게를 의미했다.

주17 Jared Diamond(2005).

1750년부터 1950년까지 거의 모든 산업 발전에는 크고 무거운 산업설비의 구축이 수반되었다. 경제가 성장함에 따라 강철, 시멘트, 쇠, 트랙터, 자동차, 탱크, 항공기 등 점점 더 무거운 상품들이 생산되었다.

그런데 1950년 이후로 발전은 더 가볍고 작은 상품 및 서비스의 확산을 의미하게 되었다. 초기 컴퓨터들은 굉장히 무겁고 미식축구 경기장을 몇 개 합쳐놓은 것만큼 거대했다. 현재는 휴대용 컴퓨터가 훨씬 더 뛰어난 연산능력을 지니고 있다. 컴퓨터의 가치는 대개 하드웨어에 있었다. 현재는 소프트웨어에 가치가 있다. 그렇게 작은 공간과 에너지를 사용하여 컴퓨터만큼 유용한 효과를 낼 수 있는 것이 또 있을까? 월드와이드웹 역시 마법처럼 무게와 거리를 무력화시키고 있다.

물론 자동차를 비롯한 몇몇 상품들은 여전히 무게가 많이 나간다. 그러나 자동차의 경우에도 무게를 덜고 가벼운 특징을 첨가하는 것이 가치를 더하는 새로운 방식이다. 이런 과정은 대개 소프트웨어 업그레이드를 통해 이루어진다. 새로운 차를 만드는 데 드는 비용의 3분의 1, 그 차가 지니는 가치의 상당 부분이 소프트웨어에서 비롯된다.

자본주의가 개인화된 경제로 변화하는 과정에서는 모든 종류의 인적 용역이 총생산량에서 점점 더 큰 몫을 차지한다. 상품은 더 가벼워지고 있을 뿐만 아니라 ─여전히 기계나 물건은 필요하지만— 덜 중요해지고 있다. 따라서 경제는 더 많은 자원을 소비하지 않고도 성장할 수 있다. 미국의 생산량은 1900년 이후 20배 정도 증가한 것으로 추산되지만 이는 더 이상 무거운 생산이 아니다.[주18]

아마도 환경과 관련된 악몽은 희미해질 것이다. 개인화된 경제는 자본집약적이지도 않고, 노동집약적이지도 않으며 마찬가지로 에너지집약적이지도 않다. 개인화된 경제는 인간집약적이다. 인간의 지성과 정신은 확장되고 산업과 원료 사용은 줄어든다. 이제는 강력한 경제성장과 유한한 자원 이용의 상당한 감소가 함께 이루어지는 상황을 상상할 수 있다. 보다 환경친화적인 경제로 향하는 흐름은 자연적으로 일어나고 있지만 정부 및 개인의 주도로 더욱 강화될 수 있다.

악몽은 희미해지겠지만 사라지지는 않을 것이다. 서구는 생산을 외부 세계에 맡김으로써 부분적으로 녹색을 되찾고 있다. 그 결과로 미국의 산업 사양화 지역에서는 원료 사용 및 오염이 줄고 있지만 필리핀의 마닐라를 비롯한 세계 각국의 산업화 도시에서는 늘고 있다. 개인화된 경제가 전세계적으로 확산되어야만 환경 문제는 해결될 수 있으며, 이는 당장 이루어질 수 있는 일은 아니다.

주18 Diane Coyle(2001) *Paradoxes of Prosperity*, Texere, New York; Diane Coyle (1997) The Weightless World, Capstone, Oxford.

개인화된 경제의 두 가지 부정적 측면

우선 하나는 급증하는 불평등이다. 자본주의는 종종 불평등을 이유로 비난받곤 하지만 이는 잘못된 인식이다. 시간이 흐름에 따라 자본주의의 대기업들은 고용인들과 사회의 압력에 의해 노동조합을 상대하게 되었고 평등한 영향을 가하게 되었다. 조사에 따르면 최근까지 대규모 기업의 미숙련된 혹은 반#숙련된 노동자들이 노동조합에 속하지 않은 경우 소규모 기업의 노동자들보다 30~40% 많은 임금을 받아온 것으로 나타났다.

그러나 대기업은 더 이상 그렇게 아낌없이 줄 수 있는 상황이 아니다. 대규모 기업들은 사방에서 압박을 받고 있다. 더욱 높은 수익을 바라는 주주들, 기업에 없어서는 안 될 귀중한 노동자들, 소규모로 민첩하게 움직이는 새로운 경쟁자들이 그들을 조이고 있는 것이다. 기업들은 규모를 줄이고, 노동자들을 임시계약으로 돌리고, 좀더 저렴한 파트타임 노동자나 계절노동자를 고용하고, 미숙련자들의 임금을 낮추고 있다. 개인의 성과가 훨씬 더 면밀히 검토되고 있다. 무능한 사람은 퇴출된다. 이 모든 것은 자본주의 때문도 아니고 경영자들이 구두쇠여서도 아니다. 자본주의에서 개인화된 경제로 옮겨가는 흐름 때문이다. 개인주의와 창조성에 기반을 둔 경제가 불러오는 많은 이익을 파괴하는 일 없이 그 과정에서 사회적으로 소외되는 사람들을 보호할 수 있는 유일한 수단은, 사회 전체의 민주주의적인 의사결정이다.

재능은 모든 사람에게 공평하게 분배되는 것이 아니지만 심하게 치우쳐 있는 것도 아니다. 문제는 돈을 버는 능력이다. 수백만 달러를 벌어들이는 것이 곧 덕의 상징은 아니다. 돈을 버는 일은 일부는 운, 일부는 기회, 일부는 좋은 아이디어의 창출 및 활용, 일부는 순전한 상업적 재능에 달려 있다. 어떤 요소들이 조합되든 아주 작은 비율의 인구가 아주 큰 비율의 소득을 얻는다. 이것이 바로 분산되고 개인화된 시장에서 능력 위주 사회가 안고 있는 문제점이다.

개인화된 경제의 두 번째 결점은, 서구와 그 외 세계 사이의 격차가 점점 벌어지고 있고 앞으로도 계속 벌어질 것이라는 점이다. 자본주의의 강점 중 하나는 다른 경제체제 속으로 상당히 쉽게 이식될 수 있다는 것이었다. '서구에 개방적인 경제'와 '투자자에게 호의적인 정책'을 통해 자본주의가 턴키시스템(turnkey system: 완전한 작동 확인을 거친 후 완성품으로 인도되는 하드웨어나 소프트웨어—옮긴이)처럼 도입될 수 있다는 것이 바로 자본주의의 기계적 특성이었다. 비서구 세계에서 서구의 대기업들이 모방되고, 여러 가지 기술과 작업 방식이 도입되고, 급격한 속도로 경제적인 마법이 펼쳐졌다. 자본주의의 도입은 그리 어렵지 않았다.

개인화된 경제는 이와는 다르다. 개인화된 경제를 위해서는 개방적인, 어떻게 보면 자유주의적인 정치적·사회적 환경이 필요하다. 고도의 기술적 독창력이 필요하다. 확산적 사고를 북돋워주는 교육시스템이 필요하다. 반항심이 필요하다. 개인 및 개인회사를 후원해주는 법률 정책과 태도가 필요하다. 그리고 사람들은 자신이 좋아하는 일을 할 수 있어야 한다.

자본주의는 훨씬 융통성 있고 심지어는 무차별적이라 여겨질 정도다. 자본주의는 1760~1867년의 영국이나 19세기~1945년까지의 일본과 같은 귀족정치 하에서도 자라났고, 프랑코 Franco 장군(스페인)이나 살라자르Salazar(포르투갈), 피노체트 Pinochet(칠레)의 독재정권 하에서도 자라났으며, 노예제도가 있는 미국에서도 민주주의 미국에서도 자라났고, 전쟁 후 유럽과 일본의 사회민주주의 체제 하에서도 자라났다. 또 연약한 민주주의가 권위주의자 및 부패한 무리들과 다투던 1970년 이후의 동남아시아에서도, 남아프리카의 인종차별 정권과 민주주의 흑인 정부 하에서도, 심지어는 억압적인 중국에서도 자본주의는 꽃을 피웠다.

정부의 정책도 부분적인 이유가 되지만 무엇보다 역사와 전망, 경향 등 근본적인 이유들로 인해 비서구 국가들이 개인화된 경제를 모방하기는 자본주의를 모방하기보다 훨씬 더 어렵다. 과학이나 예술에서와 마찬가지로 비즈니스에서의 창조성을 위해서는 지적 갈등과 자유주의 사회의 혼란이 불가피하다.

결론

자동적인 경제성장은 서구에서 시작되어 전례 없는 인구 성장과 수명 연장, 부의 증가를 이끌어냈다. 산업 성장은 곳곳으로 확산되어 마찬가지로 즉각적인 이익을 불러오고 있지만 지구에 막대한 손상을 초래하기도 한다. 한편 서구는 산업자본주의에서 개인의 상상력을 기반으로 하는 개인화된 경제로 방향을 틀었다. 개인화된 경제는 자본주의에서 크게 진보하여 개인이 창조적인 전문가가 될 수 있는 자유를 한층 높여주고 성장이 환경에 입히는 해를 줄여주고 있다.

서구는 기계 기반 경제를 낳음으로써 세계를 생태적 자멸 직전까지 몰고갈 수도 있었다. 유일한 희망은 전세계적으로 산업자본주의가 개인화된 경제로 대체되는 것뿐이다. 현재로서는 이런 일이 가능해 보이지는 않는다. 성공적으로 개인화된 경제를 일으킨다는 것은 곧 서구의 가치관을 받아들인다는 의미다. 단지 서구처럼 되는 것이 아니라 서구의 일부가 되는 것이다.

Chapter 06
자유주의

SUICIDE
OF THE WEST

자유주의

모든 서구사회는 자유주의 원칙과 제도에 따라 구성되어 있다. 비서구사회에서는 이런 경우를 찾아보기가 힘들다. 서구사회가 자유주의적인 것은 정말 다행스러운 일이며, 곧 살펴보겠지만 자유주의는 서구의 고유 역사 속에 깊이 뿌리내리고 있다. 우선은 자유주의 사회의 의미를 정의해보자.

자유주의 사회는 민주적일 뿐만 아니라 자유정신과 공평함, 모든 시민에 대한 존중이 있는 사회다. 자유주의 문명은 다른 문명에 비해 인간 생명의 신성과 존엄, 모든 구성원의 교육, 기회의 균등, 개인의 자유와 개인의 능력 계발, 개인 및 단체에 대한 편견 제거, 과학과 예술 장려, 더 우수하고 저렴하고 편리한 상품 고안, 고통 구제, 모든 인류동포의 본질적 평등을 훨씬 더 중요시한다. 자유주의 사회는 제도적으로 부패하거나 잔인하지 않다. 자유주의 사회는 경찰이나 군대에 의해 지배되지 않으며, 위계적이지도 관료적이지도 않다. 자유주의 사회에서는 권력이 분산되어 있다. 언론의 자유가 존재하며, 비즈니스는 정직과 인도적 기준에 의해서만 제약을 받을 뿐이다. 그리고 관습에서 벗어난 행동도 타인에게 해를 입히지 않는 한 용인된다.

정부는 법규의 지배 하에 있다. 국가는 시민을 위해, 시민들의 건강과 부를 높이기 위해, 시민들을 독단적인 힘과 모든 종류의 억압으로부터 보호하기 위해 존재한다. 자유주의 사회는 군사적 영화를 추구하지 않는다. 전쟁은 최후의 수단이며 전쟁의 주요 목적은 자기 방어다. 실제로 자유주의 국가가 다른 자유주의 국가에 전쟁을 선포하는 일은 거의 없다.

자유주의 문명은 자유를 위한 분투 없이 어느 날 갑자기 완성된 형태로 등장한 것이 아니다. 모든 자유주의 사회는 오랜 적응 과정을 통해, 자유와 자치를 높이고자 하는 개인 및 단체의 출현을 통해, 그리고 강제적인 상류층 집권 저지를 통해 이루어졌다. 정치적 자유의 확장, 권력자들을 제지하고 모든 시민을 공평하게 대우하는 제도의 확장은 그 과정의 일부일 뿐이다. 일반적으로 경제력의 성장을 통해 개인 및 집단은 자존감과 자신감을 얻고 사회 구성원들로부터 존경이나 시기를 받게된다. 자유는 때때로 정치적 갈등을 거쳐 빠르게 진보하기도하지만 어떤 사회에서도 순전히 강압을 통해 자유가 실현되는경우는 없다. 관용과 상호 이해관계, 협동 능력과 변화된 환경에 대한 적응 능력이 자유주의 사회를 탄생시키고 유지시키는요소들이다.

사회가 충분한 실험과 시행착오를 거쳐 발전하고 정부가 폭력 없이 환경에 따라 변화하도록 만들어주는 유일한 수단은 자유민주주의다. 어느 정도 교육 수준과 독창력, 독립심을 갖춘자유롭고 자치적인 시민은 자유주의 사회의 결과물이라기보다는 전제조건이다. 하지만 자유주의 사회는 모든 시민에게 존엄성을 부여하고, 스스로를 돌볼 수 없는 사람들을 보살핀다. 사회가 충분히 부유하면 그 사회는 빈곤을 없애는 데 힘을 기울이게 마련이다.

자유주의 사회를 나타내는 특징은 종교의 자유, 양심, 보편화된 관용, 협동력, 자신의 행동에 책임을 지려는 시민들의 의지 등이다. 자유주의 문명은 혼란을 초래하지 않고도 보편적인 자유를 가능케 할 수 있다. 법이 공평하고 중시되며, 정치적 절차를 위해서는 의견의 일치가 필요하고, 시민들 서로가 사리에 맞게 행동한다고 믿을 수 있기 때문이다. 자유주의 사회에서 법은 지위를 가리지 않으며, 정치적 절차는 국가가 개인을 위해 일하는 것이지 그 반대는 아님을 보증해준다. 그리고 사회의 일원이라는 공통된 소속감이 존재한다. 일반 시민의 실질적인 재산소유권 없이 혹은 공동의 가치관에 대한 보편적인 의식이나 사회 및 사회제도에 대한 암묵적 책임감 없이 완전한 자유주의 사회가 이룩된 적은 없다.

자유주의 사회는 새롭거나 별난 행동에 관대하다. 전혀 공통점이 없는 집단들도 통합시키는 공동의 소속감과 정체감이 있기 때문이다. 고도의 자유주의 사회들은 자유를 위해 분투하는 사람들의 본보기가 되어왔고, 다른 자유주의 사회들과 일체감을 갖는 데에 가치를 두어왔다. 매력적이고 성공적인 문명 건설 방법에 대한 공통된 관점을 부분적인 이유로 들 수 있다. 자유주의 사회는 스스로의 결점을 비판적인 시각으로 바라볼 수 있으며, 현실과 끊임없이 높아지는 포부 사이의 격차를 좁히는 방향으로 움직일 수 있다. 자신들이 어디까지 와 있는지를 잊지 않고 혹은 자유라는 가치에 대한 적절한 자긍심을 잃지 않고도 가능하다.

자유주의 국가들이 보여주고 있는 성과는 대단하다. 수많은 결점에도 불구하고 그들은 더 긴 수명과 건강, 더 큰 안락과 자유, 더 강한 예술적 에너지, 더 뛰어나고 유용한 과학 그리고 더 적은 고통을 낳고 있다. 자유주의 사회는 비자유주의 국가들에 비해 높은 생활수준을 누리고 있다. 공포나 강제를 이용하지 않고도 자유주의 사회는 도덕적 진보를 이뤄왔고, 철학자 피터 싱어Peter Albert David Singer[1]가 말한 것처럼 존중해야 할 대상의 범위를 꾸준히 넓혀왔다. 아동, 여성, 노예, 외국인, 다른 인종, 정신질환자, 장애인, 병자, 범죄자, 전쟁포로 등을 포함하여 모든 인간에게 인권이 확장되고 있다.

자유주의 사회는 집단적인 의사결정 및 행동의 중요성을 강조하면서 개인의 자유와 ―국가에 의해 합법적으로 인정될 때 가장 강력하지만 자발적으로 행사되기도 하는― 집단의 주도권을 조화시켜왔다. 상호간의 뒷받침을 위해, 가난한 이들과 억압받는

주1 Peter Singer(1981) *The Expanding Circle: Ethics and Socio-biology*, Farrar, Straus & Giroux, New York.

이들의 삶을 풍요롭게 하기 위해서다. 자유주의 사회들은 더 나은 도덕적 진보를 이루기 위해 늘 애쓰고 있으며, 권리 존중의 범위를 확장하여 동물, 생물종, 환경 나아가 지구 전체 생태계를 포함시킬 수 있는 가능성을 열어두고 있다.

자유주의 문명은, 자유와 번영이 공존할 수 있다는 사실뿐만 아니라 자유가 개인의 재능과 사회의 부를 충분히 발전시키기 위한 조건이라는 사실도 증명해왔다. 경제적인 측면에서 볼 때 자유는 공짜로 얻어지는 것이 아니다. 덜 자유로운 사회는 자유뿐만 아니라 부도 잃게 된다. 부가 증가하면 개인뿐만 아니라 전체 사회의 자유도 증가하는 경향이 있다. 석기시대 사람들의 자유는 자연의 심한 제약을 받았다. 문명이 자연으로부터 더 많은 부와 자치성을 획득하고 과학, 기술, 교역을 통해 생활 수준을 향상시킴에 따라 도덕적 진보도 차츰 가능해졌다.

자유의 확장은 새로운 경제 행위자들에 의한 경제 확장과 관련이 있었다. 그들은 자유를 요구했고 결국 손에 넣었다. 그들이 경제적으로 유용했기 때문이다. 자유주의 국가들은 도덕적인 사회에 기반을 두고 있다. 그곳에서는 더 큰 부가 더 큰 자유로, 그리고 사회 안에서 부를 널리 확산시킬 수 있는 능력으로 이어지며, 더 큰 자유는 더 분산되고 창조적이고 부유한 사회로 이어진다. 그러나 자전거를 탈 때와 마찬가지로 자유주의의 확장을 위해서는 계속적인 추진력이 필요하다. 사회와 경제가 진보하지 못하면 상호 강화 과정은 머뭇거리다가 결국 거꾸로 흐르게 된다. 1929~35년 대공황으로 부가 축소되자 자유도 축소되었다.

일본이나 남아프리카, 보츠와나, 라틴아메리카의 몇몇 국가들처럼 자유주의 국가로 정의할 수 있는 국가들이 서구 밖에도 존재하지만, 그 수가 극히 드물며 그들의 제도가 당연히 계속될 것이라고 단정할 수는 없다.

서구 밖에는 자유주의 문명의 대안이 무수히 존재한다. 개인독재나 일당독재도 있고, 경찰국가, 군사국가, 신정神政국가, 라틴아메리카와 아프리카에서 볼 수 있는 '파탄국가'도 있다. 파탄국가에서 시민은 조직범죄나 당쟁, 납치, 사회혼란의 희생양이 된다. 이른바 준자유주의 국가도 있다. 그곳에는 형식적인 민주주의와 시장경제, 법규 등이 존재하지만 자유주의의 관습과 이상이 뿌리 깊게 자리 잡고 있지는 못하다. 준자유주의 국가에는 자유주의 문명의 많은 이점들이 있지만 개인의 완전한 자유와 모든 시민들의 지위 평등, 공통된 정체성과 소속감, 종교의 자유, 소수자들에 대한 관용, 사회의 약자들에 대한 배려와 실질적인 도움, 서로 다른 구성원들의 효과적인 협동 능력, 부패한 정부를 이겨내고 대체하는 능력 등 본질적 요소들 가운데 적어도 한 가지 이상이 결여되어 있다.

자유주의 사회는 서구의 특징일 뿐만 아니라 서구 내에 보편적으로 존재하면서 단 하나의 공통된 정치적 사회적 모델을 따른다. 서구의 모든 국가들이 모델로 삼는 자유와 법규, 정치적 절차, 인권보호의 형판은 단 하나다. 하나의 정치 문화, 하나의 생활양식, 하나의 문명이 존재하는 것이다. 이는 기계적으로 혹은 강요에 의해 생겨난 것이 아니라 공동의 역사를 통해, 공동의 법률적, 종교적, 정치적, 사회적, 경제적 경험들을 통해 성장했다.

서구 자유주의 사회는 어떻게 등장했는가

자유주의의 성장은 두 가지 우연한 발전에 힘입어 이루어졌다. 하나는 유럽의 봉건제도가 1000~1900년 사이 세계 최초의 혼합 경제로 교체된 것이고, 또 하나는 1600~1900년 사이 유럽과 미국에서 현대정치가 고안된 것이다.

유럽 사람들은 세계 최초로 '장원'이라는 자급자족 공동체 중심의 농업경제에서 탈피했다. 장원은 노예 노동에 의지하고 있었고 장원의 영주는 경제적·정치적 지배력을 모두 행사했다. 1000년경에는 자유를 불가능하게 하는 이 봉건제도가 전세계를 지배하고 있었다. 그러다가 1900년에 이르자 유럽과 유럽 사람들의 정착지에서 봉건제도가 완전히 사라졌다.

유럽 봉건제도의 퇴각 이유는 두 가지다. 첫 번째는, 이탈리아와 네덜란드, 발트해 및 북해 연안에 자치적인 도시국가들이 출현한 것이다. 이 도시국가들의 자치는 전례가 없는 수준이었다. 고대 그리스 도시국가들의 경우는 어느 정도 비교해볼 만도 하지만 아시아나 이슬람 문명에는 이에 필적할 만한 예가 전혀 없었다. 오직 유럽 도시에서만 상인이나 장인들이 자유에 대한 봉건적 제약을 벗어날 수 있었다.^{주2}

중세 후기 및 근대 초기 유럽에서 봉건제도를 물러가게 한 두 번째 발전은 '화폐 농업'의 점차적인 확장이었다. 농작물을 키워 장원 내에서 소비하기보다는 시장에 가져가서 현금과 교환하게 된 것이다. 화폐 농업은 봉건적 의무 해체와 시장성 있는 소규모 자작 농지 획득을 촉진시켰다. 그리하여 소작농들은 소규모의 독립적인 농민(자유농민)이 되었다. 화폐 농업은 불균형하게 성장하여 네덜란드와 영국, 프랑스에서 번성한 후 나머지 유럽 지역으로 퍼져나갔다.

상업과 화폐 농업은 많은 봉건 지주들에게 경제적 이익이 되지 못했다면 널리 확산될 수 없었을 것이다. 이는 대립보다는 협력과 관계된 문제였다. 상인에게는 고객이 필요하다. 지주 계급은 상인의 파트너가 되어 농작물과 양모, 광물을 그들에게 팔고 향신료와 담배, 외래 물품 등의 수입품을 그들에게서 사들였다. 상업과 산업이 성장함에 따라 지주들의 소득이 증가하

주2 Rosenberg and Birdzell(1986) 참고.

고 소유한 땅의 가치도 높아졌다. 시골 대지주 및 영주들은 과학기술, 상업, 대학, 왕실, 제조업 및 광업의 확장을 통해 이익을 얻었다. 봉건제도가 좀더 복잡하고 다채로운 사회구조로 교체되면서 그들에게 이익을 가져다주었다. 유럽, 특히 영국과 네덜란드에서 자율적인 상업계급이 가장 먼저 등장한 이유는 관용과 호혜주의의 관습, 다양한 경제 집단들이 서로의 사리를 추구하는 관습, 경제적 이익이 발생하기 때문에 사회 변화에 순순히 따르는 관습이 이미 보편화되어 있었기 때문이다.

유럽 정부들은, 상인들에게 경제적·정치적 특권을 줌으로써 국가의 부와 권력을 강화할 수 있다는 현실에 점차적으로 적응했다.

영국과 네덜란드, 이후에는 다른 곳에서도 통치자들은 재산을 압수할 수 있는 힘을 포기하고 협정된 비율에 따라 정식으로 조세를 부과할 수 있는 권한을 손에 넣었다. 경제사학자 로젠버그와 버젤은 이렇게 말한다. "이 변화가 미친 영향의 중요성은, 이러한 변화를 채택하지 않은 아시아 및 이슬람 제국들과 비교할 때 제대로 이해할 수 있다."

현대정치의 탄생

역사적으로 볼 때 다소 늦은 17~18세기에 서구에서 현대정치 및 현대 민주주의가 탄생했다. 이러한 탄생은 다섯 차례의

—대개는 우발적이지만— 중대한 정치적 이변을 통해 이루어졌다. 바로 1640~60년 영국혁명, 1688년 영국 명예혁명, 1776~83년 미국독립전쟁, 1789~94년 프랑스혁명, 1861~65년 미국 남북전쟁이다.

물론 이전에도 대중정치의 길을 열어준 사상과 사건들이 있었다(모두 유럽 안에서 전개되었다). BC 6000~4000년 고대 그리스인들은 민주주의를 개척하여 사실상 시민들의 정치적 평등을 실현했다. 수많은 노예 인구는 제외되었지만 말이다. 또한 유럽은 로마제국이 남긴 위대한 유산 —모든 곳에 적용되는 보편적이고 세속적인 법률 제도— 의 혜택을 받았다.

크리스트교 내에서 일어난 두 가지 발전도 자유를 촉진시켰다. 첫째로, 예수그리스도 운동은 정도에서 벗어난 작은 유대교 분파로서 로마 정부의 정치적 관용과 보호에 기대 성장했다. 즉, 처음부터 크리스트교도들은 종교와 국가 권위의 분리, 다양한 종교적·세속적 권위의 존재를 수용하고 있었던 것이다. "카이사르의 것은 카이사르에게, 주님의 것은 주님에게 돌리라."주3

둘째로, 초기 크리스트교도들은 당시로서는 전례 없이 파격적인 정치사상을 제시했다. 모든 국가와 민족, 노예와 주인, 남성과 여성이 그리스도 안에서 평등하다는 사상이었다. 보통사람들이 중요하고 개인의 혼에 무한한 가치가 있다는 사상은 유럽에만 존재하는 것이었다. 이런 식의 강조는 이슬람 문화나 중국의 유교 문화, 인도의 힌두교 문화 등 다른 대규모 종교 및 문화에서는 찾아볼 수 없었다. 이들 문명 중 그 어디에도 유럽의 성모마리아 숭배에 필적할 만한 예는 없었다. 성모마리아에 대한 숭배의 영향으로 유럽에는 점차적으로 여성 존중 사상이 싹트게 되었다.[주4]

1073년 교황 그레고리우스Gregory 7세는 통치자가 신의 뜻을 무시할 경우 그 통치자는 폐위될 수 있다고 선포했다. 그 후 수 세기에 걸쳐 교회와 국가 사이에서 격렬한 싸움이 무수히 일어났다. 자신도 모르는 사이 교황은 정치적 다원주의의 문을 열었다. 교황은 경쟁 당국 간의 거리를 벌려놓았고 바로 그곳에 자유가 자리 잡을 수 있었다.

종교개혁 또한 의지와 상관없이 자유를 촉진시켰다. 마틴 루터와 존 칼뱅은 본래 자유주의자가 아니었다. 1541년 제네바에 세워진 칼뱅의 신정국가에서 간통을 저지른 남성은 참수형을

주3 마태오복음 22장 21절. 철학자 로저 스크루턴은 서구와 이슬람에 관한 책에서, 이슬람과 달리 크리스트교에서는 속세의 법을 수용한다고 말하면서 "법적 질서는 성서 계율에 의해 세워졌다"고 주장한다. 마호메트는 종교적 지도자이자 정치적 지도자였다. 그렇기 때문에 이슬람 종교법을 기초로 하지 않는 국가는 정당성이 인정되지 않는다. Roger Scruton(2002) *The West and the Rest: Globalization and the Terrorist Threat*, ISI Books, Wilmington/Continuum, London.

주4 역사학자 로버츠가 말한 것처럼 "초서Chaucer의 작품에 등장하는 바스의 여장부는 오스만 터키나 유교 국가인 중국에서는 상상하기 어려운 캐릭터다." J. M. Roberts (2001) *The Triumph of the West: The Origin, Rise and Legacy of Western Civilization*, Phoenix Press, London.

당했고 여성은 물에 빠뜨려 죽이는 익살형을 당했으며, 이교도는 산 채로 화형을 당했다. 신성모독이나 마법도 사형을 당할 만한 중죄였다. 그러나 종교개혁은 개인의 권리를 주장하여 유럽의 문화적·종교적 최고 권위에 대항하고, 개인의 양심에 대한 요구를 높이고, 신과 개인 사이에 개입하려는 가톨릭교회의 시도를 뛰어넘어 '모든 신자가 성직자'임을 주장하고, 성직자에게서 평신도에게로 힘을 이동시키고, 교회의 신학이론을 거부하여 크리스트교도 개개인이 신에 관한 진리를 성서에서 스스로 찾도록 장려하고, 진리를 보통사람들의 판단에 맡기고, 세속적 권위에 의해서가 아니라 영원한 구원을 얻으려는 개인주의와 개인의 자율적 책임을 북돋우고, 통치자들이 교황에 대한 도전의 정당화 수단으로 종교를 이용할 수 있게 하고, 크리스트교계를 분할하여 다양한 형태의 종교를 따르는 국가들이 존재하게 하는 등 종교적 다원주의와 생각의 자유, 정치적 자유를 촉진시키는 데 헤아릴 수 없을 만큼 큰 영향을 주었다.

신교는 정치적 저항의 상징이 되어 대학, 도시, 지방, 의회 등의 집단들이 자유를 신장하는 데 도움을 주었다. 종교개혁자들과 반종교개혁자들이 세운 대학 및 학교들은 수많은 보통사람들을 교육시켜 독립적인 사고를 가능케 했다.

유럽에서는 정치적 이론 및 행동이 폭발적으로 증가했다. 존 로크John Locke(1632~1704)를 비롯한 사상가들은 자율적인 개인들이 합의를 통해 사회를 형성했다는 '사회계약설'을 보급시켰다. 로크의 사회계약설은 그야말로 굉장한 이론이었다. 이 이론에 따르면 국가는 국민의 하인이었고, 공동체의 궁극적인 기초이자 사회의 기본 요소는 자유롭고 독립적인 개인이었다.[주5]

사회계약이라는 혁명적인 개념은 두 가지 필수적인 발전이 없었다면 영국에서 성공하지 못했을 것이다. 오랜 세월에 걸친 경제 발전과 한 번의 정치적 격변이 바로 그것이다.

경제 분야에서 핵심적인 사건은, 옛 지주 계급과 떠오르는 중산 계급(상인, 소농, 장인 등) 사이의 상호 의존 및 상호 이익 증가였다. 특히 상인들은 귀족사회의 도시화를 촉진시켰고 그로 인해 대지주들은 새로운 부와 새로운 사회적 역할을 얻게 되었다.[주6] 16세기부터 현재까지 영국 의회는 —즉각적으로든 마지못해서든— 비즈니스 계급의 모든 중요한 요구에 응함으로써 기

주5 사회계약설은 1651년 출판된 토머스 홉스Thomas Hobbes의 『리바이어던Leviathan』을 통해 부각을 나타내게 되었다. 역설적이지만 홉스는 이 개념을 이용해 강력한 국가를 정당화했다. 그의 말에 따르면, 시민들이 무질서를 피하기 위해 스스로 권리를 국가에 양도했다는 것이었다. 그러나 로크를 비롯한 많은 저술가들의 설명처럼, 서로 결합하여 시민사회를 형성하기로 결정한 개인들에게 권리가 있다는 것이 사회계약설의 함축 의미로는 더 자연스러웠다. 사회계약이라는 개념을 처음 전개한 사람은 15세기 프랑스 신학자 장 게르송Jean Gerson이라 할 수 있다. 그는 사람들이 평화를 위해 합의하여 자원을 공동이용하고 법을 준수한다고 말했다. 국가의 정당한 기초는 시민들의 합의뿐이라는 것이었다.

주6 Rosenberg and Birdzell(1986) 참고.

업 및 기업가들이 정치적·종교적 간섭을 점점 덜 받게 해왔다. 17세기 이후 2세기에 걸쳐 의회를 장악하고 있던 지주들은 자본가 계급을 하위 협력자로 삼아 왕의 전권을 제한하려는 오랜 시도 끝에 의회를 정부 및 과세의 최고 결정자로 만들었다.

자유주의 사회를 출현시킨 중추적인 사건은 1640~1660년에 일어난 영국혁명이었다. 체제에 반대하는 상류층과 자작농, 상인, 장인 등이 연합하여 의회의 주도권을 주장하고, 적법한 군주에게 무기로 대항하고, 그의 군대를 물리쳐 왕을 처형한 뒤 의회가 지배하는 '공화국'을 세웠다. 1660년 왕정이 복원되었지만 이는 의회가 용인한 덕분이었다. 1688년 명예혁명이 그 사실을 증명해주었다. 의회는 스튜어트 왕조를 폐하고 왕녀 메리와 남편 네덜란드 총독 윌리엄을 왕위에 앉혀 입헌군주제를 세웠다. 1776년 이전까지 프랑스 계몽주의 철학자들을 비롯한 '자유의 옹호자들'은 영국을 지구상에서 가장 정치적으로 진보한 국가로 보고, 지배층인 지주들이 상인과 기업가 등 떠오르는 중산계급에게 빠르게 자리를 양보하는 모습에 감탄했다.

1776~83년 미국 독립전쟁은 자유주의의 청사진을 한층 더 뚜렷하게 제시해주었다. 정교하게 설계된 미국 헌법은 민주주의의 길을 여는 한편 견제와 균형을 통해 폭력과 전제정치의 위험을 최소화했다. 토머스 제퍼슨은 독립선언문을 일컬어 "수많은 사람들이 태어날 때부터 등에 안장을 지고 있고 혜택 받

은 소수가 그 위에 올라타게 되어 있지 않다는 명백한 진실에 기초하여 … 민주정치가 가져다주는 축복과 안전을 일깨우는 신호가 될 것"이라고 말했다. 영국 왕에 대항한 미국 독립전쟁은 영국에서 이주해온 신교도들이 주도한 것이었다. 이 전쟁은 1640년과 1688년 영국혁명의 전통을 따르고 있었다. 그들은 "대표가 없는 곳에 과세할 수 없다"고 주장하고, 영국의 전통적인 법과 정의, 개인의 권리와 사유재산권, 행정부의 권력 제한 등을 추구했다.주7

미국의 자유주의 혁명은 약 80년 후 링컨이 남북전쟁에서 북부를 승리로 이끌어 노예제도를 무너뜨림으로써 완결되었다. 1863년 게티즈버그 연설에서 링컨은 이 전쟁에 관해 언급하면서 "국민의, 국민에 의한, 국민을 위한 정부는 지구에서 사라지지 않을 것"이라고 약속했다. 미국의 정치 신념(민주주의, 평등, 차별 철폐, 개인의 권리, 권력의 분산 등)은 전세계 자유주의자들의 귀중한 모범이 되었다.

반면 1789~94년 프랑스혁명은 민주주의와 독재를 둘 다 자극하여 '자유, 평등, 박애'의 유산뿐만 아니라 국가적 테러의 유산도 영속적으로 남기게 되었다. 전자는 나폴레옹 민법전과, 1830년 프랑스혁명 이후 입헌군주제의 승리, 1871년부터 시작

주7 인디언과 노예를 제외하고 1790년 미국 인구의 80%는 민족적으로 영국인이었고 그 외에는 대개 독일인과 네덜란드인이었다. 그리고 백인 인구의 98%가 신교도였다.

된 제3공화정에 반영되었다. 국가적 테러의 유산은 20세기 러시아, 독일, 중국 등 많은 곳에서 일어난 반자유주의 혁명에서 나타났다.

20세기 자유주의에 닥친 위협

1900년 이후로 자유주의와 서구 자유주의 사회는 세 가지 중대한 위협에 직면하게 되었다.

1. 서구 내에서 큰 대중적 지지를 받기도 했던 이데올로기의 위협
2. 서구의 지지를 거의 받지 못한 이데올로기와 관련된 외부의 적의 위협
3. 서구 내 자유주의 사회 자체의 위협

이데올로기의 다툼 |　　　　20세기에는 세 가지 이데올로기, 즉 민족주의와 공산주의, 파시즘[주8]이 자유주의와 힘을 다퉜다.

15~19세기까지 서구에서는 민족주의가 서서히 싹텄다. 1871년 이후 대다수 서유럽 국가들의 경계가 최초로 민족에 의해 구분되었다. 민족주의는 급속히 성장했고 민중주의자, 저술가, 신문, 정치인들이 이를 더욱 부추겼다. 민족주의와 인종주의에 대한 열정은 '유럽 확장'에 불을 붙였다. 1870~1914년 제국주의 시대에는 아프리카의 대부분을 유럽 열강들이 손에 쥐고 있

었다. 그 후 유럽의 군비경쟁은 점점 더 과열되어 1914~18년 1차 세계대전 때 최고조에 달했다. 전쟁은 전례 없는 대학살로 이어졌고 서구가 자신하던 공동 문화도 파괴되었다. 악성 민족주의는 히틀러가 권세를 얻어 서구문명이 거의 파멸에 이르게 된 핵심적인 원인이었다.

1945년 이후, 유럽에 만연해 있던 민족주의는 —부분적으로 미국의 지원 하에— 유럽의 경제 및 정치 제도 건설, 회복된 번영으로 인해 근절되었다. 유럽 열강들이 서로에게 무기를 겨누는 일은 두 번 다시 일어나지 않으리라는 확신이 세워졌다. 유럽연합은 이 목표를 거의 실현시켰다.[주9] 유럽에서 생겨난 민족주의는 서구 밖에서 여전히 극도의 위험 요소로 존재하고 있다. 그러나 서구의 평화와 단결, 자유주의 제도에서는 민족주의가 더 이상 위협이 되지 못한다.

민족주의와 마찬가지로 공산주의와 파시즘도 20세기 서구

주8 엄격히 말하자면 파시즘과 나치즘은 구별되어야 한다. 파시즘은 무솔리니에 의해 제창되어 1922~1945년까지 이탈리아를 지배한 이데올로기였고, 나치즘은 1933년~1945년까지 독일을 지배한 훨씬 치명적이고 인종차별주의적인 이데올로기였다. 그런데 일반적으로 사람들은 나치즘을 파시즘에 포함시켜 생각한다. 히틀러는 무솔리니의 체제가 거의 몰락했을 때 이를 구해야 한다고 주장하면서 이렇게 말했다. "결국 모든 것이 가능하다는 사실을 보여준 사람은 무솔리니 총통이었다." 역사학자 노먼 데이비스Norman Davies의 말처럼, 무솔리니가 보여준 것은 자유민주주의의 붕괴 가능성이었다. 1922년 10월 자유주의자들은 파시스트들에 대해 어떤 저항도 시도하지 않았다.
주9 보스니아의 경우에서 볼 수 있듯 악성 민족주의가 유럽에서 완전히 뿌리 뽑힌 것은 아니다. 그러나 1945년 유럽의 해로운 민족주의는 굉장히 낙관적으로 볼 수 있을 만큼 줄어들었다.

자유주의 사회를 거의 파괴시킬 뻔했다. 이 이데올로기들은 서구 안에서 싹튼 내적인 병폐였다. 1941년 공산주의와 파시즘은 유럽 대륙에서 자유주의를 거의 몰아냈다. 북아메리카와 호주, 영국이 서구문명에서는 거의 유일하게 남아 있었다.

이때가 자유주의의 성쇠에서 가장 낮은 지점이었다. 1945년 이후 거대 정치세력으로서의 파시즘은 서구에서 사라졌다. 공산주의는 동독, 중유럽 및 동유럽 대부분의 지역을 지배하고 있었다. 그러나 1945년 이후 서구의 그 어느 국가에서도 공산주의자가 선거에서 당선되는 일은 없었다. 1989년 베를린장벽이 무너진 후 공산주의는 서구 자유주의에 전혀 위협을 가하지 못했다.

외부의 적이 가하는 위협

때때로 민족주의와 공산주의, 파시즘은 모두 서구의 지지를 받기도 했다. 반면 현재 서구에 가해지고 있는 가장 중대한 외부의 위협들은 서구에서 거의 대중의 관심을 끌지 못하고 있다. 현재의 위험 요소들은 다양한 형태의 테러리즘과 이슬람의 반자유주의, 특히 이슬람 근본주의다.

알카에다를 비롯한 이슬람 혁명론자들이 가하고 있는 위협을 서구에서는 어떻게 평가할까? 이슬람혁명 운동은 매우 소규모이며 독실한 이슬람교도 대다수를 대표하지는 않는다. 위협 요소는 과격론자들의 수에 있는 것이 아니라 그들이 지닌 관점의 강도, 이란, 이라크, 리비아, 아프가니스탄, 수단, 시리아, 북한, 경우에 따라서는 몇몇 서구 국가들이 그들에게 주는 지원에 있다. 서구가 팔레스타인에 대한 지원을 꺼리면 광신자들에 대한 대중적 지지가 상승한다. 그들은 서구문명을 신이 아닌 돈을 숭배하는 일종의 맹신적 야만집단으로 본다.[주10] 그러나 서구에 대한 빈 라덴의 공격은 서구문명을 타도하기 위한 것이 아니었다. 그보다는 서구로 하여금 '맹신적인' 체제들에 대한 지원을 중단하고 중동에서 물러나게 하고, 이슬람교도들로 하여금 그 체제들을 타도하게 하기 위한 것이었다.

테러리스트 집단의 위협은 새로울 것 없는 일이지만 —9.11테러뿐만 아니라— 그들과 관련된 사건의 발생은 우리를 오싹하게 만든다. 1995년 일본 옴진리교(힌두교와 불교가 이상하게 혼합된 종교로 유대인이나 프리메이슨과 관련된 자본주의 음모론을 떠올리게 한다)는 도쿄 지하철에서 신경가스를 살포하여 12명의 목숨을 빼앗고 수천 명의 삶을 망가뜨렸다. 〈이코노미스트〉의 보도에 따르면 옴진리교는 십억 달러와, 치명적인 화학물질을 살포할 수 있는 정교한 러시아 헬리콥터도 보유하고 있었다. 그러나 빈 라덴 사건까지 포함해서 테러리스트의 공격 횟수와 그로 인

주10 Ian Buruma and Avishai Margalit(2004) *Occidentalism: A Short History of Anti-Westernism*, Atlantic Books, London 참고.

한 사상자 수는 1980년대 중반 이후 크게 줄었다.주11

　테러리스트의 위협은 분명한 현실이며 경시되어서는 안 된다. 서구는 경계를 늦추지 않아야 한다. 끔찍한 테러리스트들의 난폭 행위를 제거하기란 불가능하다. 하지만 20세기에 민족주의, 인종주의, 전체주의 국가들 —서구 내에서 생겨난 이 종양들은 서구 자유주의 사회를 파멸시킬 뻔했지만 이제는 서구에서 거의 사라졌다— 로 인해 수천만 명이 목숨을 잃거나 노예가 된 것에 비하면 현재 자유주의에 대한 외적 위협은 그리 대단치 않아 보인다.

　그러나 서구 자유주의가 확고하게 성공을 거두었다는 정치학자 프랜시스 후쿠야마Francis Fukuyama의 주장주12은 사실처럼 들리지 않는다. 자유주의는 1950년이나 1900년에 그랬던 것만큼 서구의 신념과 태도에 강하게 뿌리내리고 있지 못하다.

자유주의가 자초한 다섯 가지 위협

　가장 명백한 위험은 서로를 강화시키는 테러리즘과 내부의 권위주의이다. 전쟁은 자유주의 가치관의 적이다. 테러리즘과 서구에 대한 외부의 위협을 물리치는 데 계속적이고 집중적인 전쟁이 필요하다면 자유주의 가치관은 수포로 돌아갈 것이다.

주11　Ferguson(2004) p.125 표 참고.

주12　Francis Fukuyama(1992) *The End of History and the Last Man*, The Free Press, New York.

영국 노동당 행정부는 반테러법을 도입하여 재판 없이도 무기한 구금할 수 있게 했다. 호프먼Hoffman 판사는 이렇게 비판했다. "사람들이 전통적인 법률과 정치적 가치관에 따라 살아간다는 점에서 볼 때, 국가의 생명에 대한 진정한 위협은 테러리즘에서 비롯되는 것이 아니라 바로 이러한 법률에서 비롯된다." 그의 말은 지극히 옳다. 우리가 지키고자 하는 정의와 민주주의의 원칙을 우리 스스로 버린다면 테러리스트들이 승리하게 된다.

테러리스트들은 비자유주의적 사상이 서로를 갉아먹는다는 사실을 잘 알고 있다. 그렇기 때문에 혁명론자들은 늘 과격한 반응을 도발하고 부추기려 애쓰는 것이다. 서구는 극심한 도발 속에서도 과연 균형감각을 유지하고 자유주의 가치관을 계속 고수할 수 있을까?

이와 연관된 또 한 가지 위험은 이른바 '자유주의적 제국주의'라는 탈을 쓰고 나타난다. 자유주의적 제국주의란 강제로 민주주의를 강요하는 것이다. 영국 역사학자 니얼 퍼거슨Niall Ferguson을 비롯한 신보수주의자들은, 많은 국가들이 자유롭고 민주적인 사회 창조를 위해 서구의 지배를 강요함으로써 이익을 얻을 수 있을 것이라고 말한다. 퍼거슨은 자유롭고 민주적인 사회에 관해 이렇게 말했다.

자유롭고 민주적인 사회는 상품, 노동력, 자본의 자유로운 국제교류를 뒷받침할 뿐만 아니라, 시장이 제대로 기능하는 데 꼭 필요한 조건들(평화와 질서, 법규, 부패하지 않은 행정, 안정된 재정 및 통화 정책 등)을 창출하고 유지하며 운송시설, 병원, 학교 등의 공공재화를 제공하기도 한다.주13

　　그는 뿌리 깊은 자유주의 문명이 확산되지 않는다면 서구는 결코 안전하지 못할 것이라고 말한다. 퍼거슨은 1945년 이후 서독과 일본에서 민주주의의 강요가 성공적인 결과로 이어졌다는 점을 지적한다. 독일과 일본, 전세계의 평화와 번영, 행복이 크게 증대되었다는 사실에 누가 반론을 제기할 수 있겠느냐는 것이다. 이 주장은 매력적이지만 설득력은 부족하다. 외부의 힘으로 민주주의를 도입하는 일이 불합리하다는 사실은 제쳐두고라도 말이다.

　　1945년의 독일과 일본처럼 전쟁으로 완전히 무너진 국가, 권위도 없고 제기능을 하는 사회도 없고 식량도 부족하고 저항력도 없는 국가를 재건하는 일은 제대로 기능하는 체제를 상대로 전쟁을 일으키는 일과는 다르다. 서구가 일으키는 전쟁이 과연 자유주의적인 방식으로 행해질 수 있을까? 보어전쟁(남아프리카전쟁)이나, 1945년 영국 공군과 미 공군의 드레스덴 공습, 히로시마 원자폭탄 투하 사건, 베트남전쟁, 아부 그라이브Abu

Ghraib 수용소 수감자 학대, 관타나모 수용소 수감자 학대 등의 전례를 보더라도 낙관적인 예상을 하기는 힘들다.[주14]

민족적·역사적 문제 외에도 자유주의적 제국주의가 좋은 성과를 낼 수 없는 두 가지 강력한 이유가 있다. 퍼거슨도 이야기했지만, 미국의 자유주의 제국을 위해서는 수년이 아니라 수십년 단위의 장기적인 헌신이 필요하다. 그러나 미국이 그만큼 힘을 기울일 것으로 보이지는 않는다. 퍼거슨은 이렇게 말한다. "국가가 막대한 부와 파괴적인 무기를 보유하고 있지만 미국인들은 진정한 제국을 영속적으로 건설하는 데 꼭 필요한 한 가지 기본적인 활동에 거의 관심을 두고 있지 않다. 그들은 '밖으로 가기를' 꺼린다." 만약 가더라도 그들은 이내 그곳을 떠나 미국으로 돌아온다. 영국 제국주의자들은 상업과 크리스트교, 문명을 전파하는 데 힘을 기울였다.

퍼거슨은 이렇게 덧붙인다. "오늘날 미국인들과는 엄청난 차이를 보인다." 미국은 재능을 수입하지만 수출하지는 않는다. 그의 결론은 미 제국이 "개척자 없는 제국일 뿐만 아니라 통치자 없는 제국이기도 하다"는 것이다.

주13 Niall Ferguson(2004).

주14 1945년 2월 13일 밤과 2월 14일 아침 드레스덴에서 벌어진 폭탄 투하로 최소 12만 명의 비무장 시민들과 망명자들이 목숨을 잃었고, 유서 깊은 도시 전체가 폐허로 변했다. 군사적으로 거의 아무런 효과도 없는 테러였다. 1995년 독일 대통령 헤어초크Herzog는 이 사건을 가리켜 "전쟁이 인간을 얼마나 잔인하게 만드는지 보여준 사례"라고 말했다.

퍼거슨은 또 이렇게 말한다. "미국은 인정받지 못하는 제국으로서 두 가지 실수를 범하고 있다 … 하나는, 비군사적인 사업에 충분한 자원을 배분하지 않는 것이다. 그리고 더 심각한 실수는, 비현실적으로 짧은 시간 안에 경제적·정치적 변화를 시도하는 것이다."

현실은 퍼거슨이 인정하는 것보다 더 어둡다. 자유주의적 제국주의는 미국 자유주의의 위상에 막대한 손상을 입혔다. 외부에서 보는 미국은 —인류의 자유와 희망의 상징으로서— 언제나 막강한 위력을 지니고 있다는 이미지를 띠고 있으며, 그 위력은 미국의 외교와 비즈니스를 가능케 하는 '부드러운 힘'의 원천이기도 하다. 브랜드로서 미국은 자유를 의미하며 그 로고는 자유의 여신상이다. 그러나 마케팅 및 브랜드 전문가 사이먼 안홀트Simon Anholt는 이렇게 말한다. "현재 비미국인들은 미국이 문화적 정치적 경제적 군사적으로 권력을 휘두르고 있다고 생각한다. 문제는, 일단 권력을 이용하기 시작하면 설득이 효과를 발휘하지 못한다는 것이다."주15 자유주의를 억지로 강요하다 보면 자유주의의 강한 인력, 외부에서 보는 자유주의 비전의 매력이 약화된다. 눈치 빠른 상인이라면 누구나 밀기보다 끌어당기기가 더 효과적이라는 사실을 잘 알고 있다.

주15 Simon Anholt(2004) 'Brand America at the Crossroads', in *Critical Eye*, December 2004-February 2005, London.

처음에 이야기한 두 가지 위협, 즉 반테러리즘과 자유주의적 제국주의는 대체로 서구의 재량에 달려 있지만 세 번째 위협은 피하거나 맞서기가 더 어렵다. 이 위협은 정치적 절차의 분열 및 가치저하에서 비롯된다. 현대정치가 고안되면서 의회와 정당이 등장하고 대중의 정치 참여가 이루어진 것은 자유주의 문명 건설에 필수적인 단계였다. 그러나 현재 자유주의의 기반은 서서히 침식되고 있다. 자유민주주의를 위해서는 중요한 정치 무대가 필요하고, 정치에 열심히 참여하는 안목 높은 청중이 필요하다.

그러나 오늘날의 사회 동향을 살펴보면, 정치의 무대가 바뀌어 스포트라이트가 의회에서 텔레비전 스튜디오로, 정책이나 정부에 관한 심각한 문제에서 개인의 사소한 일이나 스캔들로 옮겨가고 있다. 이제 정치적인 커뮤니케이션은 언론을 통해 이루어진다. 정부나 반대파가 정보 조작에 정보 조작으로 맞서려 하면 저급하고 비열해보인다. 이제 사회적·경제적 계급은 더욱 이질화되고 덜 중요해졌으며, 정당 체제는 그 매력과 공감을 잃을 위험에 처해 있다. 천성적으로 계급에 기반을 두고 있는 전통적인 정당들의 호소력은 약해졌다. 많은 젊은이들이 세계화, 환경오염, 호혜 무역, 개발도상국의 외채 등에 관심을 갖는 것처럼 정치사상에 열렬한 관심이 있는 곳에서는 대개 계급이 주류 정치의 우선순위에 반영되지 못한다.

사회가 다원화될수록, 세계화와 지역적 정체성에 대한 요구로 서로가 강화될수록 권력은 어디에든 존재하는 동시에 어디에도 존재하지 않게 된다. 국가와 국가 관료의 힘은 침식되었다. 정치적인 흥미를 불러일으키는 주체는 무소속 정치가와 개인들이다. 언론은 이 새로운 스타들의 짧은 명성과 몰락을 신나게 보도한다. 서구 전역의 여론조사에서 대중의 정치인에 대한 존경도와 정부에 대한 신뢰도가 1960년대 이후 급격히 하락한 것은 그리 놀라운 사실이 아니다.

　자유주의를 위협하는 네 번째 문제는 도덕적 기반으로부터의 분리, 공동체에 대한 헌신 약화, 자유주의자들의 진정한 열정 부족이다. 자유주의는 유대교와 크리스트교 신앙에서 파생된 가지였다. 가장 성공적인 사회 및 그 사회의 구성요소는, 인간의 목적이 물질적인 만족 너머에 있다는 믿음과 자유주의를 결합시키는 사회 및 구성요소들이다. 인간과 사회는 자기개선 이상의 어떤 목적에 믿음을 가질 때 성장한다. 비즈니스 기업들도 번창하기 위해서는 기업 외적인 목적이 필요하다.

　처음에 자유주의자들은 자유주의 자체에서 흥미로운 목적을 찾았다. 그들은 노예제도 폐지를 위해, 선거권을 더 낮은 사회 계급까지 확대하고 그 다음에는 모든 남성에게 그 다음에는 모든 여성에게 선거권을 주기 위해, 가톨릭교도와 유대인, 흑인, 동성애자에 대한 차별을 철폐하기 위해, 신체적 형벌 및 극형을 폐지하고 형벌제도를 개선하기 위해, 노동자들과 노동조합을 보호하기 위해, 기아와 실직의 고통을 줄이거나 없애기 위해, 교육의 보편화를 위해, 건강보험 혹은 의료사회화제도 보급을 위해, 여성의 신체통제권을 위해, 소득의 재분배를 위해 개혁운동을 펼쳤다.

이런 면에서 보면 자유주의자들은 20세기에도 19세기 못지않게 효과를 발휘했다. 자유주의의 모든 목표가 성공한 것은 아니지만 주요한 싸움들이 오랜 시간 벌어졌고 대부분의 서구 국가에서 자유주의가 승리를 거뒀다. 그러나 자유주의의 상당한 성공은 자유주의의 매력을 제한시키고 그 불을 꺼뜨렸다. 그 후 새로이 영향력을 펼치게 된 것이 개인화된 경제이다. 현재는 —적어도 프랑스와 독일 밖에 있는— 자유주의적 사회주의자들의 경제정책과 보수주의자들의 경제정책이 거의 다르지 않다. 자유주의적 사회주의자들이 시장의 힘을 수용하고 높은 세금이 가져다주는 효과의 한계를 인정했기 때문이다. 대부분의 자유주의자들이 이 부분을 양보한 데에는 경제 및 선거와 관련된 타당한 이유가 있었지만 그 과정에서 자유주의는 벤자민 프랭클린이나 갤브레이스J. K. Galbraith가 사회의 빈곤층을 보호하고 돕겠다는 굳은 약속을 통해 얻은 감정적 호소력을 일부 상실하게 되었다.

무엇보다 주목할 것은, 자유주의의 도덕적 공허가 증가하고 있으며 높은 이상이 결여되고 그 중심이 감정적으로 텅 비어가고 있다는 사실이다. 자유주의 몰락의 씨앗은 자유주의의 성공에 있다. 자유주의가 완전한 결실을 맺기 위해서는 부유하고 복잡하고 고도로 사회적인 사회를 창조해야 한다. 국가의 자치와 민주주의, 훌륭한 정치사상과 정치제도와 정당, 법규, 비즈니스와 정치의 공정성 중 어느 하나만으로는 자유주의가 이루어질 수 없다. 이 모두가 활발한 자유주의를 위해 꼭 필요한 자질들이다. 그러나 절정기에 있을 때 자유주의 사회는 공동체의식, 관용적이고 인도적인 생활양식과 모든 시민의 공통된 정체성 및 평등한 지위가 지니는 장점들에 대한 공동의 인식, 지식과 이성의 가치, 공명정대함의 중요성, 다원적이고 다채롭고 분산화된 문화의 장점 등에 의지하기도 한다.

자치적인 사회가 존재하기 위해서는 시민과 시민, 시민과 공공기관, 일반 시민과 상류층 그리고 다양한 상류층들 사이에 신뢰와 존중과 같은 강한 결속이 필요하다. 사회의 다양한 구성원들이나, 서구의 다양한 국가들이 모두 같은 생각을 하지는 않을 것이다. 그러나 자유주의 문명이 제대로 돌아간다면 그 안에는 분명 상호존중과 공통된 정체감 및 목적의식이 있을 것이다. 분산화된 사회에서 이기주의는 이러한 결속을 저지하는 불필요한 요소다. 자유주의 사회가 성숙하여 더 복잡해지고 부유해짐에 따라, 시민들이 그런 사회를 건설하는 데 첫째로 필요한 것이 무엇인지 잊어감에 따라 자유주의의 장점에 대해 강한 믿음을 갖기는 더욱 어려워진다. 그리고 공동체 의식은 약화된다.

가장 부유하고 다원적인 사회는 공허한 소비주의와 공익에 대한 냉소주의의 피해를 가장 많이 입는다. 고도로 발전된 일부 자유주의 사회들, 특히 미국에서 시민들 사이의 공정과 평등을 보장해주던 법률이, 같은 시민의 금전을 빼앗는 데 이용될 때 문제는 더욱 악화된다.

마지막 다섯 번째 위협은, 자유주의가 자멸로 향하는 내적 충동을 지니고 있다는 점이다. 자유주의는 스스로의 우월성을 부인한다. 소득의 정확한 균등을 추구하다 보면 기회의 균등이 파괴될 수 있다. 불평등에 맞서는 싸움은 여전히 많은 자유주의자들의 핵심 목표로 남아 있지만 그러다 보면 개성을 억압하게 될 수 있다. '정치적 올바름'에 대한 잘못된 믿음은 과학적 연구, 특히 심리학과 생물학 연구에서 나오는 불편한 결과들을 무시하는 경향이 있다.

무엇보다 권위에 대한 거부는 주관의 불모를 초래하여 모든 관점이 다 동등해 보이게 만들 수 있다. 포스트모더니즘 철학자들은 모든 것이 상대적이라고 주장한다. 진리는 개인화되어 과학적 탐구와 공공의 논의가 이끌어내는 의의가 아닌 개인의 의견이 진리가 된다. 따라서 진리는 다른 무엇과도 다를 바가 없으며 우리는 진리의 본질을 결코 알 수 없다.[주16] 이 모호한 철학은 무지를 정당화하고 감정과 의견을 이성과 과학보다 높이는 데 이용되어왔다.

상대주의는 책임감을 부식시킨다. 책임감이 없으면 자유주의 사회는 제대로 돌아갈 수 없다. 숙고를 통한 논의만이 사회 구성원들에게 의무를 지울 수 있다. 그들이 '공익' 이라는 것의 존재를 인정하고, 보다 나은 정책과 행동의 존재를 인정한다면 말이다.

개인의 책임감도 또 다른 발전으로 인해 침식되고 있다. 개인의 손해나 사회의 결점은 점점 더 반사회적 행동에 대한 변명으로 여겨지고 있다. 서구사회 전체는 자신들을 희생자로 보고, 따라서 자신들이 한 행동의 결과에 책임을 질 필요가 없다고 생각하게 되었다. 대량의 희생자 양산은 그들 자신과 자유주의 공동체에 필요한 시민들의 상호 책임감에 막대한 손상을 입혔다. 역사 속에는 인간의 정신이 전쟁과 장애, 전염병, 억압, 기아, 홍수, 빈곤, 사회적 차별, 심지어 강제 수용까지 극복한 사례가 무수히 많다. 불리한 조건을 가진 사람들이 고난을 극복할 수 없다거나, 모든 인생의 고난과 어려움이 반사회적 혹은 범죄적 행동을 어떻게든 정당화해준다고 가정하는 것은 모욕적인 일이다. 자유주의 문명은 문제점과 나쁜 행동을 증식시키지 않고 극복함으로써, 그리고 책임을 부인하지 않고 받아들

임으로써 유지된다.주17

모든 문화, 모든 사람, 모든 관점을 무차별적으로 존중하다 보면 반주지주의와 반자유주의도 수용하게 된다. 모든 것이 상대적이라면 사람이 사람을 잡아먹는 풍습이나 집단 학살 등 그 어떤 것도 정당화될 수 있다. 자유주의자들은 영향을 받기 쉽다. 모든 관점을 관대하게 바라보려는 시도는 자살폭탄 테러범과 같은 광신자들이 우리를 증오한다면 분명 우리가 그런 증오를 일으킬 만큼 지독한 행동을 했을 것이라는 믿음으로 이어질 수 있다. 이는 우리가 자멸로 향하는 길이다. 파시스트라는 적들을 알아볼 수 없다면 그리고 자유주의자들이 자유주의 가치관을 위해 싸우지 않는다면, 야만인들이 승리하게 될 것이다.

많은 서구 자유주의자들이 서구 자유주의 사회의 전례 없는 장점들을 인정하려 하지 않는다. 다른 사회들이 만들어내지 못한 장점들, 지킬 가치가 있고 합의를 통해 널리 확장시킬 가치가 있는 장점들을 인정하지 않는 것이다. 얄궂게도 자유주의의 가장 위험한 적은 자유주다.

주16 상대주의에 관한 편견 없는 고찰이 필요하다면 Simon Blackburn(2005) *Truth: A Guide for the Perplexed*, Penguin, London 참고. 이 책에서 저자는 이렇게 말하고 있다. "바로 이러한 믿음의 개인화가 상대주의로 이어지는 것이다. 나의 믿음은 더 이상 사람들의 수용이나 거절을 받는 공적인 공간에 존재하지 않게 된다. 믿음은 '나의 진리' 혹은 '당신의 진리'에 관한 문제가 된다."(p.9)
주17 Yvonne McEwan, 'Manufacturing Victims', *LM*, March 1999, pp.18-19 참고.

결론

서구인들은 거의 인정하지 않지만 서구 자유주의 문명은 다른 문명에 비해 훨씬 큰 이익을 시민들에게 제공해준다. 자유주의 사회는 역사상 가장 성공적인 형식의 사회이며 앞으로도 이보다 성공적인 형식이 고안되지는 못할 것이다. 자유주의 사회는 활발하고 역동적인 경제 및 사회에 인간 존엄성과 자율성이라는 가장 높은 이상을 결합시킨 사회이다.

서구는 그 안에 속한 모든 국가들이 다양하고 끊임없이 변화하는 정치적 양상을 띠고 있으면서도 하나의 공통된 정치적·사회적 문화를 지니고 있다는 점에서 특별하다. 그것이 바로 자유주의 문명이다. 서구 밖에도 자유주의 사회들이 존재하고 있지만 표면적인 자유주의 국가나 실패한 자유주의 국가 혹은 전제정치 국가가 일반적이다.

자유주의는 자유의 이론과 실제다. 자유는 유럽과 미국에서 일어난 역사적 발전의 결과로, 특히 크리스트교와 급진적이고 평등주의적인 사상의 영향으로 생겨났다. 또한 자신감 있고 경제적으로 중요한 개인 및 집단들이 정치적 권리를 얻기 위해 분투하면서, 부의 증가로 모든 집단과 계층의 협동 성향이 발전하면서 자유의 발생에 영향을 미쳤다.

서구 밖의 국가들은 자유주의 문명을 발전시키기가 더 어렵다. 그들의 역사가 유럽과 미국의 역사와 다르기 때문이다. 다른 국가들은 오랜 기간에 걸친 노력과 건설적인 충돌을 겪어야 한다. 여러 사회 집단들 사이에서 협동이 생겨나는 과정도 포함해서 말이다. 그래야만 민주주의와 자유가 어떤 의미를 지닐 수 있다. 세계화의 압력과 이미 만들어진 서구의 관행은 그들이 성장 가능한 자유주의 사회를 발전시키는 데 필요한 시간과 고립을 취하지 못하게 할 수 있다. 물론 서구 밖의 국가들이 서구의 모델을 토대로 혹은 그와 관계없이 훨씬 더 나은 정치조직과 사회를 발전시킬 수도 있다. 그러나 초기 징조는 그리 길하지 못하다. 더 나은 모델이 개발되지 않는다면, 기대할 수 있는 최상의 형태는 서구 자유주의를 모방한 모조품이면서 그럭저럭 잘 운용되는 형태일 것이다.

20세기에 서구 자유주의는 서로 경쟁하는 세 가지 이데올로기(민족주의, 파시즘, 공산주의)의 도전으로 거의 사멸할 뻔했다. 현재 자유주의에 대한 외부의 위협들 —이슬람 혁명주의와 수많은 형태의 테러리즘— 은 서구에서 대중적인 호소력을 거의 지니고 있지 못하며 군사적으로도 약하다.

그러나 자유주의 문명은 그 성공과 외부의 적의 약세에도 불구하고 무시무시한 위협을 받고 있다. 가장 심각한 위협들은 모두 자유주의 문명이 자초한 것이다. 20세기 자유주의 어젠다가 서구 시민들의 안전과 복지, 자유를 놀랍도록 효과적으로 증가시켜주었지만 현재 자유주의는 과거에 비해 훨씬 인정받지 못하고 있다. 자유주의는 서구의 역사에서 비롯되었다. 그러나 역사만으로 자유주의가 유지될 수는 없다. 지속적인 실천과 개선이 필요한 것이다.

'자유주의적 제국주의'는 자유의 본고장이라는 미국의 세계적 이미지를 퇴색시켰다. 언론이 정치 무대를 빼앗음으로써 정치는 사소해지고 가치가 떨어졌다. 자유주의자들은 자신감과 열정, 추진력을 잃었다. 무엇보다 상대주의는 수많은 반사회적 희생자를 양산하여 자유주의 공동체의 번영에 없어서는 안 될 시민의 책임감을 없애버렸다. 진리의 가치 저하와 개인화는 매우 위험하다. 궁극적으로 문명에는 자신감 있고 협동적인 행동을 지탱해주는 공동의 믿음이 있어야 하기 때문이다.

모든 정당과 종파의 열렬한 자유주의자들이 협력적인 자유를 지지하고 그에 대한 열의를 다시 불태우지 않는다면 서구는 지금보다 쾌적하지 못한 문명이 될 것이고 자유와 공동체는 사라질 것이다. 시민들로 하여금 끊임없는 사리 추구를 넘어서게 하는 대의가 없기 때문이다.

Chapter 07
개인주의

SUICIDE
OF THE WEST

개인주의

서구의 주인공들과 적대자들이 모두 동의하는 서구의 중심적 특징이 있다면 그것은 바로 개인주의다. 개인주의의 상승은 크리스트교에서부터 르네상스, 종교개혁, 현대경제 및 현대사회의 성장에 이르기까지 서구 역사를 관통하는 모티프다. 서구의 개인주의와 비슷한 뿌리는 다른 어떤 문명에서도 찾아볼 수 없다. 일본, 한국, 싱가포르, 홍콩 등 서구 사상과 서구 비즈니스 관행의 영향을 받은 문화들도 서구처럼 개인주의적이 되지는 않았다. 20세기 미국과 유럽 문명의 모든 적들 —공산주의자, 나치, 제국주의 일본, 이슬람 과격 단체 등— 은 절대적인 열의와 신념을 가지고 서구 개인주의를 혐오했으며, 정체성과 의무의 기반을 제공하고자 했다. 서구 내에서 자신의 문화에 의심을 품고 있는 이들은 대개 개인주의 —그리고 그에 따른 이기심, 소외, 분열— 를 문제의 근본 원인으로 꼽는다.

서구의 개인주의가 약해지고 있다거나 위험에 처해 있다고 믿는 사람은 아무도 없다. 그보다는 다음의 두 가지 문제가 쟁점이 되고 있다. 하나는 '보편화된 개인주의의 유형과 도덕적 본질' 에 관한 문제이고, 또 하나는 '개인주의가 해로운가 아니면 이로운가' 하는 문제이다.

개인주의에는 어떤 문제가 있는가

개인주의는 아마도 고대 그리스인들에게서 비롯되었을 것이다. BC 8~9세기경에 쓰인 『일리아드』와 『오디세이』에는 개별적인 특성을 지닌 신들과 인간들이 묘사되어 있다. 그러나 개인주의를 영웅이나 신뿐만 아니라 보통사람들도 지니는 권리이자 의무로 만든 것은 히브리인들이었다.

BC 500년 유대 예언가들은 도덕을 개별화했다. 그들은 히브리 지도자들뿐만 아니라 보통사람들에게도 설교를 하여 모든 사람의 마음속에 있다고 믿는 양심과 동정심에 호소했다.

복음서 저자들이 이야기한 그리스도의 설교와 성 바울로가 크리스트교에 깊이 새긴 메시지는, 신 앞에 있는 모든 개인의 가치와 스스로를 개선해야 하는 개개인의 의무를 분명히 했다.

바울로는 그리스도 안에서 '새로운 아담', 즉 새롭고 개선된 인간 원형이 번영할 수 있다고 말했다. 그는 이 더 높은 자아를 "더 이상 내가 아니라 내 안에 계시는 주님"이라고 표현했다. 바울로는 자신의 정신적 고통을 내면 깊숙한 곳에서 일어나는 그리스도와 사탄의 싸움이라 말했다. 이후 몇 세기가 흐르는 사이 크리스트교 신학자들은 모든 인간이 영원하고 귀중한 영혼을 지니고 있다는 데에 동의하게 되었다.

모든 개인에게 개성과 깊은 내면, 확고한 자아가 있다는 생각은 서구의 정체성을 이루는 기본적인 요소다. 그러나 이러한 자기인식이 크리스트교 이전에는 존재하지 않았고 완전히 발달된 것은 지난 천년 사이의 일이다. 캐나다 철학자 찰스 테일러Charles Taylor는 이렇게 말한다. "우리는 우리에게 머리나 팔이 있는 것과 마찬가지로 자아가 있고 심장이나 간이 있는 것과 마찬가지로 깊은 내면이 있다고 자연스럽게 생각하게 된다." 그러나 크리스트교 이전의 인류에게는 이런 의식이 전혀 없었다.주1 개성의 기원은 종교에, 그중에서도 크리스트교에 있다. 그 기반이 되는 것은 신이 개개인 안에 살면서 그들의 행동에 신성한 의미를 부여한다는 생각이다. 성 아우구스티누스는 이렇게 말했다. "주님은 내 심장의 빛이요, 내 영혼의 양식이요, 내 정신을 나의 가장 깊숙한 생각과 융합시키는 힘이다."

일반적으로 역사가들은 개성이라는 개념이 완전히 발달된 것이 1000~1500년 사이라고 말한다. 1918년 슈펭글러는 유럽에서만 나타나는 개성 예찬에 사람들의 주의를 집중시키면서 중세 종교 속에서 그 근원을 찾았다.

'나'라는 이 특정한 개념의 등장은, 훗날 회개와 개인 사면의 성사聖事를 창조한 개성이라는 개념의 첫 걸음이었다 … 서구 사람은 자신의 생성 과정에 대한 의식을 가지고 살며 그의 눈은 항상 과거와 미래를 주시한다 … 진정한 자기비판을 할 수 있는 [고대] 그리스인은 없었을 것이다 … 그리스 미술만큼

주1 Charles Taylor(1989) *Sources of the Self: The Making of the Modern Identity*, Cambridge University Press, Cambridge.

비개인적인 것도 없기 때문이다 …인간에게 인격, 즉 삶과 행위를 연결해주는 개성이 있다는 것은 우리의 도덕 체계에서 기본이 되는 가정이다 … 인간이 활동적이고 호전적이고 발전적인 통일체라는 생각은 … 우리에게 너무나 필연적이기 때문에, 우리는 이것이 서구에서만 잠시 동안 유효한 가정이라는 점을 실로 이해하기 어렵다…주2

개성은 초기 크리스트교 교리에 내재되어 있다가 1050~1200년 사이에 더욱 강조되었다. 피터 왓슨은 개성이라는 개념이 발달된 것이 다음의 세 가지 원인 때문일 수 있다고 말한다.

1. 도시의 성장과 법률, 비즈니스, 교직 등 세속 직업의 성장.
2. 첫째아들이 땅을 물려받고 그 밑의 아들들은 각자 일을 하여 재산을 모으게 하는 장자상속권의 발달.
3. 고대 권위자들이 서로 의견이 달랐고 교회와 다른 태도를 취했음을 보여준 고전고대의 재발견.주3

아마도 가장 중요한 것은 개인의 신앙이라는 개념이었을 것이다. "너 자신을 신에 이르는 길로 알라."주4 12~13세기까지 신과 사탄의 싸움이 새로이 두드러지게 되면서 "자신 안에서 일어나는 끊임없는 싸움"으로 이어졌다.주5 1200년 이전까지는 고

해성사가 드물게 행해졌으나 제4차 라테라노공의회에서 1년에 한 번 고해성사를 의무화했고 가급적이면 더 자주 할 것을 권장했다. 회개는 개인이 홀로 완수하는 것이다. 1457년 상업 인쇄술의 발명과 그에 따른 묵독의 확산은 자기반성과 내적 개성에 대한 의식을 강화시켰다.주6

따라서 르네상스로 인해 개성이 발견된 것은 아니지만 사회의 표면으로 드러나게 되었고 모든 사람이 개성이라는 개념을 알게 되었다. 특히 미술에서는 인간을 암호나 기호가 아닌 개개의 사람으로 명백히 인식하게 되었다. 문화 및 지성의 역사에서 처음으로 '인간성'이 완전히 받아들여진 시기였다.

르네상스 시대의 가장 위대한 세 인물 레오나르도와 라파엘, 미켈란젤로는 예술가일 뿐만 아니라 사상가이자 과학자였고, 가능한 모든 자기표현 및 자기발견 수단을 시도한 박식가였으며, 높은 야망의 소유자로서 인류를 지상의 속박에서 해방시키

주2 Spengler(1991), "오이디푸스에게 일어난 일은 (리어왕의 운명과 달리) 누구에게나 일어날 수 있는 일이었다. 이는 고전적인주고대 그리스의 운명으로서, 모든 인류에게 일반적인 운명 Fatum이며… 결코 개인의 사건에 달려 있는 것이 아니다."

주3 Watson(2005).

주4 Robert Benson and Giles Constable (eds) *Renaissance and Renewal in the Twelfth Century* (1991) Oxford University Press, Oxford.

주5 Spengler(1991).

주6 가동 활자를 이용해 인쇄된 최초의 책은 1457년 10월 14일 출판된 『마인츠 시편*Mainz Psalter*』이었다. 출판인들(인쇄인들)은 유난히 이단을 조장하는 일을 좋아했다. 지금처럼 당시에도 스캔들은 광고 효과를 발휘해 베스트셀러를 탄생시켰기 때문이다.

려 끊임없이 노력했다. 레오나르도가 비행기 발명을 시도하는 동시에, 지상의 간섭을 받지 않고 자유롭게 공중을 떠다니는 천사와 성인들을 그린 것은 우연한 일이 아니었다.[주7] 상상력과 야망, 업적이 귀족 혈통을 밀어내고 사회적 찬양의 초점이 되었으며, 그리하여 재산으로 이어지는 일도 많았다. 개성이 귀족정치를 이기게 된 기나긴 과정이 시작된 것이다.

종교개혁은 여러 가지 뜻하지 않은 방식으로 개인주의에 힘을 실어주었다. 순전히 한 개인의 대담함으로 크리스트교의 가장 권위 있고 신성한 기관에 도전하는 일도 있었고, 권위에 대항해 개인의 양심을 주장하는 일도 있었고, '모든 신자가 성직자'라는, 즉 모든 개인이 신과 친밀한 관계를 맺을 수 있고 교회를 대신하여 신과 신학에 대한 교회의 독점을 깨뜨릴 수 있고 성직자와 평신도의 계급적 차별을 없앨 수 있다는 주장이 나오기도 했으며, 서로 경쟁하는 교회들이 세워져 통치자와 국민들이 선택할 수 있게 됨으로써 종교적 다원론의 길이 열리고 나아가서는 회의론과 무신론의 길이 열리기도 했다. 물론 루터주의와 칼뱅주의는 가장 심할 경우 원시적인 유대 크리스트교로 후퇴한 편협한 신조였고 사랑보다는 공포에 기반을 두고 있었다. 그러나 현대의 크리스트교 근본주의자들과 마찬가지로 개인을 징벌하고 다스리려는 그들의 시도는, 루터와 칼뱅, 존 녹스John Knox를 비롯한 복음전도자들로 하여금 확립된 권위에 저항하고 개인적인 비전을 주장할 수 있게 해준 개인주의의 발전이 없었다면 상상할 수도 없는 일이었다.

100년 전 막스 베버가 쓴 것처럼 루터는 "속세에서의 의무 이행을 개인의 도덕적 활동이 띨 수 있는 최고의 형태로 평가"한다는 '소명'이라는 개념을 제시했다.[8] 여기에 칼뱅은 우리가 선민의 한 사람이라는 표시로 "속세의 활동에서 자신의 가치를 입증해야 한다는 견해"를 더했다.

그러므로 프로테스탄트 종교에서 자율성은 단순히 개인의 손에 쥐어지는 것이 아니다. 역설적이지만 매우 중요한 의미에서, 자율성은 개인에게 강요되는 것이다. 베버는 개인의 의무와 부지런한 돈벌이의 동일시로 인해 근검, 절약, 개인의 직업적 노력이 장려됨으로써 서구 자본주의의 확산이 앞당겨졌다고 주장했다. 베버의 견해는 지금도 논란의 대상이 되고 있다. 그러나 분명한 사실은, 루터와 칼뱅이 일상적인 사무에서 개인이 갖는 의무를 설파했고 이것이 수많은 개인들에게 영향을 미쳐 결국 미국과 유럽의 지배적인 비즈니스 윤리가 되었다는 것이다. 이 비즈니스 윤리는 분명 종교적 모티프에서 비롯되었지

주7 슈펭글러(1991)는 이렇게 말했다. "하늘을 나는 것, 땅의 속박에서 벗어나는 것, 광활한 우주에 몰두하는 것은 극도로 파우스트적인 행위가 아닌가? 사실 이것이 우리 꿈의 실현이 아닐까? … 땅의 중압감으로부터 자유로워지는 것에 대한 끈질긴 강조는 정신적 비행의 상징으로, 비잔틴 예술과는 전혀 거리가 먼 파우스트적 예술 특유의 속성이다."
주8 Weber(1985).

만 미국독립혁명이 일어날 즈음에는 이미 종교에서 거의 분리되어 있었다.[주9]

사실 베버의 '자본주의 정신'은 산업자본주의뿐만 아니라 종교개혁보다도 몇 세기나 앞서 존재하고 있었다. 이미 알려진 바와 같이 11세기 초부터 중세 유럽에서 유일하게 자치적인 도시국가들이 발전했다. 이곳에서 새로이 등장한 자유로운 상인 및 장인계급은 종종 길드를 조직함으로써 힘을 얻었다. 유럽은 농민들을 땅에 묶어두던 속박이 가장 먼저 느슨해진 지역이기도 하다. 일부 국가 ―특히 네덜란드와 영국― 에서는 많은 농민들이 소지주가 되어 영주의 장원에서 농노로 살지 않고 자신의 삶을 책임질 수 있게 되었다.

프로테스탄트주의가 자본주의로 이어졌다는 베버의 견해보다 타당성이 있어 보이는 또다른 주장은 자본주의가 프로테스탄트주의로 이어졌다는 것이다. 여기서 자본주의가 자유시장

주9 베버는 프랭클린의 『젊은 상인에게 보내는 편지*Advice to a Young Tradesman*』 (1784)를 즐겨 인용한다. 최초의 현대 자기개발서로 추정되는 이 책에는 다음과 같은 귀중한 말들이 실려 있다. "시간이 곧 돈임을 기억하라… 신용이 곧 돈임을 기억하라… 돈은 돈을 낳을 수 있고, 그렇게 생겨난 돈이 또 돈을 낳을 수 있고, 이 과정은 계속 반복된다… 1크라운5실링, 1/4파운드를 낭비한 사람은 그 1크라운이 낳을 수 있는 돈, 어쩌면 거액의 돈을 모두 낭비한 셈이다… 당신의 채권자가 새벽 5시나 밤 8시에 당신의 망치 소리를 듣는다면 그는 안심하고 6개월쯤 더 기다릴 것이다. 그러나 만약 그가 당구장에서 당신을 보거나 선술집에서 당신의 목소리를 듣는다면 그는 다음날 바로 돈을 회수할 것이다." 베버의 말처럼 이는 종교적인 이념이지만 이제는 종교적 모티프를 벗고 자체적인 가치를 지니고 있다. "프랭클린의 모든 윤리적 태도는 공리주의의 색깔을 띠고 있다. 정직은 실용적이다. 신용을 보장해주기 때문이다. 시간 엄수나 근면, 절약도 마찬가지다…."

활동을 의미한다면 말이다. 유럽의 자유시장을 구성하고 있던 독립적이고 자유로운 개인들은 루터와 칼뱅의 메시지를 잘 받아들였을 것이다.

사실이 어떻든 간에, 유럽과 미국에는 지구상에서 최초로 수십만, 나아가서는 수백만 명이 살게 되었다. 인구의 상당수가 경제적으로 독립해 있었고, 정치적 자유 향상에 관심을 보였으며, 개인의 의무와 노력에 대한 강한 의식을 지니고 있었다. 또한 많은 사람들이 의식적으로 자신의 종교를 선택했다. 그들은 수세대에 걸쳐 경제, 정치, 종교, 지적 자율성을 어렵게 손에 넣었고 그만큼 소중히 했다.

경제나 종교, 정치적 환경과 유럽 및 미국 역사를 통해 성장한 개인주의 정신은 다른 어떤 문명에서 나타나는 정신보다 더 깊고 확고하고 널리 퍼져 있다. 분명한 이 사실을 우리가 잊고 있다면 그것은 개인주의를 20세기, 혹은 신보수주의 이념, 혹은 소비사회의 산물이라고 믿는 경향 때문이다. 사실 개인주의는 2천년이 넘는 긴 시간에 걸쳐 서서히 생겨났으며, 유럽과 미국의 사상과 역사에서 일어난 여러 가지 발전의 복합적인 산물이다.

우리는 몽테뉴(1533~92)와 데카르트(1596~1650)가 제시한 견해에서 내적 잠재력의 전개에 관한 통찰을 찾아볼 수 있다. 1580년 출판된 에세이에서 몽테뉴는 놀라울 만큼 현대적인 시각으로 개인주의를 정당화하고 있다.

> 지구상에서 가장 위대한 일은 자기자신이 되는 법을 아는
> 일이다. 모든 사람이 자기 앞에 있는 것을 보지만, 나는 나 자
> 신의 내면을 본다. 나는 나 자신 외에는 관심이 없다. 나는 끊
> 임없이 반성한다. 나는 나 자신을 억제한다. 나는 나 자신을
> 음미한다 … 우리는 어느 정도 사회의 덕을 보고 있지만 우리
> 자신의 덕이 더 큰 부분을 차지한다. 타인을 위해 힘쓰는 것도
> 필요하지만 자기자신을 바쳐야 할 대상은 오로지 자기자신뿐
> 이다.주10

데카르트는 도덕적 권위와 자기충족을 개인 안에 있는 것으
로 보았다. 그는 스웨덴의 크리스티나 여왕에게 이렇게 말했
다. "자유의지는 우리가 가질 수 있는 가장 고귀한 것입니다.
어떤 면에서 우리를 신의 종이 아닌 신과 동등한 존재로 만들
어주기 때문입니다." 처음으로, 개인은 삶에 관한 자기자신의
철학을 창조해야 하는 존재가 되었다. 데카르트의 명언 "나는
생각한다, 고로 나는 존재한다"에는 '생각하는 자아', 즉 합리
적인 개인이 함축되어 있다.

주10 Michel de Montaigne(1580) Essais에서 인용, Norman Davies(1996) *Europe: A History*,
Oxford University Press, Oxford, p.483.

이후 개인주의의 지적 발전은 잘 알려져 있다. 17세기 존 로크는 인간의 이성이 현실을 올바르게 인식할 수 있는 유일한 길이라고 말했다. 1640년과 1688년의 영국혁명은 급진적인 정치이론화 물결의 결과인 동시에 원인이었다. 특히 전제 왕권 배제와 시민권 향상으로 소지주의 '굳건한 독립성'과 존엄성이 높이 평가되었다. 계몽주의 철학자들은 사회계약, 개인의 자유, 인권 등의 이론을 제시하면서 개인을 모든 정당한 권한의 원천으로, 그리고 인간의 행복을 공공정책의 척도로 보았다. 칸트(1724~1804)는 세속적인 윤리에 관한 이론을 전개했다. 그의 이론에 따르면 시민들은 상호간의 권리와 의무를 갖고 있으며, 각기 다른 정체성을 지닌 개개인의 고유한 혼은 다른 개인들과의 관계를 통해 온전히 표출된다.

찰스 테일러는 이때부터 어떻게 "새로운 정신문화가 영국, 미국, —어떤 면에서는— 프랑스의 상위 중산계급에서 밖으로, 또 아래로 확산"되었는지를 설명하고 있다. 그는 이렇게 말한다. "이 문화는 세 가지 면에서 개인주의적이다. 이 문화는 자율성을 높이 평가한다. 이 문화는 자기탐구, 특히 감정의 탐구를 중요시한다. 그리고 올바른 생활에 대한 이 문화의 비전에는 대개 —대의와 타인에 대한— 개인의 헌신이 수반된다."

루소Jean-Jacques Rousseau(1712~78), 헤르더Johann Gottfried von Herder(1744~1803), 괴테Johann Wolfgang von Goethe(1749~1832)를

비롯한 낭만주의 작가들은 개인주의의 신기축을 열었다. 낭만주의 작가들은 자연을 인자한 대상으로, 인간과의 관계를 풍요롭게 해주는 원동력으로 묘사했다. 개개인은 자연에 몰두함으로써 감정과 자기표현의 새로운 깊이에 도달할 수 있다는 것이었다. 낭만주의는 개인주의에 독창성이라는 개념을 더했다. 이에 따르면 살아 있는 모든 인간은, 비교할 수 없고 흉내 낼 수 없는 삶의 표현력을 지니고 있으며, 인간의 숙명은 우리의 독창성을 실현하는 것이다. 낭만주의자들로 인해 서구문명이 예술가들과 창조적인 상상력을 바라보는 시각이 높아졌다.

자유주의, 민족주의와 함께 개인주의는 19세기의 지배적인 이데올로기가 되었다. 개인주의는 자유주의, 박애정신 및 보편정의 운동과 밀접하게 관련되어 있었다. 예컨대 영국에서는 1807년 노예무역이 폐지되었고 1833년에는 노예제도 자체가 폐지되었다. 20세기에 인간의 존엄성을 향상시키고 고통을 구제하고 계급제와 인위적인 차별을 약화시킨 모든 이상은 개인주의, 즉 신성한 자연과 모든 인간의 권리에 대한 믿음이 절정에 달했음을 보여주는 것이다.

19세기 말에서 20세기 초로 이어지는 수년 사이 민주사회주의라는 새로운 사회철학과 정치 체제가 등장했다. 사회의 안녕과 사회 내 모든 개인의 만족은 전적으로 상호의존적이라는 견해가 그 기반을 이루고 있었다. 민주사회주의의 입장은 개개인이 자신의 자유와 자원 중 일부를 인간의 존엄성과 평등 향상을 위한 노력의 일부로 공동출자함으로써 이익을 얻게 된다는 것이었다. 민주사회주의는 노동조합과 협동조합, 공제조합의 발전을 통해 많은 힘과 활력을 얻었다. 그 안에서 개인들이 뭉치면 혼자서 노력할 때보다 더 훌륭하게 개인의 목표를 달성할 수 있다. 개인의 정체성이나 자존감을 희생하지 않고도 말이다. 민주주의와 사회주의, 개인주의가 혼합된 이 체제는 지난 백년 사이 서유럽에서 가장 큰 영향력을 발휘했다. 전반적으로 민주사회주의는 놀라울 정도로 훌륭하게 사회조직을 보호하고 사회의 안정성을 유지하는 한편 국가사회주의나 중앙집권적인 사회가 시도한 적 없는 방식으로 개인의 자유를 향상시켰다.

20세기 초 정치 분야의 많은 논평가들은 집산주의collectivism가 개인주의를 완전히 밀어낼 것이라 예측했다. 슈펭글러는 "대중이 무조건적으로 따르는 새로운 세력(당수, 독재자, 대통령, 예언가 및 그 지지자들)"에게로 권력이 옮겨갈 것이라고 보았다. 그리고 그런 예측을 증명하듯 독재자들이 무대 위를 활보했다. 그러나 20세기가 흘러감에 따라 개인주의는 유럽과 미국에 그 어느 때보다 깊게 뿌리내리게 되었고, 종종 전통적인 부르주아 가치관을 훨씬 넘어서는 급진적이고 청년지향적인 면을 얻게 되었다. 물질적 풍요와 교육받은 인구 증가, 개인에 대한 권력의 강제 완화는 새로운 현상들을 일으켰다.

나이트클럽, 영화배우, 재즈, R&B, 틴에이저, 대중음악, 젊은 백만장자 팝스타, 이유 없는 반항, 비트족(beatnik: 1950년대 저항적인 문화를 추구했던 미국 청년세대—옮긴이), 모드족(mod: 1960년대 영국 노동계급 문화를 대표하던 청년세대—옮긴이), 록커, 히피, 환각제, 1968~69년의 학생혁명과 그에 수반된 성해방운동, 대규모 페미니즘운동, 게이·레즈비언 해방운동, 록음악, 급진적 환경론자, 대중주의 억만장자 기업가, 스포츠스타, 펑크 음악과 패션, 합성마약, 하우스뮤직, 그밖에도 여러 가지 변화무쌍한 세계적 유행과 정체성이 등장했다. 거의 모두가 자유주의적인 현상으로, 미국이나 유럽에서 생겨나 전세계로 퍼져나갔다. 인류 역사에서 이보다 더 자유롭게 행동하기가 쉬웠던 때는 없었다(사실상 이전까지는 거의 강제적이었다).

이 다채로운 현상들 중 일부는 일시적이었고 그중에는 아주 잠깐 사이에 지나가버린 것도 있었다. 그러나 나머지는 계속 남아 사회를 변화시켰다. 서구에서 거의 당연할 정도로 개인주의가 계속 강해지고 있는 이유는, 창조적인 반발이 미국과 유럽의 캠퍼스에서 비즈니스계로 무대를 옮겨가고 있기 때문이다. 예술, 디자인, 컨설팅, 커뮤니케이션, 영화, 음악, 소프트웨어, 생명공학 등 급속하게 성장하고 있는 새로운 창조 산업들을 보면 알 수 있듯, 인간의 상상력이 부를 창출하고 있다. 1950년부터 가속화된 가장 중요한 경제 동향은 정보기술의 개발 및 분산, 개인 혁신자들을 중심으로 이루어지는 기업 활동의 광대한 새물결이다.

확산적 사고, 인습에 대한 강한 반발, 무한한 상상력은 비즈니스 성공의 원동력이다. 확산적 사고는 다양한 상품 종류, 다양한 브랜드, 다양한 비즈니스 방식, 혁신자들의 엄청난 개인적 성공으로 이어진다. 트랜지스터, 마이크로칩, 마이크로프로세서, 개인용 컴퓨터, 혁신적인 소프트웨어, 인터넷, 각종 개인화된 장치, 끊임없는 기술적 비기술적 발전 추구 등은 모두 반항심과 개인화된 세계를 보여주는 증거이다. 개인화된 세계에서는 인간 정신의 확장이 개인적 성취뿐만 아니라 새로운 산업, 새로운 비즈니스 방식, 그리고 놀랄 만한 개인적 풍요를 이끌어낸다. 서구에서 흐름을 주도하는 유일하고도 강력한 개인주의가 있다면 그것은 비즈니스 및 비즈니스 성공의 개인화이다. 개인주의는 문화적 힘과 경제적 힘의 결합을 통해 서구를 완전히 새로운 사회, 즉 개인화된 사회로 이끌었다.

서구의 개인주의가 특별한 이유

모든 문화의 도덕학을 연구해온 인류학자 리처드 쉬웨더 Richard Shweder는 서구와 서구 밖의 기본적인 도덕 개념에 근본적인 차이가 있다고 설명한다. 그는 서구 밖에도 풍부한 도덕학 이론들이 존재하며 그 이론들은 공동체 윤리 ―관습에 대한 의무, 존중, 지지 등의 가치관을 지닌 사회집단의 규범— 에 기반을 두고 있거나 아니면 신학 윤리, 즉 신이 요구하는 청렴과 결백에 기반을 두고 있다고 말한다. 쉬웨더는 이와 달리 서구인들은 도덕적 판단의 틀을 자율성, 즉 개인의 권리와 이익에 맞추는 경향이 있다고 말한다. 서구에서는 모든 개인에 대한 공평함이 기본적인 덕목이라는 것이다.주11

일생을 바쳐 여러 국가의 가치관을 연구한 최고의 학자들 가운데 네덜란드 사회학자 홉스테드Geert Hofstede가 있다. 53개국 IBM 직원들의 문화적 태도에 관한 그의 연구를 보면 국적에 따라 뚜렷하게 다른 네 가지 태도가 나타난다.

1. 권력 간격 (개인의 지위에 대한 평등 혹은 불평등의 인식)
2. 불확실성 회피
3. 남성성 vs. 여성성
4. 개인주의 vs. 집단주의

서구 국가들은 개인주의의 수준에서 비서구 국가들과 가장 뚜렷한 차이를 보인다. 가장 개인주의적인 국가들은 미국과 호주, 영국이며, 캐나다, 네덜란드, 뉴질랜드가 그 뒤를 바짝 쫓고 있다. 서구 국가들은 개인주의의 정도에서 상위 20위까지를 장악하고 있으며 모든 서구 국가의 평균 점수는 66.7이다.주12 반

면 비서구 국가들의 평균 점수는 25.7에 불과하다.주13

홉스테드는 비서구 국가들의 딜레마는 명백하며, 문화적 가정을 변화시키지 않으면 —그는 이것이 불가능하거나 매우 어렵다고 말한다— 상대적인 부에서 뒤떨어질 수밖에 없다고 말한다.

시간이 흐르면서 문화적 가치들이 국제적으로 수렴된 예는 없었다. 더 부유해진 국가들의 개인주의가 높아졌다는 점을 제외하면 말이다.주14 수세기 전에 이야기되던 국가들 간의 가

주11 R. A. Shweder, N. C. Much, M. Mahapatra and L. Park: 'The "big three" of morality and the "big three" of suffering', in A. Brandt and P. Rozin (eds), *Trends in Cognitive Science*(1997) Nova Science Publishers, St Louis, Mo., pp.296-301. 물론 모든 서구 사상가들이 개개인에 대한 공평함을 그렇게 높이 평가하는 것은 아니다. 예컨대 제레미 벤담Jeremy Bentham은 '최대다수의 최대행복'을 주장했고 칸트는 공평함보다 의무를 더 강조했다.

주12 가장 낮은 점수를 얻은 서구 국가들은 터키(37), 그리스(35), 포르투갈(27)이었다. 이 점수들을 제외한 서구의 평균 점수는 71.8이었다. 가장 점수가 높은 5개 국가는 미국(91), 호주(90), 영국(89), 캐나다(80), 네덜란드(80)였다.

주13 Hofstede(2001).

주14 물론 이 점에 관해서는 무엇이 원인이고 무엇이 결과인가 하는 논쟁이 있을 수 있다. 예컨대 비서구 국가들도 더 부유해질수록 더 개인주의적이 될 것이다. 홉스테드가 제시한 수치에서 볼 수 있듯 아직까지는 그 정도가 두드러지게 나타나지 않았지만 말이다. 그러나 홉스테드는 이렇게 말한다. "우리는 개인주의가 부와 강력하게 연관되어 있음을 눈으로 확인했다(1970년 1인당 GDP). 50개 국가에서 그 상관계수는 놀라운 수치로 나타났다(r=.84)… 빈곤은 사람들을 자신이 속한 소집단의 원조에 의존하게 만든다. 그러나 국가의 부가 증가하면 시민들은 '자신이 좋아하는 일'을 할 수 있게 해주는 자원을 입수하게 된다… 집단생활은 개인생활로 대체되었다." 우리는 이 주장에 완전히 수긍할 수 없다. 시종일관이 아니라 어느 특정한 시점에 국한된 상호연관은 눈속임일 수 있다. 가장 부유한 국가들은 서구 국가이자 개인주의 국가들이었기 때문이다. 적어도 어느 정도까지 우리는, 부유한 국가들은 개인주의적이기 때문에 부유하다고(그리고 그들은 부유해서라기보다 서구 국가이기 때문에 개인주의적이라고) 생각한다. 이러한 경향은 개인화된 경제가 발전함에 따라 점점 더 중요해지고 있다. 제5장 참고.

치 차이는 친밀한 접촉이 이루어지는 지금도 존재한다. 이후 수백년 동안 국가들은 여전히 문화적으로 매우 다양한 모습을 보일 것이다. '생각은 세계적으로, 행동은 지역적으로'라는 유명한 비즈니스 슬로건이 있다. 내게는 이 문구가 어리석고 거만하게 들린다. 이 책에서 충분히 입증된 것처럼, 세계적으로 생각할 수 있는 사람은 아무도 없다. 우리는 모두 우리의 지역적 소프트웨어에 따라 생각한다.

심리학자 리처드 니스벳은 서양과 동양의 사고 패턴을 연구한 뒤 그들이 과거에도 지금도 근본적으로 다르다는 결론을 내렸다.

> 동양과 서양은 여러 가지 중심적인 가치들과 사회심리학적 특성들에 있어서 서로 큰 차이를 보인다 … 동양인들과 서양인들의 차이는 우리가 지금까지 행해온 거의 모든 연구에서 볼 수 있으며 그 차이는 크게 나타난다.주15

그는 현대화와 서구 경제체제의 채택에도 불구하고 "일본이 여러 가지 사회적인 면에서 거의 변화하지 않았음을 보여주는 무수한 증거들이 있으며, 일본인들과 서구인들이 세계를 인지하는 방식에 큰 차이가 있다"고 말한다.

개인화된 사회의 문제

개인화된 사회의 문제는, 공동체를 약화시키고 개인의 중압감을 증가시킨다는 것이다. 전통적이고 중앙집권화된 사회가 개인에게 주는 자유는 더 적지만 마찬가지로 요구하는 것도 더 적다. 중앙집권화된 세계는 제도와 권력 관계, 뚜렷한 역할, 다양한 형태의 공동체 정체성을 통해 움직인다. 개인의 정체성은 국가, 계급, 학교, 조직, 노동조합, 직업, 교회, 정당, 자발적 집단, 확대가족, 지역 등 여러 개의 집단에 참여하는 데서 비롯된다. 모든 사람은 이 집단들에 대해 분명한 의무를 갖고 있으며 그런 의무에 따라 스스로 행동과 기대치를 설정한다.

중앙집권화된 사회에서 개인은 지시받은 대로 일하며, 그 일이 마음에 들지 않는다 해도 불안이나 자기회의, 우울, 반사회적 행동 등의 여지가 거의 없다. 실제로 중앙집권화된 사회에서는 대부분의 사람들이 자발적인 마음으로 자신의 역할에 따른다. 목숨을 바쳐 전쟁에 참여할 정도로 말이다.

개인화된 사회는 전혀 다르다. 하버드대학 교수 로버트 퍼트넘Robert Putnam은 『혼자 볼링하기Bowling Alone』에서, 사회가 개인화되고 우리가 가족, 친구, 이웃, 클럽, 교회, 조합, 공동체집단 등과 단절될수록 '사회 자본'이 어떻게 파괴되는지를 보여

주15 Nisbett(2003).

준다. 정신적 건강과 경제적 성공의 중요한 요소인 신뢰는 우리가 서로에게 낯선 사람이 되어갈수록 붕괴된다는 것이다.[주16]

그러나 사회의 분열과 사회자본의 파괴, 공동체의식의 붕괴는 문제의 절반에 불과하다. 나머지 절반을 차지하고 있는 것은 엄청나게 높아진 개인의 책임과 근심이다. 삶은 점점 더 어려워지고 있다.

개인화된 사회는 자유를 가져다주기도 하지만 예전에는 지시되거나 자동으로 결정되던 어려운 선택을 우리에게 요구하기도 한다. 어떤 교육을 받을 것인지, 어떤 진로를 따라갈 것인지, 어떤 개인적 관계를 맺을 것인지, 그 관계를 유지할 것인지 끊을 것인지, 어디에서 살 것인지, 어떤 친구를 사귈 것인지, 어떤 사람이 될 것인지 등을 우리가 선택해야 하는 것이다. 개인화된 사회는 새로운 기회를 가져다주기도 하지만 개인의 실패 가능성과 자신이 뒤떨어지고 거부당했다는 느낌을 크게 증가시키기도 한다. 개인화된 사회는 많은 사람들에게 부를 안겨주기도 하지만 승자와 패자의 격차를 엄청나게 벌려놓기도 한다. 올라가는 데 한계가 없지만 추락하는 데 변명이 있을 수도 없다. 자력으로 성공한 사람들은 모든 사회에 존재하지만 수많은 사람들이 자멸하는 경우는 현대 서구사회에만 있다. 승자가 한

주16 Robert D. Putnam(2000) *Bowling Alone: The Collapse and Revival of American Community*, Simon & Schuster, New York.

명 있으면 몇 명의 패자가 존재한다.

개인주의가 전성기에 있음에도 불구하고 특히 서구 지식인들 사이에서 왜 호응을 얻지 못하는지는 어렵지 않게 알 수 있다. 개인들은 그 어느 때보다 큰 개인적 자유를 누리고 있으나 동시에 그 어느 때보다 큰 불안감을 느끼고 있다. 성공에 대한 죄책감에서든 —성공한 사람들 중 다수가 자신은 불행하거나 불만족스럽거나 심지어는 실패자라고 말한다— 실패에 대한 변명에서든 서구인들은 확장된 개인적 책임을 즐기고 있지 못하다. 고도의 개인적 자유와 현대성을 갖춘 서구 국가들에서도 피해의식, 우울증, 자살, 소외감, 자아도취, 이기심, 목적 상실, 향수병, 질투심, 사회자본 붕괴, 권위주의 종파로의 후퇴 등이 점점 늘어나고 있다.

무엇보다 개인화된 사회는 가속화되는 불평등 때문에 호응을 얻지 못한다. 개개인이 막대한 부를 창출할 수 있게 되고 그중 대부분을 자기 것으로 보존할 수 있게 되면 불평등은 필연적으로 증가한다.

개인화된 사회는 긍정적인 효과를 발휘할 수 있을까?

물론 그렇다. 여기에는 네 가지 이유가 있다.

첫째, 개인화된 사회는 매우 오랜 시간 동안 2보 전진 1보 후퇴를 반복해온 과정의 가장 발전된 최신 형태를 나타낸다. 지난 천년 동안 서구문명은 개인의 자유와 자율성을 엄청난 수준으로 발전시켰다. 사회적 압박이 완화될 때마다 너무 도가 지나쳐서 결과적으로 무질서, 황폐, 문명 자체의 파괴로 이어질 것이라는 목소리가 높아졌다. 자유에 이르는 길은 험하고 때로는 사회질서에 큰 위험이 되기도 했다. 농민 반란, 마녀사냥, 종교 박해 및 전쟁, 내전, 프랑스혁명의 무시무시한 공포, 더욱 무서운 스탈린과 히틀러, 마오쩌둥毛澤東의 전제정치 등 이 모두가 부분적으로는 자유의 추구와 그에 대한 반응에서 비롯된 것이다.

봉건주의가 자본주의로, 개인화된 사회로 변화하는 데, 그리고 서구의 다원적이고 부유하고 자유로운 사회가 상대적으로 행복한 결과를 낳는 데 필연성은 전혀 없었다. 서구가 미개사회나 파시즘 혹은 다른 형태의 독재정권으로 퇴보하지 않으리라는 보장도 없고, 전제정치와 사회통제에 몰두하는 적에게 정복되지 않으리라는 보장도 없다.

그러나 오랜 역사에서 볼 수 있듯, 서구에서 자유의 점진적인 발전과 행사는 현재보다 훨씬 더 어려운 고비들을 맞이하고 극복해왔다. 조각조각 이어진 현대의 정체성이나, 여러 단체 및 개인들 사이에서 늘어나는 권력원은 실패한 사회의 징후가 아니라 새로운 자유, 즉 개인의 진정한 자율성이 받아들여지고 있다는 증거이다. 무수한 사람들에 대한 사회의 통제가 완화되면 분명 일부는 자신이 새로이 얻게 된 독립을 악용할 것이다. 과거에는 사람들이 지시에 따라 행동했다. 이제 그들은 나쁜 짓을 할 수가 있다. 실제로 많은 사람들이 잘못된 행동을 하지만 그렇지 않은 사람들이 훨씬 더 많다. 자유는 대개 신중하게 행사된다. 대부분의 사람들은 사회의 질과 그들 자신의 행복이 책임 있는 행동, 다른 자유로운 개인들과의 협력에 달려 있다는 사실을 잘 알고 있기 때문이다. 책임 있는 개인주의는, 과거 권위에 의해 시민들에게 강요되던 것보다 더욱 강력하고 진정한 공동체의식을 낳을 수 있다. "사람을 믿으라!" 그 효과는 실제로 입증되었다.

둘째, 서구사회는 자동적인 사회적·제도적 기반 위에 세워진 공동체의식으로부터 개개인이 이루는 호혜주의를 기반으로 하는, 그리고 사실상의 호혜주의라 할 수 있는 공동의 정체감을 기반으로 하는 공동체의식으로 옮겨가고 있다. 호혜주의란, 내가 합리적이고 협력적이고 관대하게 행동함으로써 상대방도 그렇게 행동하도록 유도할 수 있다는 것이다. 애정과 타산이 혼합된 호혜주의는 언제나 모든 친목과 거의 모든 인간관계의 뿌리에 있어왔지만 갈수록 모든 문명화된 공동체의 기초가 되고 있다. 더 이상 조직이 예전만큼 효과적으로 행동을 통제할 수 없으므로 개개인이 스스로를 통제해야 한다.

그리고 호혜주의는 우리가 접촉하는 모든 사람과의 관계를 명확하게 밝혀주지 못한다. 우리가 마을이나 학교와 같이 비교적 규모가 작고 필요한 것이 완비된 공동체 안에서 생활하면서 대부분의 시간을 아는 사람들과 상호작용하며 보내지 않는다면 말이다. 따라서 보다 넓은 사회를 결속시켜줄 수 있는 요소는, 건설적이고 협력적인 행동은 대개 —낯선 사람에게서도— 보답을 받는다는 신뢰감뿐이다.

사실상의 호혜주의는, 다시 갈 일 없는 음식점에서 팁을 주는 등의 작은 행동이나 무조건적인 친절, 쓰레기 줍기 등에서 자연스럽게 나타난다. 또한 사실상의 호혜주의는 경매 사이트와 같이 자율적인 개인 대 개인 커뮤니티에서도 나타날 수 있다. 경매 사이트에서는 상품을 파는 개개인이 구매자들에 의해 그리고 모든 사람이 볼 수 있는 경매 결과에 의해 평가된다. 판매자들은 작은 마을에서만큼이나 철저하게 자신의 평판을 지키기 위해 애쓴다. 결과적으로 '지구촌'이라는 말이 어느 정도 의미를 갖게 되는 것이다. 사실상의 호혜주의는 자유주의 가치관과 사회에 대한 약간의 책임감만으로도 강화된다.

셋째, 지역성과 지역화가 있다. 민족적 정체성이 서서히 힘을 잃고 세계시민주의의 영향력이 높아짐에 따라 지역적 정체성은 개인을 묶어두는 데 필수적인 요소가 되고 있다. 지역적 정체성에 대한 집착은 —어떤 지방이나 도시와 관련된 것이든 지역 스포츠 팀과 관련된 것이든— 갈수록 강력해지고 있다. 개인화를 향한 흐름에 내재되어 있는 대부분의 위험은 지역공동체를 향한 흐름에 의해 중화될 수 있다.

호혜주의는 지역 수준에서 가장 효과적으로 작용한다. 지역 수준에서는 개인적 의무 및 정체성의 조밀한 네트워크가 가장 쉽게 구성되고 강화된다. 바로 그렇기 때문에 대도시보다는 작은 도시에서, 큰 나라보다는 작은 나라에서, 활발한 지역공동체가 있는 곳에서 범죄나 우울증, 자살, 소외감이 덜 발생하는 것이다. 우리가 민주주의적인 제도와 의사결정을 점점 더 지역 수준으로 이전시켜야 한다고 믿는 이유도 바로 그 때문이다.

마지막으로, 개인주의와 개인화는 도덕적이고 사회적인 과정이다. 개인화가 도덕과 무관하거나 비도덕적이라는, 혹은 비사교적이거나 반사회적이라는 일반적인 인식과는 상당히 다르다. 이러한 일반적인 인식은 '레이건주의'나 '대처주의'라 부를 수 있는 최신 형태의 개인주의에서 비롯된다. 역사적으로 훨씬 오래된 관점에서 보면 신보수주의적 개인주의는 좋게 말해도 진정한 개인주의의 가치를 떨어뜨리는 것이고, 나쁘게 말하면 —인간의 개인적 자유 및 책임감 있는 자기표현 추구라 할 수 있는— 진정한 개인주의를 서툴게 흉내 내는 것일 뿐이다.

개인주의는 신 앞에서 개인이 갖는 의무로부터 유래되어 도덕적 권위는 내부에서, 즉 신성한 자아에서 나온다는 믿음으로 발전되었다. 역사적으로 개인주의는 언제나 사람들에게 보다 높은 요구를 부과했고, 모든 사람에게는 각자가 이루어야 할 자신만의 운명이 있다는 현대서구의 견해로 이어졌다.

개인주의는 자기통제, 아직 이루지 못한 것을 이루기 위한 노력을 의미한다. 노력이나 윤리 혹은 책임의 부재를 의미하는 것이 아니다. 개인주의는 삶을 보다 만족스럽게 만들지만 동시에 더 어렵게 만들기도 한다.

개인주의는 같은 생각을 지닌 사람들의 사회적 활동과 언제나 연관을 맺어왔다. 그 예로는 예수그리스도 운동, 자유 장인들의 길드, 도시국가의 시민자치, 종교개혁을 통해 탄생한 교회 및 종파, 눈부신 르네상스 세계와 창조적인 예술가들의 화파畵派, 현대의 민주적이고 혁명적인 운동, 자발적인 노동자단체, 급진파 대학생들, 학술 전문가들, 각종 음악 그룹, 실리콘밸리의 기술자 및 기업가 집단 등이 있다.

개인주의자들은 다른 개인주의자들과의 접촉을 통해서만 자신을 표현할 수 있다. 말과 글, 전문적인 교류를 통해, 그리고 그들의 창조력을 가장 북돋워주는 곳에 있음으로써 가능하다. 영감을 받은 사람들은 언제나 같은 부류의 개인주의자들이 있는 도시나 지역으로 몰려들었으며 지금도 그리고 있다. 인터넷은 유용한 가상의 공동체를 만들어주지만 창조적인 사람이라면 누구나 그런 가상의 공동체가 열성적인 동료와의 직접적인 만남을 대신해줄 수 없다고 말할 것이다.

창조적인 성과들은 모두 놀라울 정도로 지역화되어 있다. 예컨대 1880~1914년 사이 대부분의 기술혁신은 베를린, 뉴욕, 보스턴이라는 세 도시에서 일어났다. 1970년 이후에도 이와 비슷하게 첨단기술 발전의 지역적 패턴이 캘리포니아와 시애틀, 뮌헨, 파리-쉬드, 영국의 M4코리더Corridor, 케임브리지, 옥스퍼드, 도쿄-요코하마를 기반으로 나타났다. 실리콘밸리가 생산적이고 정교한 사회구조로서 이룬 남다른 성공은 사회학적 연구들을 통해 설명되었다. 실리콘밸리에서는 기술자, 학자, 벤처 투자가, 헤드헌터들이 매일 어깨를 맞대면서 체육관이나 클럽 등에서 아이디어와 가십을 교환한다. 실리콘밸리는 전세계의 젊은 기술 인재들을 끌어들이는 자석과도 같다.

진정한 개인주의자들은 지역공동체를 파괴하지 않는다. 오히려 그들이 공동체를 건설한다.

결론

개인주의는 언제나 서구의 가장 독자적인 특징이었다. 시간이 흐름에 따라 서구의 개인주의는 점차 강도가 높아졌고 결과적으로 현재의 개인화된 사회로 이어졌다. 개인화된 사회에서 개개인은 계급의 압박이나 보호를 받지 않고 자율성을 지니며 스스로를 통제해야 한다.

개인주의는 서구의 성공에 있어서 중요한 요소였고 지금은 어느 때보다도 그렇다. 개인주의는 서구의 도덕적 가치관과 낙관주의, 과학, 정치적 안정, 경제적 성장을 뒷받침하고 있다.

개인주의는 서구 밖의 문명들이 모방하거나 도입하기에 가장 어려운 특성이다. 아시아의 여러 나라들을 비롯해 낙관주의와 과학, 경제성장, 어느 정도의 자유주의를 성공적으로 도입한 활동적인 국가들도 서구의 모든 국가가 도달한 수준만큼 개인주의적이 되지는 못했다. 서구인들은 역사와 문화를 통해 개인주의를 완전히 흡수하고 있으나 비서구인들은 그렇지 않다. 이 커다란 차이에 만약 변화가 일어난다고 해도 그리 빠르게 일어나지는 않을 것이다.

개인화된 사회는 전통적으로 전해 내려온 공동체의식을 약화시키고 개개인에게 부담을 안겨준다. 그러나 개인주의의 위험요소들은 지나치게 과장되어 있다. 계급사회에서 개인화된 사회로 변화하는 과정에서 개개인은 개인적인 상호관계와 지역공동체를 형성할 수 있고 실제로 그렇게 하고 있다. 개인주의자들은 그들이 파괴하는 것보다 훨씬 많은 것들을 창조한다. 개인주의는 언제나 도덕적으로 엄격하고 사교적이었으며 지금도 그렇다. 서구문명을 위협하는 요인은 지나치게 강한 개인주의가 아니라 지나치게 약한 개인주의다. 계급사회의 종말이 개인적 성공에 대한 피해의식과 냉소주의로 귀결된다면 서구는 더 이상 서구로서 존재할 수 없게 된다.

유럽인과 미국인의 기본적인 특징은 끝없는 개인적 노력과 열망이다. 서구인들은 개인의 책임, 자아라는 개념, 개성, 자기 분화의 의무 등을 탄생시켰다. 그들은 열정과 끊임없는 에너지를 원동력으로 세상을 개선하고 스스로를 개선한다. 개인과 개성은 서구 사상의 중심이자, 서구가 지닌 결점들의 중심이자, 서구가 이룬 비길 데 없는 성공의 중심이다. 서구에게는 개인주의와 다른 어떤 생활양식을 두고 선택할 여지가 없을 것이다. 서구의 상표와도 같은 개인주의가 비틀거리면, 특별히 가치 있는 것은 더 이상 남지 않게 될 것이기 때문이다.

***

지금까지 우리는 서구가 왜 특별한지, 왜 그토록 성공을 이루었는지, 또한 왜 그 성공의 지속이 당연하다고 생각될 수 없는지에 관한 여섯 가지 이유를 살펴보았다. 그렇다면 서구인과 비서구인은 어떤 관계에 놓여 있을까? 바로 이것이 다음으로 살펴볼 주제이다. 그러고 나서 우리는 마지막으로 가장 중요한 문제에 답을 내야 한다. 서구는 스스로의 몰락을 향해 나아가기 시작했는가?

서구와 그 밖의 세계

SUICIDE

OF THE WEST

서구와 그 밖의 세계

서구와 그 밖의 세계는 어떤 관계에 있는가? 서구의 외교 정책을 추진시키는 믿음들은 무엇인가? 그 믿음들은 서구문명을 진보시킬까 아니면 위험에 빠뜨릴까?

서구의 모든 정책 입안자들 그리고 서구와 그 밖의 세계의 관계를 생각하는 모든 시민은 암시적으로든 노골적으로든 여섯 가지 '정신적 모델' 중 하나를 따르는 경향이 있다.

1. 서구보편주의: 서구가 현대성을 대표하며 전세계의 중요한 지역들은 조만간 자연히 서구식 자유주의와 자본주의를 따르게 될 것이라는 관점.

2. 자유주의적 제국주의: 서구가 필요하다면 강제로라도 민주주의와 자본주의를 전세계적으로 발전시켜야 한다는 믿음.

3. 세계의 미국화: 미국과 그 동맹국들이 민주주의의 함정들을 지나치게 염려하지 않고 보편적인 평화와 공통된 경제 정책을 내세운다면 세계는 가장 행복하고 안전해질 것이라는 접근법.

4. 서구의 요새화: 서구는 이 요새 안에 은둔한 채 자신의 문명을 보호하고 그 밖의 세계를 효과적으로 '단념'한다.

5. 서구와 그 밖의 세계는 결국 자연히 공통된 가치관과 제도를 향해 수렴될 것이라는 세계시민주의적 관점.

6. 공존과 유인 전략: 이 전략은 다음의 네 갈래로 나뉜다. 첫째, 다른 문명들의 다양성을 존중한다. 둘째, 그들과 기꺼이 공존한다.

셋째, 서구의 이상을 되살린다. 넷째, 나머지 세계를 서구로 끌어당긴다.

여기서 우리는 각각의 전략을 설명하고, 각 전략의 바탕에 깔려 있는 서구와 그 밖의 세계에 관한 가정들을 파헤치고, 각 전략의 성과와 그 전략들이 서구문명과 세계에 미치는 영향을 살펴보려 한다.

서구보편주의의 의미

1985년, 영국의 유명한 역사학자 J. M. 로버츠J. M. Roberts는 서구에 관한 연구의 결론을 다음과 같이 내렸다.

분명한 점은, 이제 서구문명의 이야기가 곧 인류의 이야기이며 서구문명의 영향이 널리 퍼져 있어서 과거와 같은 반대나 저항은 무의미해졌다는 것이다. '서구'라는 용어는 이제 역사학자들을 제외한 모든 사람들에게 있어서 거의 의미를 지니지 못한다.[주1]

4년 후 정치학자 프랜시스 후쿠야마는 한 걸음 더 나아가 이렇게 말했다.

우리는 역사의 끝을 보게 될 것이다. 다시 말해 인류의 사상적 진화가 끝나고 서구 자유주의가 인류 정치의 최종 형태로 보편화될 것이다.주2

이 접근법의 기초가 되는 가정들은 다음과 같이 나열할 수 있다.

- 서구는 역사적으로 나머지 세계와 달랐지만 그 세계들이 서구와 너무 비슷해져서 서구라는 표현이 거의 쓸모없게 되어가고 있다.
- 서구식 접근법의 장점들이 너무나 자명하기 때문에 모두가 그 접근법을 채택하게 될 것이다.
- 세계의 '서구화'는 서구가 큰 노력을 하지 않아도 자연히 이루어질 것이다.

서구의 일부 시민들은 지금도 이렇게 믿고 있을지 모르지만 정책 입안자들은 거의 그렇지 않다. 우리는 J. M. 로버츠의 말을 뒤집어, 이제 서구보편주의에 관심을 갖는 사람은 역사학자들뿐이라고 말할 수 있다. 서구라는 경계를 뛰어넘어 생각하는

주1 Roberts(2001).
주2 Francis Fukuyama, 'The End of History', *The National Interest*, 16 (Summer 1989), pp.4, 18.

사람이라면 누구나 이슬람뿐만 아니라 전세계의 수많은 문화들이 서구화에 크게 저항하고 있다는 사실을 잘 알고 있다. 1980~1990년대 초 사회학자들의 눈에는 그렇게 보이지 않았을 수도 있는 것들이 현재는 서구의 오만과 승리주의로 표출되고 있다. 우리의 이야기를 통해, 서구가 왜 나머지 세계와 다른지 설명되었기를 바란다. 2천년에 걸친 독특한 역사적 사건들이 서구의 태도를 형성하고 그 태도를 이전 사람들과 오늘날 다른 대부분의 문명에 살고 있는 사람들의 태도와 이토록 구별되게 만든 것이다. 나머지 세계가 기꺼이 서구의 체제를 따르게 될 것이라는 견해는 단지 공상에 지나지 않는다.

자유주의적 제국주의가 지닌 뜻

우리는 6장에서 자유주의적 제국주의에 관해 살펴보았다. 자유주의적 제국주의의 목적은, 세계를 —혹은 가능한 한 많은 지역을— 서구화시키는 것이다. 필요하다면 강제적으로라도 말이다. 민주주의와 자본주의는 어디에서나 장려된다. 저항하는 국가들에 대한 침공을 정당화하기에 그럴듯한 사유가 있다면 민주주의와 자본주의가 건재하는 한 그 국가들은 점령될 것이다.

많은 서구인들이 다음과 같은 가정을 세우고 있다.

- 서구는 나머지 세계와 다르다.

- 서구는 여러 가지 중요한 점에서 다른 대부분의 세계보다 우월하다.
- 서구가 나머지 세계에 그 문명을 강요하여 세계를 더 좋고 평화로운 곳으로 만들거나 서구를 과격한 체제들로부터 보호하는 것은 정당한 일이다.
- 충분히 긴 시간과 적절한 정책들이 있으면 자유주의적 제국주의는 효과를 발휘할 수 있다.

자유주의적 제국주의와 관련된 세 가지 문제가 있다. 첫째, 자유주의적 제국주의는 서구의 가치관과 일치하는가? 둘째, 자유주의적 제국주의는 실용적인가? 셋째, 자유주의적 제국주의는 성공할 수 있는가?

자유주의적 제국주의는 자유주의적인가? 물론 민주주의와 자유주의 제도들이 도입되어야 한다. 그러나 러시아나 이란의 경우에서 볼 수 있듯이 자유주의 사회가 아니더라도 꽤 자유로운 선거를 시행할 수 있다. 자본주의가 위에서부터 성공적으로 강요될 수 있다는 것은 의심의 여지가 없는 사실이다. 많은 개인의 자발적이고 원칙에 입각한 행동 없이도 번영은 이루어질 수 있다. 그러나 자유주의 사회는 이루어질 수 없다.

서구식 문명이나 자유는 적극적이고 유능하고 자신감 있는 많은 개인들이 자신의 신념을 원동력으로 행동하지 않으면 재현될 수 없다. 서구문명의 가장 귀중한 부분들 ─러시아, 파키스탄, 나이지리아, 짐바브웨, 이라크의 경우에서처럼 결여되어 있을 때 한층 더 두드러지는 부분들─ 은 물질적 부나 형식적 민주주의가 아닌 개개인의 가치관 및 책임감과 관련되어 있다. 이러한 문명은 강요될 수 없다. 이러한 문명은 자신감과 신뢰, 평등과 솔선, 책임에 대한 깊은 개인적 믿음을 기반으로 아래에서부터 솟아난다.

자유주의적 제국주의가 자유로 이어지지는 않는다. 오히려 제국주의는 자유주의 사회의 출현을 더욱 더디고 어렵고 불투명하게 만들 것이다. 자유주의 사회는 국가들이 노력과 상호협동을 통해 스스로를 구제할 때 가장 나타나기 쉽다. 그런 점에서 남아프리카는 교훈적인 예가 된다. 1990년만 해도 자유주의 사회의 출현을 예상하는 이는 거의 없었다. 그러나 남아프리카 국민들의 움직임으로 자유주의 사회는 이루어졌다. 물론 인종차별주의가 가장 극심하던 때도 반체제적인 정치인이나 언론인, 작가, 기업가 등으로 대표되는 서구문명의 많은 요소들이 살아남을 수 있었다. 그러나 인상적인 것은 남아프리카 국민들이 민주주의로의 변화뿐만 아니라 화해와 자유주의 사회로의 변화까지 이루어낸 과정이다. 그들은 지켜질 수 있을 만한 방법만 사용했다. 그들 자신의 국가, 그들의 과거와 미래에 대한 책임감을 가진 것이다.

자유주의적 제국주의는 자유주의가 강요된 곳에서 자유를 무너뜨림은 물론 그 본거지에서도 자유를 파괴할 것이다. 자유주의적 제국주의를 위해서는 미국이 그에 반대하는 곳에 막대한 군사력을 배치해야 한다. 그렇게 되면 피할 수 없는 세 가지 결과가 발생하고 그 결과들은 이미 나타나기 시작했다. 첫째, 전쟁이 일어나면 민권보다 국가안보가 중시됨에 따라 미군과 미행정부, 국가 전체의 자유주의 이상이 손상되고 타락한다. 미국만큼은 아니지만 현재 영국에서 이와 같은 현상을 볼 수 있다. 둘째, 미국은 전통적으로 '자유의 본고장'이며 자유를 위해 분투하는 전세계 사람들의 친구이자 동맹이지만 점점 호의를 잃어갈 것이다. 셋째, 반미 테러리스트의 수와 미국에 대한 반감이 증가한다. 테러리즘이 증가하면 테러리즘에 대처하는 수단은 점점 더 편협해진다. 이러한 악순환은 되풀이되고 더 강력해진다.

두 번째 문제는, 제국주의를 위해서는 제국주의자들이 필요하다는 것이다. 미국뿐만 아니라 영국의 지식인들 그리고 미국의 일부 정책 입안자들 중에도 전세계에 걸친 미제국의 확장을 지지하는 사람들이 있지만 그 어떤 제국도 국민들의 마음을 변화시키는 데는 수십 혹은 수백년이 걸렸다. 또한 점령지에 주둔하는 제국주의자들은 그들이 지배하는 사람들에게 자신의 문명을 주입시키는 데 전념해야 했다. 괴뢰 정권을 세우기는 쉽다. 그러나 튼튼한 지역적 민주주의는 강요되거나 설치될 수 있는 게 아니다. 민주주의는 선례를 본받아, 그리고 진정으로 민주주의를 믿는 이주자들의 자극을 받아 자연스럽게 성장해야 한다. 그렇다면 현재 고향인 미국을 떠나 수십년 동안 아프리카나 중동, 아시아에서 민주주의를 발전시키는 데 힘쓰는 이주자들이 존재하는가? 그렇지 않다. 존재하더라도 그 수가 충분치 못하다. 장기간에 걸친 헌신이 요구되기 때문이다.

자유주의적 제국주의의 마지막 문제는 그 시장이 형성되어 있지 않다는 것이다. 제국주의자들의 공급이 존재한다 해도, 현지 사람들의 호의적인 반응이 필요하다. 그러나 현지인들의 긍정적인 반응을 기대하는 것은 환상일 뿐이다. 제국주의는 시대에 뒤떨어진 사상이다. 영국을 비롯한 유럽의 열정적인 제국주의자들이 무수히 존재하던 19세기와 20세기 초에도 제국주의는 성공보다 실패를 훨씬 많이 겪었다. 막대한 힘과 경제적 지원이 있었지만 유럽 문화는 유럽인들이 철수한 후에도 유지될 만큼 현지인들의 공감을 얻지 못한 경우가 대부분이었다. 이처럼 파고들면 파고들수록 서구 문화의 결점들이 드러나고 서구의 제국 건설자들의 동기가 의심되는 것으로 볼 때, 조금이라도 상식을 지닌 사람이라면 서구 밖의 사람들이 서구 도덕관의 강요를 받아들이지 않으리라는 사실은 분명히 알 수 있을 것이다.

조지 오웰은, 어떤 사상들은 너무 어리석어서 오직 지식인들만이 그 사상을 믿는다고 말했다. 공산주의가 대표적인 예였고, 자유주의적 제국주의가 또 하나의 예다. 서구 밖의 사람들은 그들이 지닌 기존의 믿음과 양립할 수 있고 목표에 도움이 되는 것을 서구로부터 취하고 나머지는 버릴 것이다. 서구의 생활양식을 일괄적으로 강요하려는 시도는 실패할 수밖에 없을 뿐만 아니라 고유의 사고방식과 문화를 가진 사람들이 서구식 사고의 일부 요소들을 받아들이는 데도 방해가 된다.

세계는 미국화가 될까

세계의 평화와 번영을 위해 미국의 활발한 국제적 지휘와 개입이 필요하다는 관점은 미국의 정책 집단들 사이에서 1918년 이후로, 1945년 이후로는 더욱더, 2001년 이후로는 훨씬 더 큰 지지를 얻게 되었다. 우리가 '세계의 미국화'라 이름 붙인 이 관점은 민주주의라는 장식이 벗겨진 제국주의다.

이 관점에 나름의 이상이 없는 것도 아니고 미국의 이익을 높이려는 목적만 있는 것도 아니다. 이 관점에는, 미국의 군사력이 그 뒤를 잇는 17개 나라의 군사력을 합한 것보다도 강할 만큼 압도적이며 이 힘이 전세계의 질서유지를 위해 분별 있게 사용되어야 한다는 전제가 담겨 있다.

때때로 세계의 미국화는 많은 사람들의 칭송을 받을 만한 방식으로 사용되기도 한다. 예를 들면 보스니아 사람들을 집단학살로부터 구하기 위해 개입한 경우가 그렇다. 그러나 세계의 미국화는 인도주의적인 중재 수준을 훨씬 넘어서는 것이다.

세계은행, GATT, IMF 등 미국이 주도하는 수십 개의 국제기구들이 그리는 것은 대체로 미국의 양식을 따르는 경제적 정치적 인도주의적 세계 질서다. 요점은 간단하다. 비즈니스와 지정학적 상황들을 지휘하는 보편적이고 현대적인 방식은 단 하나이며, 그것은 바로 합리적이고 시장지향적이고 세계적이고 어떤 경계로도 그 영향권을 제한할 수 없는 서구적 방식이라는 것이다.

세계의 미국화 관점에는 다음과 같은 생각이 내재되어 있다.

- 서구는 현대성을 대표하며 나머지 세계보다 우월하다.
- 서구, 특히 미국의 양식을 기반으로 하는 보편적인 세계 법칙이 존재한다.
- 서구는 나머지 세계가 이 양식을 따르게 만들어야 한다.
- 서구 국가들은 문화적·정치적 다양성을 줄이고 이 양식을 따라야 한다. 보편적인 세계의 틀에 맞추기 위해 필요하다면 자국의 이익도 희생해야 한다.
- 이 틀은 확실히 미국적인 것이지만 미국은 편협한 민족주의나 고립주의로 되돌아가는 선택지를 포기해야 한다. 노골적으로 말

하자면, 미국은 세계의 최고 경찰로 자리잡게 될 것이다. 시장원리의 제약 안에서 미국은 세계의 경제적 요소들, 예컨대 통화공급이나 금리, 환율, 무역 규범 등에 큰 영향을 끼칠 것이다.

세계의 미국화는 아직 이루어지지 않았고, 그 도래가 불가피하거나 확실시되는 것도 아니다. 미국이 다음 세기를 지나는 동안 다른 열강에 비해 쇠퇴할 가능성은 일단 제쳐두자. 미국 내에도 '세계시민주의'나 '제국주의' 엘리트들에 대항해 '국가'로서의 미국을 옹호하는 강력한 세력이 있다. 또한 각 정당 내에도 영향력 있는 민중주의 세력이 존재한다.

2004년, 새뮤얼 헌팅턴은 미국의 정체성에 관한 책의 끝을 이렇게 맺었다.

미국 엘리트 계층 상당수는 미국이 세계시민주의 사회가 되는 데 대해 호의적이다. 다른 엘리트들은 미국이 제국 지배자의 역할을 맡기를 바란다. 그리고 대다수의 미국인들은 민족주의를 고수하면서, 수세기 동안 존재해온 미국의 정체성을 유지하고 강화하려 한다. 미국이 세계가 되느냐, 세계가 미국이 되느냐, 아니면 미국이 계속 미국으로 존재하느냐, 다시 말해 미국인들이 세계시민주의를 택하느냐, 제국주의를 택하느냐, 민족주의를 택하느냐에 따라 미국이라는 국가의 미래가

형성될 것이고 세계의 미래가 형성될 것이다.주3

헌팅턴은 미국 대중이 정치계와 비즈니스계 지도자들보다
더 민족주의적이며, '초민족주의'에 덜 호의적이라고 말한다.

> …1978년부터 1998년까지 시행된 여섯 차례의 조사에서,
> 외교 정책을 담당하는 지도자들 중 96~98%는 미국이 세계 정
> 세에 적극적으로 참여해야 한다고 응답했다. 그러나 이와 같
> 은 응답을 한 대중은 59~65%에 불과했다 … 대중은 미국의 군
> 사력으로 다른 국가들을 지키는 일을 지도자들에 비해 훨씬
> 달갑지 않게 생각했다.

말하자면 헌팅턴은 세계의 미국화에 반대하는 입장이다. 많
은, 어쩌면 대다수의 일반 미국인들 역시 그와 같은 입장이다.주4
유럽의 정치인들과 국민들도 대부분 세계의 미국화에 강력히
반대한다. 그러나 그렇다고 해서 세계의 미국화가 일어날 수
없는 것은 아니다. 군사적·구조적 기반은 이미 갖춰져 있다.
단지 '알파벳 약어로 불리는' 국제기구들과 그 밖에 미국이 주
도하는 '초국가적인' 기관들 —그중 세계의 미국화에 가장 효과적
인 기수는 IMF이다주5— 만이 기반을 이루고 있는 것은 아니다.
미국의 압도적인 군사력과 군대 주둔도 그 기반에 속한다. 퍼

거슨은 이렇게 말한다.

> 이라크 침공을 위한 군사 배치가 있기 전 미국 군대는 130
> 개 이상의 국가에 약 752개 군사시설을 보유하고 있었다. 그
> 중 65개 국가에 상당수의 미국 군대가 주둔하고 있었다 … 군
> 사력이 제국의 필수조건이라면, 오늘날 미국의 제국주의적인
> 성격을 그 누가 부정할 수 있겠는가?주6

미국은 세계의 미국화를 위한 기반과 힘을 가지고 있다. 세
계의 완전한 미국화가 어떻게 이루어질 수 있는지는 쉽게 알
수 있다. 미국의 경제적 · 문화적 영향력이 계속해서 널리 퍼져
나간다고 생각해보라. 필연적으로 강자에게 유리한 자유무역

주3 Huntington(2004).

주4 여론조사 결과를 보면, 평상시 미국 대중은 외국 전쟁 참전을 달가워하지 않는다. 상대적으로
손실이 적거나, 미국이 외부의 적으로부터 위협을 받는다는 강한 의식이 있을 때만 미국인들은 전
쟁에 찬성하고 미국의 제국주의적 역할에 찬성한다. 일례로 2004년 미국 대선에서는, 9.11테러로
인해 이라크전쟁이 불가피하다고 주장한 부시 대통령이 좀더 지지를 얻었다. 테러리스트들의 난폭
한 행위가 없는 보통 상황에서라면, 미국 대중이 세계의 미국화 관점에 찬성의 뜻을 보이는 일은
아마도 없을 것이다. 미국의 해외 참전은 민중의 강한 민족주의에서 우러나왔다기보다는 언제나
정치계 권력자들이 '선전'을 통해 미국 대중을 설득한 결과였다.

주5 여기서 우리는 IMF를 효과적이라고 표현했지만, 그 무능함을 부인하는 것은 아니다. 객관적
인 관찰자들이 제3세계 국가들에 대한 IMF '조언'의 효과를 검토하고 그 효과가 부족하다고 판단
한 사례가 많이 있다. IMF는 주변의 독립국들을 관리하는 데 있어서는 효과적이지만 그들의 경제
를 성공으로 이끄는 데 있어서는 그렇지 못하다.

주6 Ferguson(2004).

이 전세계에 보편화된다고 생각해보라. 가장 근본주의 성향이 강한 대통령 후보자를 지지하는 정권이 형성되어 미국의 근본주의가 한층 더 강력해진다고 생각해보라. 그리고 근본주의자들이 훨씬 더 편협해진다고 생각해보라. 미국 도시 곳곳에서 새로운 폭탄 테러들이 벌어지게 된다. 테러리즘에 대응하는 수단은 점점 더 시민의 자유를 억압한다. 대통령과 정부기관의 권력은 갈수록 높아진다. 백인이 아닌 사람들의 이주는 중지된다. 범죄자나 범죄를 저지를 만한 사람을 감금하는 단순한 방책을 통해 범죄는 대부분 사라진다. 팍스 아메리카나Pax Americana, 즉 미국의 지배에 의한 평화가 전세계에 강요된다. 중동 및 아시아의 여러 국가에 친미 괴뢰정권이 세워지고, 서구가 민주주의를 전파해야 한다고 생각하던 때보다도 이 괴뢰정권은 내구력을 과시한다. 그럼에도 불만을 품은 젊은이들은 반미 테러리스트 대열에 가담한다.

군사적 과학적 경제적 주도권을 바탕으로 미국은 새롭고 영속적인 문명을 이루게 될 것이다. 미국은 제국주의 로마만큼이나 무자비하게 세계의 대부분 혹은 전체를 지배하게 될 것이다. 중국, 러시아, 인도 등의 열강이 중대한 문제를 제기하겠지만 수년 혹은 수십년에 걸쳐 유혈분쟁이 벌어진 이후에는 평화와 순종, 번영이 세계를 채울 것이다. 지금은 믿기 어려운 사실처럼 여겨지겠지만 미국은 비평가들까지 당황시키고 매우 엄격한 '녹색' 실천을 권위적으로 세계에 전개함으로써 지구를 보호해 환경운동가들의 갈채를 받을지도 모른다. 세계 모든 도시의 거리는 어떤 인종의 관광객에게든 안전한 곳이 될 것이다. 다만 자유와 서구문명을 포함한 전세계의 유서 깊은 문명들은 희생될 것이다.

서구의 요새화 시나리오

서구와 그 밖의 세계에 관한 네 번째 '정신적 모델'은 공공연하게 이야기되는 일이 거의 없다. 이 관점은 겉으로 드러나지 않는 경우가 많고, 때때로 미국의 민중주의자와 고립주의자들, 몇몇 유럽 국가의 민족주의자와 외국인 혐오자들이 내놓는 말과 정책을 통해 표출되기도 한다. 이 비주류 정치인들은 보기보다 중요하다. 그들은 일부 주류 입법자들과 대다수의 유권자들 사이에 숨어 있다는 '편협한 제3자' 등 많은 사람들이 생각하고 있지만 예의를 차리는 집단 내에서는 이야기되지 않는 사실을 이야기하곤 한다. 서구의 요새화는 곧 "나머지 세계를 무시한다" 관점이다.

- 서구는 나머지 세계보다 우월하다.
- 나머지 세계는 서구의 골칫거리다.
- 나머지 세계를 서구와 단절시켜야 한다.

서구는 반세계화 시위자들로부터 제3세계를 부당하게 이용한다는 비난을 받고 있다. 서구의 요새화 관점을 지닌 정치인들은 이런 비난을 뒤집어, 모든 서구 국가들이 대부분의 무역을 다른 선진국들과 하고 있으며 따라서 제3세계와의 통합 필요성은 사람들이 일반적으로 생각하는 것보다 훨씬 적다고 말한다. 서구의 요새화는 우익의 관점이지만 세계화된 미국의 보편주의적 제국주의와는 큰 차이가 있다.

서구의 요새화 시나리오는 단순하면서도 그럴듯하다. 테러리스트들의 공격이 새로워지고 이민 인구가 증가함에 따라 서구는 그 문명을 보호하기 위해 스스로를 요새화한다. 세계가 미국화되는 경우에서처럼 서구로의 이민은 거의 없어진다. 다른 세계들과의 갈등을 피하기 위해 민주주의와 자본주의를 확산시키려는 모든 시도는 중지된다. 서구는 그 경계 밖으로 무역을 확장하려는 노력을 그만둔다. 기술 보급이 활력을 잃는다. 서구의 영토는 무시무시한 방어 태세를 갖춘다. 군사적인 모험은 기피된다. 요새를 건설하면서, 그리고 사실상 나머지 세계를 단념하면서 서구라는 요새의 설계자들은 나머지 세계의 인구 및 경제성장이 무너져 생태학적 위험이 감소되기를 바란다.

이 전략은 효과가 없을 수도 있다. 우선 서구는 원료와 자원을 두고 나머지 세계와 계속 다투어야 할 것이다. 또한 거친 환경 속에서 지나치게 보호되는 '닫힌' 공동체들이 그러하듯, 서구는 내부에서 커져가는 두려움과 불안, 망상, 외부에서 부풀어 오르는 좌절감과 시기, 분노를 목격하게 될 것이다.

세계시민주의가 끼치는 영향

세계시민주의적 관점은 서구보편주의와 마찬가지로 세계가 조만간 하나의 지배적이고 거의 유일한 현대문명이 될 것이라는 관점이다. 그러나 서구보편주의자들과 달리 세계시민주의자들은 세계의 여러 문화들이 서로 혼합되고 스며들 것이라는 보다 유쾌하고 균형 잡힌 견해를 지니고 있다. 동양과 서양이 만나 세계가 하나의 커다란 가족이 된다는 것이다.

- 동양은 점점 더 서양을 닮아가고, 서양은 점점 더 동양을 닮아가고 있다.
- 인간의 열망은 보편적이며, 문화적 차이는 단지 보편적인 현대성과 도덕관으로 가는 길의 가벼운 장애물일 뿐이다.
- 어떤 문제에 접근하는 서양의 방식과 동양의 방식 모두 장점을 지니고 있다. 결국 시장은 인간의 행복에 가장 이바지하는 방식을 위해 움직일 것이다.
- 문화의 수렴을 생각할 때, 나머지 세계에 대한 서구의 특별한 전략(혹은 그 반대)은 필요가 없다.

당사자들은 인정하지 않을지도 모르지만, 가장 세련되고 문명화된 서구인들은 세계시민주의 관점의 큰 영향을 받아왔다. 리처드 니스벳은 『생각의 지도*The Geography of Thought*』에서 동양과 서양의 사고방식이 어떻게 다른지를 보여주면서도 두 사고방식이 서로 수렴된다고 말한다.

선불교Zen Buddhism와 정신-신체-영혼 운동, 간디의 비폭력 소극적 저항과 마틴 루터 킹의 전술, 마르크스주의와 마오쩌둥주의 등 동양철학과 사상교류에 서구인들은 어느 때보다도 큰 관심을 가지고 있다. '업業karma'과 같은 개념이 수많은 서구인들에게 스며들고 있으며, 서구의 자본주의 개념이 일본이나 중국 등에서 수정되어 더 계급주의적이고 공산주의적인 사회에 시장의 힘을 결합시키고 있다. 1970년 이래 서구의 가장 중대한 과학 혁신 가운데 하나인 '혼돈'과 '복잡성'에 관한 제휴 연구는 동양의 전체론적 사고에서 나온 결과라고 볼 수 있다. 이 연구는 복잡한 체계들이 어떻게 나타나고 적응하면서 그 구성 성분보다 더 크고 다른 무언가를 만들어내는지를 보여준다.주7

보다 대중적인 수준에서 살펴보자면, 다양한 문화들이 서로의 요리법을 즐겁게 모방하고 있다. 서구는 아시아의 음식과,

주7 Richard Koch(2001) *The Natural Laws of Business, Doubleday*, New York, chapter 10; James Gleick(1987) *Chaos, Little, Brown*, New York; M. Mitchell Waldrop(1992) *Complexity*, Simon & Schuster, New York.

절충적인 이른바 '세계'(비서구) 음식을 수입하고 그 대신 햄버거와 청량음료, 대량생산되는 프라이드치킨 등을 끊임없이 수출한다. 대륙을 넘나들며 이루어지는 사람과 상품과 생각의 교환은 사람들의 시야를 넓혀주고 세계를 더 관용적인 곳으로 만드는 데 기여하고 있다.

그러나 세계시민주의 이론에는 다소 피상적인 부분이 있다. 서구와 비서구 사고방식 사이의 틈이 좁혀지고 있다는 증거는 일본과 같이 발전된 자본주의 경제 국가에서도 찾아볼 수 없다. 소비자중심주의, 할리우드 영화, 서구의 여러 브랜드, 팝음악 등이 서구 밖에서 크게 발달하고 있지만 이러한 것들이 그토록 사람들의 마음을 끄는 이유는, 삶과 사회에 대한 근본적인 태도를 수정하거나 다르게 행동할 필요 없이 즉석에서 현대성을 입을 수 있기 때문이다.

동양 사상, 특히 종교를 서구로 들여오는 일도 쉽게 얻은 영성, 즉 진정한 동양 종교의 모방작을 가볍게 덧입는 행위일 뿐이다. 이국적인 미학이나 종교적 체험을 좋아하는 서구의 취향은 최소한 19세기 중반부터 이미 존재하고 있었다. 이런 취향 역시 서구의 태도를 조금도 변화시키지 않았다. 조용한 명상과 자아 너머의 세계에 대한 인식을 보여주는 불교 등 동양 종교에 대한 큰 관심과 동시에, 강한 서구 개인주의와 끊임없이 가속화되는 생활 속도도 함께 존재해왔다. 1918년 슈펭글러가 한 말은 지금도 공감을 불러일으킨다.

> …현재 구미세계에는 신비주의적 속임수와, 미국 크리스천 사이언스, 상류사회의 거짓 불교, 중세나 후기고전주의나 도교 성향을 띤 집단들의 비위를 맞추는 종교 미술공예 사업(영국보다도 독일에서 더 활발하다) 등이 곳곳에 퍼져 있다. 그들은 아무도 실제로는 믿지 않는 미신을 가지고 장난을 치고 있는 것이다. 그런 식의 숭배가 내면의 공허함을 채워줄지 모른다는 기대감이 존재하기 때문이다. 물질주의는 얄팍하고 정직하지만 거짓 종교는 얄팍하고 부정직하다.주8

세계시민주의 이론은 서구문명이 대부분의 비서구사회에 미치는 뒤틀린 영향을 전혀 이해하지 못하고 있다. 1850년경부터 비서구사회들은 서구와 서구의 사상 및 풍습을 무시하기가 점점 더 어려워지고 있음을 깨달았다. 특히 그들이 보여주는 풍요와 평균수명의 연장 때문이었다. 그러나 비서구인들은 완전한 서구인이 되기가 어렵거나 불가능했다. 아라비아의 로렌스 Thomas Edward Lawrence(1888~1935, 영화 '아라비아의 로렌스'의 주인공으로, 아랍에 파견된 영국 장교—옮긴이)도 완전한 아랍 사람

주8 Spengler(1991), p.346.

이 될 수 없었던 것처럼 말이다. 서구 밖에 있는 많은 사람들이 서구의 문화와 개인주의를 바라볼 때는 여전히 뭔가 이질적이고 심지어는 거북하기까지 한 부분이 있다.

세계시민주의자들은 서구와 나머지 세계 사이의 지적 교역이 상호적이라고 말한다. 본질적으로 서구와 비서구의 혁신들이 동등하게 교환된다는 것이다. 그러나 사실은 그렇지 않다. 최근 20세기 사상사에 관한 글을 쓴 피터 왓슨은 이렇게 말한다. "집필을 계획했을 때 내 의도는 최대한 국제적이고 다문화적인 글을 쓰는 것이었다." 그러나 이는 그가 예상했던 것보다 어려운 일이었다.

> 나는 중국이나 일본, 남아프리카, 중앙아프리카, 아랍 등 주요 비서구 문화를 전공한 학자들의 연구를 살펴보고 놀라지 않을 수 없었다. 그들은 모두 20세기에 비서구 문화들이 서구에 견줄 만한 업적을 만들어내지 못했다고 결론내리고 있었다 … 이 학자들 중 상당수가 비서구인이었고 … 그중 한 명 이상이 자신의(비서구의) 문화에서 20세기에 이루어진 주요한 지적 노력은 현대성을 받아들이고 서구의 방식과 서구의 사고 패턴, 주로 민주주의와 과학에 대응하는 법을 익히는 것이었다고 말했다.

물론 20세기에 중요한 활동을 펼친 중국의 작가나 화가들

도 있고, 위대한 일본의 영화감독, 인도의 소설가, 아프리카의
극작가들을 떠올려 볼 수도 있다 … 그러나 계속해서 내가 생
각하게 된 것은, 서구의 초현실주의나 정신분석, 논리 실증주
의, 아날학파(Annales school: 프랑스의 역사학파—옮긴이) 등에
견줄 만한 20세기 중국, 인도, 아프리카의 혁신이 없다는 사실
이었다. 플라스틱, 항생물질, 원자, 의식의 흐름 기법을 사용
한 소설, 자유시, 추상표현주의 등 20세기에 이루어진 혁신들
을 떠올려보면 거의 다 서구에서 비롯된 것들이다.[주9]

세계시민주의는 지나치게 단순한 관점이다. 사고와 행동의
패턴은 역사와 지리, 종교, 사회의 권력구조에 깊이 뿌리를 내
리고 있으며, 소비자중심주의나 문화교류, 희망적 사고를 통해
마음대로 바뀔 수 있는 게 아니다.

공존과 유인이 필요하다

우리가 문화적 현실에 가장 적합하다고 생각하는 선택지는
공존과 유인의 전략이다. 그 내용은 다음과 같다.

- 몇 개의 서로 다른 비서구문명들이 존재하고, 이들 모두가 서구

주9 Watson(2000).

문명과는 크게 다르다.

- 서구인들이 중시하는 기준에 따르면 서구문명은 엄청난 성공작이다. 시민들의 복지, 수명, 존엄성, 창조성, 개인의 자유 그리고지난 반세기 동안 서구인들이 전망하기에 전쟁의 피해를 입지않을 가능성이 계속 증가해온 다른 어떤 문명도 서구만큼 성공적이지 못했다.

- 서구문명의 부정적인 측면은 전통과 오랜 사고 패턴, 종교적 · 세속적 권위, 개인적 · 사회적 안정성, 지구의 생태 환경을 끊임없이 파괴한다는 점이다.

- 서구는 힘으로, 경제성장으로, 비할 바 없는 커뮤니케이션 능력을 통해 다른 문명에 강력하게 개입해왔다. 적어도 500년 동안다른 문명이 이와 같이 서구에 개입한 경우는 없었다.

- 서구는 비서구인들에게 막대한 이익과 막대한 손실을 가져다준다. 이익은 주로 개인의 기회와 자유라는 형태로 나타난다. 손실은 대개 사회의 붕괴와 개인의 혼란, 오랜 신념과 정체성의 위기등으로 나타난다.

어떤 비서구문명도 서구가 주는 이익을 서구인들만큼 높이평가하지 않으며 모든 비서구문명이 서구가 주는 손실을 서구인들보다 크게 생각하지만 다양한 비서구문명과 그 안에 속한다양한 개인 및 집단들은 서구화가 가져다주는 이익과 손실을

각자 다르게 평가한다. 여러 문명들은 크게 다음의 세 가지로
분류된다.

- 역사적으로 서구문명에 노출된 탓에, 그리고 문화적·민족적 공
  통성 때문에 적어도 어느 정도는 서구문명을 받아들이는 문명들
  (라틴아메리카, 러시아와 정교회, 일부 아프리카).
- 서구의 과학과 성장을 인정하고 서구의 노하우를 받아들이면서
  도 자신들의 문화와 가치관을 유지하고자 하는 문명들(일본, 중
  국, 불교, 아마도 힌두교, 일부 아프리카).
- 서구문명에 크게 반대하는 문명들(일부 이슬람).

모든 문명에는 서구 가치관에 찬동하는 소수(혹은 극소수)의
개인들이 존재한다. 이 개인들은 서구로의 이민을 원할 것이
다. 이 과정으로 인해 적어도 당분간은 서구에 찬동하는 비서
구인들이 대부분 흡수되어 비서구사회들은 서구에 덜 우호적
이 될 것이다.

이 모든 내용은 우리가 제시한 근거를 통해 입증되거나 그
근거들로부터 추론될 수 있다. 그렇다면 서구는 나머지 세계와
의 관계에서 어떤 방법으로 이익과 안전을 높일까? 우리가 생
각한 방법은 다음의 세 가지다.

첫째, 다양성을 존중한다. 세계는 서구가 될 수 없다. 서구도 다른 문명들도 세계가 될 수 없다. 다양성은 계속 존재한다. 상호간의 이해가 확산되려면 서구인들은 비서구인들이 자신들과 유사한 가치관을 가지고 있거나 혹은 가져야 한다는 생각을 버리고 타인을 존중해야 한다. 서구가 다른 문명에 기대할 수 있는 최대한은, 그들이 서구를 싫어해도 서구의 방식을 용인한다는 것이다. 이러한 관용은, 서구도 마찬가지로 싫어하는 것을 용인할 때에만 기대할 수 있는 것이다.

둘째, 서구의 이상을 되살린다. 사상과 이상을 이야기할 때 숫자는 전혀 중요치 않다. 만약 숫자가 중요하다고 해도 관점과 지식은 결코 변하지 않는다. 중요한 것은 사상과 이상의 내적 가치이며,주10 더욱 중요한 것은 그러한 사상과 이상을 믿는 정도이다. 모든 유력한 종교는 작은 종파로 시작하여 예증과 설득의 힘으로 변화할 수 있었다. 서구의 이데올로기적 리더십은 —그토록 발전되고 일관된 사상이 다른 어떤 문명에도 없다는 사실은— 그 이데올로기가 계속 지배력을 떨치거나 계속 존재할 것이라는 보장이 되지 못한다. 서구가 다양성을 존중하고 서구의 이상을 강요하지 않는다면 믿음의 강도는 최고가 될 것이다.

주10 사상의 '내적 가치'를 이야기하면서 우리가 말하고자 하는 바는, 어떤 사상이 절대적으로 옳거나 가치 있다는 것이 아니다. 단지 특정한 때에 특정한 환경에서 인간의 어떤 목적을 충족시키는 데 있어서 다른 사상보다 더 나은 사상이 존재한다는 것이다.

여기서 말하는 믿음은 어떤 생각이 물질적으로 유용하기 때문에 가치가 있다는 기계적인 믿음이 아니라 하나의 생각도 이상이자 가치 있는 인간 열망이라는 도덕적·정신적 믿음이다. 서구는 엄청난 양의 코카콜라를 팔 수 있지만 그 엄청난 양의 코카콜라가 서구를 팔 수 있는 것은 아니다. 서구만이 제공할 수 있는 것은 그리 많지 않다. 그런 것들은 일본의 경우에서 볼 수 있듯 서구의 가치관 전체를 받아들이지 않고도 얻을 수 있기 때문이다. 서구가 제공해야 할 것은 개인의 자유다. 서구인들이 개인의 자유를 중시하지 않는다면 서구는 아무것도 줄 것이 없고 아무것도 남지 않게 된다.

셋째, 나머지 세계를 서구로 유인한다. 오늘날 배우자나 연인을 강제로 혹은 끈질기고 지나친 구애로 얻는 사람은 드물다. 사람들은 친절하게, 매력 있게, 붙임성 있게 혹은 수줍게 상대를 유혹한다. 간단히 말해서, 상대의 마음을 끄는 것이다. 현대의 배우자와 친구 시장에서, 관계는 사는 것이 아니라 얻는 것이다. 간혹 팔고 사는 일이 있다 하더라도 이는 아주 조용하고 미묘하게 이루어진다.

문명과 사회의 경우도 마찬가지다. 19세기에 서구는 힘으로 문명을 확장했다. 1875~1895년까지 단 20년 사이에 6개 유럽 열강은 전세계 땅의 4분의 1 이상을 차지하고 그 안의 국가들을 자신의 제국으로 흡수시켰다. 20세기에는 서구의 제국들이 무너지기 시작했다. 단순히 지리적인 측면에서, 즉 영토와 국민 수로 보면 실제로 서구는 슈펭글러가 1918년에 예고한 것처럼 쇠퇴하여 그 규모가 훨씬 줄어들었다. 그러나 이는 사실 쇠퇴가 아니었다. 외국의 문화와 사람들을 강제로 변화시키는 계획이 느슨해진 것뿐이었다.

현저한 변화는 20세기 중반에 일어났다. 사람들이 거의 깨닫지 못하는 태도와 행동의 변화였다. 이웃 나라나 먼 나라를 침략하고 그 땅과 사람들에 대한 소유권을 주장한다는 생각이 돌연 서구에서 사라진 것이다. 인간의 행복 측면에서 볼 때 그 이익은 헤아릴 수 없을 만큼 막대하다.

현재 영향력과 사상을 퍼뜨리는 방식은 자발적이다. 강제에 의한 것이 아니라 유인에 의한 것이다. 그렇기 때문에 서구의 사상, 특히 크리스트교와 낙관주의, 성장, 과학, 자유주의는 19세기보다 1950년 이후에 훨씬 더 활발하게 비서구사회로 진출하고 있는 것이다. 지난 60년 동안 서구는 완력을 사용한 곳(한국, 베트남, 중동)보다 그러지 않은 곳(동유럽, 러시아, 라틴아메리카의 대부분, 남아프리카, 아시아 일부)에 더 성공적으로 사상을 전파해왔다. 강압은 막대한 인명 손실과 고통을 초래할 뿐만 아니라 목적 달성에도 큰 도움이 되지 못한다. 피와 무기로는 마음을 얻을 수 없다. 강압은 유인에 비해 더 많은 손실과 더 적은 이익을 가져온다. 서구조차도 이 교훈을 충분히 깨닫지 못한 것으로 보이지만, 기나긴 역사에 비춰볼 때 이는 부정할 수 없는 명백한 사실이다.

공산주의는 —적어도 정부가 강제하는 완전한 형태의 공산주의는 — 20세기의, 그리고 사실상 고금을 통틀어 가장 큰 악으로 손꼽힌다. 스탈린과 마오쩌둥은 히틀러보다도 훨씬 많은 사람들을 학살했다. 그러나 핵무기가 공산주의를 잠재웠는가? 미국의 '스타워즈' 계획이나 무력이 공산주의를 소멸시켰는가? 물론 NATO의 견제력이 없었다면 스탈린과 마오쩌둥은 더 많은 땅과 사람들을 지배했을 것이다. 그러나 거친 힘과 부드러운 힘, 강제와 유인 중에 어느 쪽이 공산주의를 없애는 데 더 중요한 역할을 했는지 묻는다면 답은 확실하다. 1980~1991년 사이 구소련의 통치자들, 특히 미하일 고르바초프가 서구의 가치관에 매료되지 않았다면 어떻게 되었을지 상상해보라. 그들은 스탈린과 같은 잔인함으로 동유럽의 반란을 진압했을 것이다. 그들에게는 군대는 있었지만 의지가 없었다. 구소련은 자신들의 반서구 가치관을 더 이상 믿지 않았기에 스스로 해체되었다. 얼마 후에는 중국이 이와 비슷한 길을 걸었다.

진행 과정은 간단하다. 새로운 사상이 등장하고 열정적으로 믿는 사람들이 생기면 그 사상은 튼튼한 발판을 얻는다. 더 많은 사람들이 그 사상을 강력히 믿게 된다. 그들의 힘이 세계를 변화시킨다. 그러고 나서 사상은 원동력을 잃게 된다. 그 사상은 지루하고 진부하고 형식적인, 말뿐인 신앙의 대상이 된다. 냉소주의와 이기주의가 만연하게 된다. 새로운 사상이 더 매력적으로 느껴진다. 그리고 이러한 순환이 다시 되풀이된다. 사상의 싸움에서 우리는 타인을 설득하기 전에 우선 스스로가 그 사상을 믿어야 한다. 타인을 유인하기 전에 스스로가 매력을 발산해야 한다. 세상에서 가장 멋진 사상이 있다 해도 스스로가 믿지 않는다면 다른 사람들도 믿지 않을 것이다. 그렇다면 오늘날 진정한 신자들은 어디에 있는가?

서구가 자신의 가치관을 믿고 그 영향력을 널리 확산시키고 싶다면 ―결과적으로 서구는 더 안전해지고 세계는 더 행복해진다는 이유로― 가능한 한 거친 힘이 아닌 부드러운 힘을, 채찍이 아닌 당근을, 명령이 아닌 예증을, 밀기가 아닌 당기기를 사용해야 한다. 가치관에 위배되는 행동을 하지 말고 그 가치관에 충실해야 한다. 미국의 일방적인 군사 지배력은 적에게 뿐만 아니라 스스로에게도 위협이 된다.

유인이라는 방법을 통해 즉각적인 결과가 나타나지는 않는다. 어떤 곳, 예컨대 중국이나 이슬람 세계에서는 자유민주주의나 개인주의를 좀처럼 받아들이지 않는다. 압제적인 정권을 상대하는 경우에도 서구의 최고 방책은 서구의 매력이 그곳 사람들에게 영향을 미치도록 놓아두는 것이다. 기분 좋은 서구인들과의 평화적인 접촉은 반서구적인 선입견을 줄여주고 나아가서는 그 정권의 반서구적인 성격을 약화시킨다. 만약 그 정권이 여전히 반서구적이라면 그것은 결국 서구의 가치관이 비서구인들에게 충분히 매력적으로 느껴지지 않았기 때문이다. 이는 실망스러운 결과일 수 있다. 그러나 그 정권이 테러리스트들을 비호하거나 서구의 영토를 침략하지 않는다면 서구는 그러한 결과를 기꺼이 받아들여야 한다.

결론

세계는 하나로 융합되지 않을 것이다. 또한 세계는 서구의 가치관을 자연스럽게 받아들이지도 않을 것이다. 강제로 그런 결과를 만들어내려는 시도는 편협하고 비현실적이고 헛된 일이다. 물론 미국은 세계의 대부분 혹은 전체로 무자비하게 그 제국을 확장시킬 수도 있다. 그러나 그렇게 하면 서구문명의 자유와 매력적인 부분들을 잃게 될 것이다. 서구가 스스로를 요새화하려 할 경우에도 같은 결과가 초래될 것이다.

현실적이고 현명한 단 한 가지 대안은 서구가 문화적 다양성을 존중하고, 인내심과 관용을 발휘하고, 자신이 최고로 여기는 사상을 믿고, 예증을 통해 영향력을 넓히고, 사상과 그 결과가 스스로 명백해지게 하고, 점차적으로 상대의 적의를 사라지게 하여 지지자를 끌어들이는 것이다.

미국, 유럽 등 서구의 동맹국들은 영토 침범에 즉각적이고 효과적인 군사력으로 대응해야 한다. 강력하고 자신감 있는 문명이라면 당연히 그렇게 행동할 것이다. 그러나 궁극적으로 서구와 세계의 평화, 안전, 행복을 위해서는 미국의 역사와 1945년 이후 유럽의 역사를 따라야 한다. 다시 말해 독재와 침략을 피하고, 외국 영토를 빼앗아 경제적 혹은 정치적 이익을 올리는 방식을 거부하고, 이웃 국가들은 물론 평화적으로 다가오는 모든 이들에게 우호와 협력의 손길을 내미는 것이다.

물론 그렇게 하기란 상당히 어렵다. 다시 침략을 행할 구실과 이유는 언제나 존재한다. 역사적으로 볼 때 이는 강력한 국가나 문명의 자연적인 본능이다. 서구는 자신과 적들을 피로 적셔왔다. 서구문명은 서로간의 증오가 반복되는 고리를 끊을 수 있을 만큼 진화했는가? 서구인들은 자유와 배려를 진정으로 믿는가? 서구의 외교 정책은 유인 전략에 기반을 두게 될 것인가? 미국과 유럽은 연합하여 그들의 유산을 최대한 끌어내고 공통된 문명이 지닌 잠재력을 보여줄 것인가?

아니면 서구는 승리를 코앞에 두고 좌절을 맛볼 것인가? 우리는 마지막 장에서 그 승산을 점쳐보려 한다.

자멸은 불가피한가

SUICIDE
OF THE WEST

Chapter 09
자멸은 불가피한가

이제 우리의 생각들을 종합하여, 서구문명의 가장 좋은 점들과 서구를 분열시키는 요인들을 융화시킬 방법은 없는지 살펴보려 한다. 우리의 논점은 다음의 세 가지로 요약된다.

첫째, 지난 2세기 사이 서구문명은 다른 어떤 문명도 이루지 못한 것을 이루었다. 바로 풍요로운 사회와 문화다. 생활수준이 향상되어 모든 세대가 그 부모 세대보다 풍요로운 생활수준을 기대할 수 있게 되었다. 뿐만 아니라 그보다 훨씬 중요한 자유의 풍요도 이루게 되었다.

종종 간과되곤 하지만 자유는 물질로부터 생겨나기도 한다. 먹이를 찾는 야생 짐승들로부터의 자유, 굶주림으로부터의 자유, 바람과 비, 더위, 추위로부터의 자유, 무지와 질병으로부터의 자유, 고된 노동으로부터의 자유, 각종 빈곤으로부터의 자유 등을 예로 들 수 있다.

또한 자유는 같은 인간에 의한 억압으로부터의 자유를 의미하기도 한다. 노예제도로부터의 자유, 강제 노동으로부터의 자유, 비자발적인 병역으로부터의 자유, 절도와 폭력으로부터의 자유, 부모와 상사, 정부의 강압으로부터의 자유, 성별과 인종, 국적, 출신, 성적 취향을 이유로 한 비난으로부터의 자유, 인간의 존엄성과 권리를 공정하고 평등하게 대우하지 않는 모든 것으로부터의 자유가 여기에 속한다.

그리고 자유는 긍정적이다. 자신의 삶을 스스로 창조할 수

있는 자유, 세상에 관해 배우고 새로운 배움에 기여할 수 있는
자유, 투표를 통해 통치자 결정에 참여할 수 있는 자유, 자신의
일과 친구, 종교, 생활환경을 선택할 수 있는 자유, 자신과 자신
이 속한 집단의 삶을 개선할 수 있는 자유 등이 그 예다.

이러한 기준에서 볼 때 서구문명은 불완전하다. 그러나 서구
문명은 과거나 현재의 어떤 문명보다도 찬양 받고 보존될 가치
가 있다. 서구문명의 이상은 수많은 위협을 받고 있지만 현재
서구는 1900년이나 1950년에 비해 그 이상에 더 가까워졌다.

둘째, 서구문명은 길고 느린 과정을 통해 이루어졌으며, 궁
극적으로 세계와 인간 본성에 대한 특유의 믿음과 그 믿음에
따른 행동을 기반으로 한다. 다른 문명들도 마찬가지지만 서구
는 특히 그렇다. 서구는 어떤 문명보다도 보통사람들의 역할,
사회 개선을 위한 자발적 행동에 무게를 두고 있기 때문이다.

사회를 운영하는 데 있어서 물론 제도는 중요하다. 그러나
적어도 서구에서는 제도보다 신념이 더 중요하다. 제도를 결정
하고 변화시키는 것은 신념이기 때문이다. 서구에서 제도는 어
떤 의미에서 보면 고정된 신념이라 할 수 있으며, 새로운 신념
에 따라 해체되기도 하고 다시 고정되기도 한다. 일례로 새로
운 신념은 종교개혁과 새로운 교회를 낳았다. 서구인들은 제도
가 그들의 신념과 더 이상 일치하지 않을 경우 자신들이 그 제
도를 바꿀 권리와 의무가 있다고 믿는다. 신념은 행동으로 이

어진다. 행동 이면에 깔려 있는 신념은 더 이상 언급되지 않거나 심지어는 인식조차 되지 않는다. 이렇게 거의 혹은 완전히 무의식적인 단계에서 신념은 가장 강력한 힘을 갖는다.

대표적인 예가 '프로테스탄트 윤리' 다. 이 윤리는 보통사람들로 하여금 자신의 '소명' 즉 직업을 삶의 가장 중요한 부분이자 자기표현의 형태로 보게 만들었다. 개인의 의무에 대한 이러한 진지한 관점은 칼뱅파와 루터파의 교의에서 비롯되었지만 100~200년 사이에 종교에서 분리되어 사실상 무의식적인 것이 되었다.

그래서 우리는 서구의 다른 점이 무엇인지를 밝히는 과정에서, 서구인들의 특성을 결정짓는 신념을 파헤쳐보았다. 우리는 서구의 특성을 결정짓는 여섯 가지 지배적인 신념과 행동 패턴을 발견했다. 바로 크리스트교와 낙관주의, 과학, 성장, 자유주의 그리고 개인주의다. 이 여섯 가지 '성공 요인' 은 현재 서구인들의 일상적인 사고 및 생활방식에 스며들어 있기 때문에, 그 바탕에 깔려 있는 주의를 인식하거나 재확인할 필요는 없다. 예컨대 서구인들은 '1인 1표제' 를 믿고 있어서 투표권을 빼앗기면 당혹스러워하지만 민주주의 형식이 17세기 사회계약이론에서 비롯되었다는 사실을 알아야 할 필요는 없다. 또 다른예를 들자면, 일반적으로 서구인들은 개인의 의무와 자기개선, 부유하지 못한 이들에 대한 연민을 중요시한다. 이 개념들은 원시 크리스트교에서 비롯된 것이지만 이러한 가치관을 공유하기 위해 크리스트교도가 되어야 하는 것은 아니다.

사회의 본질을 결정짓는 신념과 행동 패턴은 공동의 경험을 통해서만 서서히 생겨난다. 서구의 여섯 가지 성공 요인은 아주 오랜 세월에 걸쳐 서로의 긴밀한 협력을 통해 생겨났다. 성장과 자유주의, 개인주의의 관계를 한번 생각해보자. 서구의 자유시장과 개인주의적·민주주의적 사회가 등장하고 성공하기까지는 수백년이 걸렸다. 이 과정은 대개 새로운 부를 창출한 후 자유를 기대할 수 있게 된 유럽 상인과 장인들의 자발적인 행동을 통해 서서히 아래로부터 이루어졌다. 그러기 위해서는 권력을 가진 이들과 사회 구성원들 사이에 서로 협력하는 습관이 점차적으로 쌓여나가야 했다. 자유시장과 민주주의 사회의 성공을 위해서는 수많은 개인의 자신감과 자부심이 필요했고 각 개인의 내적 자원과 더불어 인간 존엄성과 평등, 행동에 대한 책임이라는 개념이 필요했다. 정치적 발전은 경제적 발전이 있은 후에 이루어졌다. 경제적 발전을 위해서는 개인의 솔선이 필요했고 이를 위해서는 개인의 가치와 힘에 대한 믿음, 삶과 공동체를 개선할 수 있는 능력에 대한 믿음이 필요했다.

셋째, 서구인들은 불안정하고도 흥미로운 단계에 서 있다. 문명의 버팀목이 되는 신념과 행동이 공격받고 있는 이 상황은 어쩌면 한 문명에서 다른 문명으로의 전환을 암시하는지도 모른다. 문명이 사라질 때 그 문명은 또 다른 문명으로 진화하거나, 아니면 기존의 방식으로 ―새로운 기후나 더 강력한 적 등― 새로운 환경에 성공적으로 대처하지 못하고 무너진다. 20세기에 서구의 여섯 가지 근본 신념은 서구문명 자체의 내부로부터 지속적인 공격을 받았다. 새로운 생각이나 경험은 그 신념들을 어느 정도까지 약화시켰을까? 서구의 성공을 지속시키려면 새로운 신념과 새로운 행동이 필요할까? 서구의 여섯 가지 성공 요인 각각에 대한 우리의 분석을 간단하게 짚어보자.

크리스트교

다양한 종교들 사이에서, 그리고 신자와 비신자들 사이에서 벌어지는 활발하고 때로는 매서운 논쟁에 주의를 빼앗기다보면 단순한 사실을 놓치기 쉽다. 논쟁이 사회의 가치관이나 행동 패턴을 변화시키지는 못한다는 사실 말이다. 개인의 의무, 사랑에 중심을 둔 자기개선, 평등과 연민에 대한 헌신 등 크리스트교의 유산은 조직화된 종교의 장벽을 오래 전에 허물었다. 개인의 의무와 사랑, 연민의 측면에서 볼 때 전형적인 서구 크리스트교도와 비신자들이 크게 다르다고 주장하는 사람이 있다면, 그는 용감한 크리스트교도 혹은 무신론자라 할 수 있을 것이다.

지난 2세기 동안 자기수양 및 자기개선 운동이 점점 더 활발하게 전개된 것을 보면, 크리스트교 정신이 널리 보급되어 서구사회에 깊이 스며들었음을 알 수 있다. 크리스트교 사상은 지극히 평범한 사람들의 솔선을 통해 사회가 발전할 수 있게 만들었다. 또한 크리스트교는 부족이나 국가의 범위를 넘어 공정과 평등의 원칙을 기반으로 하는 통합된 문명을 생각할 수 있게 만들었다. 이러한 개념적 발전은 복잡한 현대사회의 기초를 이루고 있다. 현대사회에서는 분쟁이 대개 내부적이고 비폭력적이며 수많은 개인들이 자발적으로 협력한다. 이처럼 개인의 의무와 솔선을 기반으로 하는 능동주의와 비강제적인 사회 화합은 서구 밖의 어떤 문명도 서구의 영향 없이 누려보지 못한 것이다.

따라서 우리는 크리스트교라는 주제에 관해서는 현재의 서구문명에 청신호를 주고 싶다.

낙관주의

낙관주의의 쇠퇴는 서구문명에 대한 경고 신호다. 자신감 있고 진취적인 문명만이 앞으로 나아갈 수 있다. 물론 낙관주의와 비관주의는 유행처럼 왔다갔다 변하는 것이다. 낙관적이 되는 데에도 그럴 만한 이유가 있고 비관적이 되는 데에도 마찬가지로 타당한 이유가 있다. 그러나 낙관주의는 서구의 성공에 꼭 필요한 요소다. 유럽과 미국 사람들에게 낙관주의가 돌아오지 않는다면 서구의 계속된 성공은 아무리 잘해도 한쪽으로 치우칠 것이다. 낙관주의가 장점이라는 점을 들어 이 부분에서 우리는 깜박이는 황신호를 주지만, 어쩌면 이는 너무 낙관적인 평가일지도 모르겠다.

과학

서구의 과학은 우주가 전능한 신에 의해 창조된 합리적인 세계라는 확신으로부터 생겨났다. 우주는 예측가능하고 내적으로 모순이 없기 때문에 그 비밀을 밝혀낼 수 있었던 것이다. 과학은 인류의 삶을 개선시켰을 뿐만 아니라 신의 영광을 확인시켰기에 도덕적 권위를 손에 넣을 수 있었다.

그러나 20세기 과학은, 우주가 예측불가능하고 도덕과 무관하며 그 안에 우리가 알 수 있는 목적이나 원리가 없다는 사실을 밝혀주는 것처럼 보였다. 서구에서 비합리적이고 미신적인 믿음이 성행하고 같은 시기에 과학이 자연의 합리성에 대한 확신을 잃게 된 것은 우연의 일치가 아니다. 스스로의 잘못 때문이 아니라 단지 발견의 과정 속에서 서구 과학자들은 지식이 부족했던 선대 과학자들이 누렸던 도덕적 권위를 상실하게 되었고, 과학이 일관적이고 의미 있는 우주를 밝혀냈다는 자신감도 잃게 되었다. 또한 안타깝게도 과학에 내재되어 있던 이상주의적 논리가 사라짐과 동시에, 과학이 늘 인류의 친구는 아닐 수도 있다는 새로운 인식이 등장했다. 새로운 과학적 세계 관 없이는 상상할 수 없는 핵무기와 생화학무기는 집단적인 대 량 살상을 불러올 수 있다. 이러한 무기들은 '발명되지 않은 것'으로 되돌릴 수 없고, 아무도 이 무기들을 통제할 수 없다. 사회의 분열과 정보 접근 경로의 분산은 20세기의 가장 깊고 지속적인 경향이었다.

과학의 권위 약화 역시 우리가 보기에는 황신호이다. 왜 적 신호가 아닐까? 서구 과학은 종종 좋지 못한 평판을 얻곤 하지 만 그 어느 때보다 활발하고, 실용적이고, 비즈니스 사회에 알 맞으며, 적어도 미국에서는 더 나은 경제적 지원을 받고 있고, 우주의 본질을 이해하는 길에 더 가까이 다가섰다. 과학자들은 자신감에 차 있고, 열린 혁신은 성공을 거듭하고 있다. 보통사 람들이 과학을 어떻게 생각하는지도 중요하지만 반과학적인 혹은 초과학적인 서구가 도래할 가능성은 희박하다.

성장

경제는 크게 성장했다. 그러나 지나친 성장은 오히려 문제를 만들었다. 기계 기반 산업의 그칠 줄 모르는 발전은 지구의 생 태 균형을 심각하게 어지럽혔다. 이에 대해 낙관주의자들은, 서구가 유한한 자원을 덜 사용하고 인간의 상상력이라는 무한 한 자원을 사용하는 '무중량' 성장을 위해 '녹색' 자원을 생성하고 있다고 반론할 것이다. 그러나 개인화된 경제를 비서구 국가에 완전히 전파하는 데는 수십년이 걸릴 것이며, 그들이 서구의 사고 및 행동 패턴을 받아들이게 되어야만 그러한 전파가 가능하다. 비서구 국가들이 서구의 패턴을 받아들일 가능성은 희박하다.

한편 비서구 국가들은 서구의 옛 공업 생산 및 소비 수준을 따라잡고 있다. 개발도상국들이 마침내 선진국의 현재 소비 수준에 도달하게 된다면, 지구가 받는 부정적인 영향은 12배 정도 증가한다. 그렇게 되면, 어떻게든 지구의 붕괴를 막아낸다 해도 우리가 사는 땅은 더 이상 푸르고 쾌적한 곳이 될 수 없다.

서구문명이 다른 새로운 문명으로 진화하지 않고 비극적인 결말을 맞게 된다면 가장 유력한 원인은 생태적 자멸이다. 여기서 우리는 또 한 번 세차게 깜박이는 황신호를 준다.

개인주의

개인주의는 서구 문화에서, 특히 지난 반세기 사이 없어서는 안 될 요소가 되었다. 따라서 개인주의가 사라질 가능성은 거의 없다. 서구문명만이 개인화된 경제와 개인화된 사회를 발전시켰다. 그곳에서 개개인은 독립적이고 자율적인 존재로서 스스로를 창조하거나 파괴하고, 권력으로부터 자유로우며, 개인의 실수에 대한 책임을 갖는다. 서구인들은 개인주의의 성공에 힘입어 창조성을 키우고, 다각적으로 기회와 자유를 확대하고, 자율적 인간homo autonomous이라는 새로운 인류종을 거의 창조하다시피 하게 되었다.

개인주의는 공동체를 약화시키고 개인의 근심을 크게 증가시키기도 했다. 서구 개인주의는 서구의 적들에게서 반감을 사고 있으며 서구 내에서, 특히 지식인들 사이에서 불안을 야기하고 있다. 그러나 우리는 1980년대에 부각된 '레이건주의적' 혹은 '대처주의적' 개인주의가 우리 모두에게 잘못된 인식을 심어주었다고 생각한다. 이기적이고 사회부정적인 개인주의 경향은 개인주의의 본질이 아니며 본래부터 개인주의에 포함되어 있던 것도 아니다. 이기적인 개인주의는 20세기 말의 이단으로서 거의 모순에 가깝다. 이기적인 개인주의가 생겨난 것은 신이 이전까지 집단 안에서 안전하던 개개인에게 신 앞에서 그들의 행동에 책임을 지도록 했기 때문이다. 개인주의는 언제나 크리스트교 및 자유주의 가치관과 함께 발전했으며, 자유롭고 분별 있고 민주적인 힘이었다.

16세기부터 적어도 1950년대까지 서구 개인주의는 대개 이른바 프로테스탄트 윤리로 표출되었다. 프로테스탄트 윤리의 핵심은 자제도 근면도 아니었다. 그보다는 개개인이 경제 활동에 크게 이바지함으로써 자부심과 세속적 성공을 달성해야 한다는 믿음이었다. 따라서 개인주의와 성공의 의미는, 심지어 그것이 최대한 많은 돈을 버는 것이라는 형태를 띠는 경우에도 매우 사회적이었다. 실제로 개개인과 서구사회는 더 강한 개인주의의 길을 따라 발전하면서 더 큰 자유를 얻고 동료 시민들에게 더 많은 책임을 다하게 되었다.

개인주의는 윤리적으로 엄격하며 늘 그래왔다. 또한 개인주의는 매우 사교적이기도 하다. 예수 그리스도에서부터 잔 다르크 그리고 오늘날 예술가들과 비즈니스계 거물들에 이르기까지 주요한 개인주의자들은 강력한 커뮤니케이터이자 공동체 건설자들이다. 개인주의가 자동적인 사회 유대를 느슨하게 하는 것은 분명한 사실이다. 그러나 개인주의는 새롭고 자기선택적인 유대가 형성되게 하여 권력의 자리를 호혜주의가 대신하게 만든다.

그러므로 우리가 생각하는 서구문명의 문제는 개인주의가 아니라 서구인들이 개인주의를 적절하고 신중하게, 사회적으로, 이타적으로 수용하는 데 다소 실패했다는 부분이다. 그렇다고 해서 개인주의에 청신호를 줄 수는 없다. 개인주의의 적들, 개인주의가 사회의 부유하지 못한 구성원들에게 안겨주는 어려움들 —경제적 어려움보다 더 큰 심리적 어려움— 이 황신호를 깜박이게 하고 있기 때문이다.

자유주의

자유주의를 마지막에 이야기하는 이유는 자유주의에서 가장 심각한 취약성이 감지되기 때문이다. 앞서 우리는 서구가 자초한 자유주의의 실패를 보여주는 다섯 가지 예를 살펴보았다. 그릇된 방향의 반테러리즘과, 이른바 '자유주의적' 제국주의의 부활, 민주주의 정치의 분열과 가치 저하, 현대 자유주의의 도덕적 공허, 급진적 자유주의 상대론이 바로 그것이다. 급진적 자유주의 상대론은 서구 자유주의 사회가 결국 특별할 것이 없다고 말하면서 '희생자' 심리를 낳고 있다.

가장 우려할 것은 자유주의 실패의 구조적 본질이다. 서구를 휩쓸고 지나가는 분화와 분열, 원자화atomization로 인해 자유주의의 활력은 심각한 악영향을 받고 있다. 서구사회가 성숙하고 점점 더 복잡하고 부유해질수록, 경제가 점점 더 개인화될수록 사회 내의 힘과 의사결정권은 가장 적극적이고 창조적인 개개인에게 주어지게 된다. 역사상 처음으로 이 개인들은 어떤 계급이나 가족에 속하지 않는다. 그들에게는 공통된 가족이나 사회적 유대도 없고, 공통된 이데올로기, 공통된 충성심도 없다. 조상들과 달리 그들의 성공에는 이러한 속성들이 필요치 않다. 그렇기 때문에 대체로 그들은 자유주의 사회를 지탱하던 가치관과 네트워크를 지니고 있지 않다.

이러한 범위의 축소('원자화'라 부르기로 하자)는 자유를 크게 확대시키는 등 많은 이익을 가져다주지만 궁극적으로는 서구 문명을 파괴시키는 요인일 수 있다. 아이러니컬하게도, 이 원자화는 정치적 의지의 행사를 통해서만 전환시킬 수 있다. 아마도 가장 유력한 방법은 독재정권으로의 복귀일 것이다. 따라서 서구문명은 원자화와 분산으로 인해 파멸하거나 아니면 권력의 재집중으로 인해 파멸할 것이라는 우울한 결론을 떠올리게 된다.

자유주의의 위기에는 적신호를 주어야 할까 황신호를 주어야 할까? 우리는 두 가지 상반된 이유에서 자유주의의 위기가 서구에 닥친 가장 큰 문제라고 생각한다. 자유주의는 서구에 깊이 뿌리내리고 있어서 거의 막을 수 없다. 그러나 자유주의는 서구사회 안팎의 편협한 세력들로부터 악의적인 반동을 불러일으킨다. 개인주의가 서구를 분열시킨 게 아니다. 반개인주의자를 자처하는 서구인들도 다른 모든 문명의 기준에서 보면 열렬한 개인주의자이기 때문이다. 그러나 서구인들, 특히 미국인과 크리스트교 근본주의자들 중 일부는 자유주의에 반감을 갖고 있다.

자유주의와 개인주의를 혐오하는 반서구 테러리스트들은 지금까지 또 하나의 반자유주의 세력인 서구 신제국주의에 불을 지피는 데 큰 성공을 거둬왔다. 공산주의와 파시즘이 그랬던 것처럼 극단적 이슬람주의와 극단적 보수주의는 자유주의를 몰아내는 데서 공동 기반을 찾는다.

이 모든 것을 제쳐두더라도 서구 자유주의의 수준과 깊이는 사상 최저치에 가깝다. 서구 내 반자유주의 감정보다 훨씬 더 위험한 것은, 인구통계학적으로 혹은 생활양식과 태도 면에서 자유주의의 가장 든든한 지지자였던 서구 인구의 상당수가 현재 보이고 있는 냉소와 무관심이다. 경제적 지위가 향상된 사람들, 지식인, 자유주의자, 노동조합원, 노동자라 불리던 이들 등 대개 공통점이 없는 이 지지자들은 수많은 사람들에게 자유주의적 관점을 전파했지만 현재는 그렇지 못하다.

이렇게 보면 자유주의의 위기는 적신호를 받을 만하다. 실제로도 그럴까?

***

우리의 의견을 요약하면서, 사회구성원들의 공통된 목적에 관해 다시 생각해보자. 그 공통된 목적은 궁극적으로 깊이 박혀 있는 믿음에서 나온다. 지난 400년 동안 서구는 거대한 실험을 거치면서 모든 사회구성원들의 자유와 힘에 대한 압박들을 점차적으로 제거해왔다. 보수주의자들은 언제나 그 실험이 위험하다고 말해왔다. 소수의 불평분자만 있어도 사회가 파멸로

갈 수 있기 때문이다. 그러나 범죄자들을 제외하고 보면 실험은 효과적이었다. 전반적으로 볼 때 서구의 개인들은 과거 어느 때보다도, 그리고 오늘날 세계 어느 곳에서보다도 적은 구속을 받고 있으며 서구사회는 놀라울 정도로 잘 움직이고 있다. 무수히 많은 개인들이 자신의 일과 자신의 삶에 열심히 임하고 있고 효과적으로 협력하고 있다. 자신들이 얼마나 협력을 하고 있는지, 그것이 얼마나 기적적인 일인지 실감하지도 못하는 채로 말이다. 이 거대한 실험은 서구의 여섯 가지 성공 요인이 주는 강력한 영향이 없었다면 결코 효과를 내지 못했을 것이다.

그렇다면 원자화나 생태적 위협, 광신자들이 손에 넣기 쉬운 무시무시한 무기들의 존재, 오늘날 미국이 갖고 있는 지나치게 불균형한 힘 등 사회 내의 경향이, 무의식적인 협력을 뒷받침하는 사상을 약화시키면 어떤 일이 벌어질까? 그 사상이 새로운 문제들의 해답을 제시해주지 못하기 때문이든, 보통사람들이 그들의 멋진 문명을 보존하기 위해서는 지금까지 그토록 성공적이었던 사상을 융통성 있게 활용해야 한다는 사실을 깨닫지 못하기 때문이든 말이다. 서구문명이 자초한 문제들은 결국 해결되지 못하거나 아니면 그 문제들을 해결하려는 시도가 문명의 본질을 변화시킬 것이다.

새로운 서구문명에 대한 접근

20세기 서구에서는 기존의 서구사상을 타도하고 새로운 '문명'을 도입하려는 두 가지 중대한 시도가 있었다. 바로 공산주의와 나치즘이었다. 이 새로운 체제들은 크리스트교와 자유주의, 개인주의의 본질을 파괴하고 가치 저하된 낙관주의와 과학, 성장을 채택했다. 인간 존엄과 연민, 창조성, 진정한 경험과 학에 대한 부정을 기반으로 하는 나치나 구소련 문명이 세계를 지배하고 존속할 수 있을 것이라는 생각은 흥미로운 것이었다. 그들이 먼저 서구문명의 경쟁을 물리쳤다면 가능했을지도 모른다. 1941년에 거의 그렇게 될 뻔했다. 그러나 나치와 구소련은 인습타파적인 극단주의의 강점뿐만 아니라 약점도 지니고 있었다. 덜 극단적이고 더 실용적인 문명이 서구의 유산을 더 많이 가지고 있으면서도 서구의 많은 핵심 가치들을 버리는 경우는 쉽게 상상할 수 있다.

앞서 우리는 서구의 유력한 세 가지 전략을 살펴보았다. 자유주의적 제국주의와, 세계의 미국화, 서구의 요새화가 바로 그것이다. 세 가지 시나리오는 모두 그럴듯하다. 세 가지 전략 중 하나 혹은 그 혼합 전략이 실현된다면 서구는 그 특징적인 문명과 미국 헌법 제정자들의 비전을 버린 상태일 것이다. 그들의 계획은 보편적인 자유였다. 그들은 자신의 국가가 고군분투하여 이룩한 자유가 지구 끝까지 뻗어나가 억압과 편견, 독재, 전쟁 등이 미개한 과거 속으로 사라질 수 있기를 소망했다. 그들의 꿈은 지난 200년 동안 가장 유력했던 서구 이상주의자들을 고무시켰다. 확실히 그들은 손이 닿지 않는 곳에 있는 목표를 꿈꾸는 낙관주의자들이었다. 그러나 그들은 —지금과 마찬가지로 그때도 언제나 소란스럽고 수많은 문제에 둘러싸여 있던— 세계를 그들의 모델에 상당히 가깝게 움직였다.

이상주의는 기울고 있다. 자유주의가 너무 약하고 활기 없어서 침해되기 쉽기 때문만은 아니다. 새로운 현실주의자들, 냉소주의자들과 '희생자' 무리들, 낙오자들, 고의적인 무교육자들은 자유주의적 이상뿐만 아니라 크리스트교 정신과 그 끊임없는 행동주의와 양심, 연민, 인간의 결점보다는 잠재력을 보는 낙관주의적 관점, 지식 확장의 가치와 도덕적 중요성에 대한 확신, 경제적 성장을 통해 기아와 존엄성 상실과 빈곤을 없앨 수 있는 가능성, 책임감 있는 개인주의 등 모든 이상의 적극적인 혹은 소극적인 파괴자들이다.

이 모든 믿음은 서구의 특성과 발전에 필수적인 요소들이다. 이러한 신념이 동기가 된 행동들은 서구의 번영을 위해 절대적으로 필요하다. 이 이상들의 실용성은 수세기에 걸쳐 입증되었다. 이 이상들은 효과적이고 고무적이며, 다른 어떤 믿음이나 행동들이 이끌어낸 것보다 더 위대한 결과와 더 큰 협력으로 이어진다. 이 이상들을 저버리거나 서구보다 못한 수준으로 지니고 있던 사회는 모두 서구만큼 잘 운용되지 못했다. 따라서 서구인들이 이 이상들을 잃게 된다면 어떤 의도하지 않은 결과가 일어난다 해도 놀라울 게 없다. 지금 이 순간 서구인들은 과거의 유산을 수확하여, 선조들이 뿌려놓은 선의와 인간 정신을 소모하며 살고 있다.

서구의 비전은 실현될 수 있을까?

문명은 전진하거나 후퇴한다. 문명은 꿈을 실현하거나 포기한다. 지난 230년 동안 서구는 완전히 새로운 형태의 인간 경험을 거의 이룩해냈다. 그 경험은 빈곤과 고통의 구제, 인권 신장, 계급제의 철폐, 모든 시민의 발전에 대한 전례 없는 강조, 서구 국가들 사이의 전쟁 종결 등 고귀한 이상들을 특징으로 한다. 이 목표들은 2,500년에 걸쳐 서서히 생겨났고, 훌륭한 지도자들에 의해 개척되었고, 사회적 갈등과 타협이라는 시험을 겪었고, 특유의 종교적·정치적 개념들과 인류의 운명에 대한 낙관주의에 기반을 두고 있으며, 과학과 기술과 자동적인 경제성장의 성공으로 가능성을 얻게 되었고, 지난 반세기 사이에 놀라울 정도로 실현에 가까이 다가섰다. 실현에 가까워졌다는 것만 해도 놀라운 성공이다.

왜 우리는 이 사실을 깨닫지 못했을까? 고귀하고 한없이 만족스러운 무언가를 성취하기 위해 '마지막 분발'을 재촉하는 작가들과 정치인들과 언론사들은 어디에 있는가? 왜 우리는 잠재적인 재앙에 집착하고 있는가? 잠재적인 영화, 피와 제국이 아닌 보편적 인간 존엄성과 자유로 정의되는 영화를 보지 않고 말이다.

안타깝게도 위험 요소들은 실재하고 있고, 예언은 납득이 되며, 현대사회에는 단순한 열광이나 중대한 공동 목표가 없다. 서구인들의 사회적 결속은 느슨해졌고 소망은 개인화되었으며 두려움은 집단화되었다. 세계를 전체로 보는 이들은 지나치게 현실주의적인 사람들이다. 서구인들은 해로운 영향력에 의해 최면에 걸려 있다. 서구인들은 그 영향력을 통제하고 만인을 위한 위대한 문명을 만들 수 있다는 생각을 완전히 단념했다.

분열은 권력자들과 공공기관으로부터 권력을 빼앗아 개개인에게 부여하고 있다. 그로 인해 공익을 위한 사회 건설은 더욱 어려워지고 있다. 그러나 그러한 사회 건설이 불가능한 것은 아니다. 중요한 결정들은 개인 차원에서 이루어지고 있으며, 따라서 대부분의 사람들이 책임감 있게 행동하지 않으면 사회는 계속 번영할 수 없다. 서구 전역에서 경고 신호들은 분명하게 나타난다. 사회의 분열, 강박적 소비주의, 방종과 의존, 극도의 자기중심주의, 완전히 개인적인 세계로의 은둔 등 많은 증거들이 존재하고 있다.

그러나 만인을 위해 움직이는 사회를 계속 향유하고 친절과 사랑을 개인의 목표보다 중요시하는 것은 모든 개인을 위한 일이다. 서구인들은 그 배경과 문화로 인해서, 행동주의를 연민과 결합시키고 자기향상을 양심 및 배려와 결합시키게 되어 있다. 이러한 공동유산은 과거에 비해 다소 약할지 모르지만 그 확고함은 놀라운 수준일 수도 있다. 현재 일반적인 이데올로기가 냉소적이고 자기파괴적인 이기주의임에도 대부분의 시민들이 협력적인 행동을 계속하고 있는 현상을 달리 어떻게 설명할 수 있겠는가? 잠재되어 있는 협력적 본능의 강도는 큰 위기가 닥쳤을 때, 예컨대 뉴욕, 마드리드, 런던에 테러리스트의 공격이 시작되었을 때 평범한 시민들이 보이는 자동적인 반응을 보면 알 수 있다.

궁극적으로 서구는 서구문명의 여섯 가지 성공 요인을 통합하는 하나의 중심 생각과 일련의 행동에 기반을 두고 있다. 그 중심 생각은, 자신과 세계를 개선하기 위해 개인의 책임을 다한다는 것이다. 이는 크리스트교의 유산으로, 신은 모든 인간과 그들의 내적 사고, 개성, 행동에 관심을 가지고 있다는 생각에서 이어져 내려온 것이다. 이 생각은 신이 부분적으로 사라진 뒤에도 전혀 손상되지 않고 그대로 남았다(영혼은 자아라는 개념이 되었다). 신을 믿지 않는 서구인들도 자신에게 내적 자아가 있다는 사실을 크리스트교도들만큼이나 강력하게 믿고 있다. 개인의 책임, 우주에 합리적이고 온화한 힘이 존재한다는 믿음은 실험과학으로 이어졌다.

개인의 책임은 상인, 국제적인 상인과 탐험가, 장인, 예술가, 발명가 등 도시의 행동주의자들에게도 자극이 되었다. 이들은 과학과 기술을 이용해 자동적인 성장을 일으켰다. 의욕적이고 자신감 있고 자기개선적인 하층 계급의 성장은 수세기를 거치면서 점차적으로 공동체가 국가를 통제해야 한다는 생각으로 이어졌고 마침내는 민주주의, 기회의 균등을 이루기 위한 열정적인 헌신으로 이어졌다. 개인의 책임이라는 개념과 수많은 사람들이 그 책임을 다하는 행동은 창조적 개성을 이끌어냈다. 서구의 창조적 개성은 풍부한 지적ㆍ실제적 성과로 보나, 확립된 견해 및 권위에 대한 도전으로 보나, 역사 속에서도 동시대의 다른 어느 곳에서도 이에 필적할 만한 것을 찾아볼 수 없다.

서구는 개인의 책임이라는 개념을 대표한다. 서구는 개인의 책임과 운명을 같이 한다. 그렇다면 서구는 일어설까 아니면 쓰러질까?

신자와 비신자를 막론하고 수많은 서구인들은 자신의 삶에 책임을 다하고 자신과 주변 세계를 향상시키고자 애쓴다. 이처럼 전형적인 서구인들 대다수는 자신이 무엇을 하고 있는지도 생각지 못한 채 조용하고 조심성 있게 이러한 행동을 한다. 그들은 주부이고, 일꾼이고, 자원봉사자들이다. 개개인은 자신의 삶을 어떻게 살지 결정하고, 자신의 행동에 책임을 지고, 자신의 약점과 결점을 알고, 그러면서도 사랑하고 사랑받고 자신의 개인적 잠재력을 최대한 활용하려 애쓴다.

반면 역시 신자든 비신자든 상관없이 또 다른 수많은 서구인들은 현대세계를 너무 혼란스럽고 모호하고 위협적이고 어렵다고 생각한다. 그들은 희생자이거나 순종적인 추종자이거나 아니면 둘 다이다. 그들은 스스로를 실패자로 보고, 자존심이 결여되어 있으며, 알코올이나 약물, 소비, 일 등에 중독되어 있을 수 있다. 아니면 그들은 개성의 도전을 거부하고 대신 정해진 행동의 좁은 틀을 따르면서 다른 사람들에게 그 구조를 강요한다. 후자 중 다수는 종교적 근본주의자들로, 그 숫자는 서구 밖에서뿐만 아니라 서구 내에서도 나날이 증가하는 것으로 보인다.

책임감 있는 서구인들과 개인의 책임을 거부하는 서구인들의 숫자만이 문제가 되는 것은 아니다. 이것이 단순히 숫자의 문제라면 책임감 있는 이들이 훨씬 우세할 것이다. 다수는 소수에 비해 현명한 경우가 많다. 20세기의 가장 큰 비극들은 민주주의를 거부하거나 무시하는 소수가 다수에게 강요한 것이었다. 오늘날 진정한 위험 역시 보통사람들에게서 나오는 것이 아니라 의견 개진자들, 주지주의 및 반주지주의 경향, 우세한 태도, 분별없는 사람들이 만들고 퍼뜨린 생각과 태도, 명사들과 대중의 우상들, 언론 매체, 권위주의적 복음전도자들, 비양심적인 정치인들, 이기적인 비즈니스 지도자들, 급진적 자유주의 및 신보수주의 지식인들로부터 비롯된다.

역사상 처음으로 우리는 스스로의 노력을 통해 성공한 사람들이 노력과 성공, 낙관주의, 공익 등의 복음을 전하지 않고 냉소주의, 비관주의, 피해의식 등의 이데올로기를 전도하는 광경을 목격하고 있다. 자유주의의 사다리와 서구의 지적 유산을 통해 신분이 상승한 이들 신흥 상류층은 사다리를 치워버리고 젊은이들에게 그 상승 경로를 물려주지 않고 있다.[주1] 개인의 성공과 지적 우월성, 집단의 충성심, 이성과 진리는 더럽혀지고 있다. 이에 못지않게 위험한 것은 다른 지도자들, 특히 서구의 가장 강력한 국가에서 정치적 권력을 손에 쥐고 있는 지도자들이 자유주의와 평등, 인권, 모든 인류에 대한 연민에 등을 돌리고 테러리즘과 범죄, 망명자들, 낮은 생활 수준 등을 핑계 삼아 다시금 자국에서 권위를 주장하고 국외 곳곳에 제국을 세우고 있다는 사실이다.

급진적 자유주의자들과 신보수주의자들은 서로를 경멸하는 것처럼 보인다. 그러나 그들은 서로를 필요로 하고 서로를 강력히 지지한다. 그들이 미치는 영향은 무시무시할 정도로 흡사하다. 한쪽은 무관심을 통해, 다른 한쪽은 외적 기강과 권위를

주1 George Walden(2000) *The New Elites: Making A Career in the Masses*, Penguin, London.

주장함으로써 내적 책임의 거부라는 공통된 주제를 추구하고 있다. 결국 양쪽 다 문명의 파괴를 초래하며, 그 과정에서 양쪽 다 서로의 힘에 의지한다.

물론 대안적인 미래도 그려볼 수 있다. 서구를 오랜 세월 동안 강건하고 번영하게 한 사상과 이상의 회복에 기초를 두는 것이다. 그리고 사회와 이웃에 이바지하는 헌신적이고 책임감 있는 개인들의 결정에 기초를 두는 것이다. 우리는 동유럽 등지에서 일어난 평화적 민주혁명에서 이러한 결정이 이루어진 예를 목격한 바 있다. 그곳에서 수많은 개인들은 리더십과 책임감을 발휘하여 독재 체제를 평화적으로 무너뜨렸다. 우리는 남아프리카가 인종차별주의에서 민주주의로, 내란이 끊이지 않는 사회에서 용서와 관용을 기반으로 하는 안정된 사회로 변모하는 과정도 목격한 바 있다. 또한 우리는 많은 사람들의 결정을 통해 서구 각지에서 세계의 빈곤 근절을 위한, 혹은 호혜 무역이나 환경 보존, 지방 활성화를 위한 캠페인이 벌어지는 것도 보았다.[주2]

우리는 소규모 지역 민주주의나, 공동체 생활 향상을 위한

주2 물론 이러나 행동들이 언제나 전적으로 이타적이거나 현실적인 것은 아니다. 예컨대 세계적 빈곤은 시위운동이나 록콘서트, 관대한 원조 혹은 다른 어떤 외부의 작용을 통해서도 해결될 수 없을 것이다. 서구는 1965년 이래로 아프리카에 4,500억 달러를 원조했다. 그러나 보츠와나와 같이 아프리카인들 자신이 자유주의 제도와 현명한 경제 정책을 시행한 곳에서만 사람들은 빈곤을 벗어날 수 있었다.

많은 이들의 솔선 등 지역 수준에서 이러한 결정이 이루어지는 사례도 볼 수 있었다. 이러한 사례들을 비롯한 공공정신 기반의 행동들은 대부분 전통적인 정당정치나 제도적 시도, 하향식 통제의 영역 밖에서 이루어졌다. 그러나 최소한 이러한 사례들을 통해 우리는 사람들이 자유로운 개인으로서 단결하여 개인의 책임감을 발휘한다는 사실을 알 수 있다. 서구의 가장 훌륭한 특성들이 새로운 방식으로 드러나는 것이다. 오래된 문명에도 아직 생명력은 존재하고 있다.

결론

크리스트교, 낙관주의, 과학, 성장, 자유주의, 개인주의. 이러한 사상과 신념, 실천과 행동의 결합은, 안팎을 모두 살피고 남성과 여성, 내부인과 외부인, 동과 서, 남과 북 할 것 없이 모든 인간 정신의 해방과 향상을 지향한 위대한 문명의 특징이었고 현재도 그렇다. 서구문명은 많은 것을 소망했고 많은 것을 이룩했다. 서구문명은 막대한 성공을 가져다준 사상을 이제 단념한 것일까? 서구문명은 스스로 만든 한계에 부딪혀 실패하고 말 것인가? 서구문명은 훨씬 덜 매력적인 문명으로 변하기 시작하여 머지않아 훨씬 덜 성공적인 문명이 되고 말 것인가?

개인들이 스스로에게 부과한 것은 스스로 제거할 수 있다. 집단적 자멸이 일어날 가능성은 충분히 존재하지만 그러한 자멸이 불가피한 것은 아니다.

서구문명은 지금 갈림길에 서 있다. 걸어가기가 좀더 쉬운 한쪽 길을 따라 내려가면 냉소주의와 지독한 이기주의, 무관심, 권력의 재집중, 공격성 등이 눈앞에 놓여 있다. 이 길은 무정부주의에서부터 신파시즘, 환경 파괴, 새로운 미제국에 이르기까지 여러 가지 형태를 취할 수 있다. 그러나 이러한 형태들은 모두 서구문명을 종말로 인도할 것이다. 유럽과 미국 사람들이 수백년 동안 꿈꾸고 양성하고 근접한 민주주의와 개인주의 이상이 그런 것처럼 말이다. 서구문명을 자멸로 이끄는 요인은 외부의 적이 아니라 서구인들 자신이다.

다른 한쪽 길을 따라 내려가면 용기의 회복, 서구인들 스스로와 서구 문화에 대한 확신, 미국 내와 유럽 내, 유럽과 미국 간, 다른 유럽인 정착지들과의 단결, 책임감 있는 수많은 개인들이 권력이나 맹목적인 전통 신념에 의해서가 아니라 개인의 노력, 낙관주의, 이성, 연민, 평등, 개인주의, 상호 동일성 등 스스로 발견하고 스스로 인정한 속성들을 통해 한데 뭉친 사회와 문명이 기다리고 있다. 이 길은 잘 포장되어 있고 환하게 불이 밝혀져 있다. 이 길을 걷는 것이 그리 쉬운 일은 아니지만 이 여행을 위해서는 혁신적인 방향 전환이 필요하다.

완성의 여부를 떠나, 서구 특유의 사상을 통해 싹트고 서구가 이미 이룩한 것들을 통해 드러난 서구의 숙명은 모든 서구인들의 소망과 잠재력과 도덕성을 발휘함으로써, 그리고 언젠 가 때가 되면 거의 모든 인류를 매혹시킬 만한 모델을 제시함 으로써 충분히 인도적이고 자유롭고 풍요로운 문명을 창조하 는 것이다.

감사의 글

여러 분야에 걸친 글을 쓰면서 즐거웠던 일 중의 하나는, 이 전까지 우리에게 생소했던 많은 책과 연구를 소개할 수 있었던 것이다. 방대한 자료들을 접하면서 때로는 시행착오를 겪기도 했지만, 친절한 조력자들의 도움 덕분에 다행히도 우리는 올바른 방향을 잡을 수 있었다. 한 사람 한 사람 언급하기 벅찰 정도로 많은 이들이 도움을 주었지만 특히 존 블런델John Blundell, 로저 부틀Roger Bootle, 니콜라스 브리얼리Nicholas Brealey, 앤드루 캠벨Andrew Campbell, 데이비드 캐너다인David Cannadine, 크리스 아일스Chris Eyles, 릭 할러Rick Haller, 피터 존슨Peter Johnson, 마틴 나이Martin Nye, 크리스 오트램Chris Outram, 앤드루 로버츠Andrew Roberts, A. F. (팻Pat) 톰슨Thompson 그리고 조지 월든George Walden에게, 전문지식과 시간을 너그러이 할애해준 데 대한 감사의 뜻을 전한다.

제5장(성장)과 제7장(개인주의)에 실린 연구 결과 및 견해들은 로빈 필드Robin Field의 협력 덕분에 얻어진 것들이다. 이 두 단원에 포함된 많은 생각들이 로빈에게서 혹은 로빈과 우리의 토

의를 거쳐 나왔으며, 그는 고맙게도 그 생각들을 이 책에 실을 수 있도록 승낙해주었다.

이 책의 기초가 된 논문은 널리 배포되었고, 많은 학자들이 그 논문에 평을 해주었다. 그들이 우리의 관점을 지지한다는 얘기는 아니다. 그러나 그들이 우리의 생각에 힘을 불어넣어준 것만은 분명하다. 특히 마커스 알렉산더Marcus Alexander, (노먼 Norman) 블랙웰Blackwell 경, 피터 잉글랜더Peter Englander, 프랭크 필드Frank Field, 리처드 풀러Richard Fuller, 존 휴이트John Hewitt, 토니 키펜버거Tony Kippenberger, 존 미클레스웨이트John Micklethwait, 퍼디넌드 마운트Ferdinand Mount, 제시 노먼Jesse Norman, 마틴 나이, 마이클 오버마이어Michael Obermayer, 크리스 오트램, 매튜 패리스Matthew Parris, 마이클 포르틸로Michael Portillo, 제이미 리브Jamie Reeve, 데이비드 J. 레이놀즈David J. Reynolds, 앤드루 로버츠, 앤서니 라이스Anthony Rice, 스티븐 서번Stephen Sherbourne, 필립 웹스터Philip Webster는 우리에게 굉장히 유익한 자극을 주었다.

이 책에서와 같은 분석 작업을 위해서는 수많은 저술가들의 저서와 통찰에 의지해야 한다. 우리에게 도움이 된 책들은 각주에 소개되어 있지만, 그중에서도 특히 중요한 책들을 여기에서 다시 한 번 강조하고 그 저자들에게 감사를 표하고자 한다. 마누엘 카스텔의 『네트워크 사회의 도래*The Rise of the Network Society*』, 니얼 퍼거슨의 『콜로서스*Colosus*』, 게에르트 홉스테드의 『문화의 차이*Culture's Consequences*』, 키스 홉킨스Keith Hopkins의 『신으로 충만한 세계*A World Full of Gods*』, 새뮤얼 P. 헌팅턴의 『문명의 충돌*The Clash of Civilizations*』과 『우리는 누구인가*Who Are We?*』, 리처드 E. 니스벳의 『생각의 지도*The Geography of Thoughts*』, 스티븐 핑커의 『빈 서판*The Blank Slate*』, 네이던 로젠버그Nathan Rosenberg와 버드젤L. E. Birdzell Jr의 『서구는 어떻게 부유해졌는가*How the West Grew Rich*』, 로드니 스타크의 『신의 영광을 위하여*For the Glory of God*』, 리처드 타르나스Richard Tarnas의 『서구 사상의 수난*The Passion of the Western Mind*』, 찰스 타일러 Charles Taylor의 『자아의 근본 요소*Sources of the Self*』, 피터 왓슨의

『현대 정신을 만든 사람과 사상*A Terrible Beauty*』 등이다. 물론 우리가 이 모든 학자들의 결론에 동의하는 것은 아니다(그들도 많은 점에서 우리의 의견에 동의하지 않을 것이다). 그러나 그들의 저서는 우리에게 너무나 값진 재산이 되었다. 이 책에서 다루는 주제들을 좀더 깊이 파헤쳐보고 싶다면 부디 이 책들을 읽어보기 바란다.

끝으로 우리 두 사람을 서로에게 소개해준 매튜 패리스가 없었다면 이 책은 결코 집필될 수 없었을 것이다. 이렇게 즐거운 협력 작업을 하게 된 것을 너무나 감사하게 생각한다.

리처드 코치

서구의 자멸 서구 문명을 만든 6가지 중심 사상의 붕괴

1쇄 발행 2009년 1월 2일
3쇄 발행 2009년 1월 20일

지은이 리처드 코치, 크리스 스미스 · **옮긴이** 채은진
펴낸곳 도서출판 **말글빛냄** · **인쇄** 삼화인쇄(주)
펴낸이 박승규 · **디자인** 진미나
주소 서울시 마포구 서교동 463-3 성화빌딩 5층
전화 325-5051 · **팩스** 325-5771
등록 2004년 3월 12일 제313-2004-000062호
ISBN 978-89-92114-38-7   03900
가격 15,000원

*잘못된 책은 바꾸어 드립니다.